AS ESTRUTURAS LÓGICAS E O SISTEMA DO DIREITO POSITIVO

CIP-BRASIL. CATALOGAÇÃO NA PUBLICAÇÃO
SINDICATO NACIONAL DOS EDITORES DE LIVROS, RJ

V746e
5. ed.

Vilanova, Lourival, 1915-2001
As estruturas lógicas e o sistema de direito positivo / Lourival Vilanova. - 5. ed. rev. - São Paulo : Noeses, 2023.

352 p. ; 23 cm.
Inclui Bibliografia
ISBN 978-65-89888-81-9

1. Direito - Filosofia. 2. Positivismo jurídico. I. Título.

22-81311 CDU: 340.12:343.23(81)

Meri Gleice Rodrigues de Souza - Bibliotecária - CRB-7/6439

LOURIVAL VILANOVA

AS ESTRUTURAS LÓGICAS E O SISTEMA DO DIREITO POSITIVO

5.ª edição revista

2023

editora e livraria
NOESES

Copyright © Editora Noeses 2023
Fundador e Editor-chefe: Paulo de Barros Carvalho
Gerente de Produção Editorial: Rosangela Santos
Arte e Diagramação: Renato Castro
Revisão: Microart
Designer de Capa: Aliá3 - Marcos Duarte

2023

editora e livraria
NOESES

Editora Noeses Ltda.
Tel/fax: 55 11 3666 6055
www.editoranoeses.com.br

Em homenagem a Pontes de Miranda, e sua extraordinária contribuição ao Direito e à Ciência do Direito; a Miguel Reale, pelo que representa no pensamento filosófico-jurídico no mundo contemporâneo.
Com todo afeto a Cleonice, minha esposa e a meus filhos Ana Lúcia, Carlos Fernando e Marcia Cristina.

PREFÁCIO À 5ª EDIÇÃO DO "ESTRUTURAS..."

Já dizia Pontes de Miranda, nos idos de 1914, que "o livro nobre é o que se fecha a cada momento, e foge o espírito com a ideia, à procura de trecho da vida que lhe corresponda" – Sabedoria dos Instintos (Editor J. Ribeiro dos Santos, Rio de Janeiro). Lembro-me também de que é do conceito dos aforismos o predicado da *repetição*: quantas vezes o ensejo nos cair a talho, em tantas podemos reiterá-los, fortalecendo a ideia e enaltecendo a mensagem. Aliás, o próprio Pontes, admirador confesso do Autor, consignou o asserto naquele mesmo trabalho (*Sabedoria dos Instintos*), agora com outras palavras: há "livros que, embora simples, são escritos em voz tão alta que as ideias e o estilo só seriam bem compreendidos, se os declamássemos".

Ao desprender-se da mente de quem o produziu, assim tem sido o precioso texto que a Editora Noeses reapresenta em sua 5ª edição: *As Estruturas Lógicas e o Sistema do Direito Positivo*. Afinal de contas estou convicto de que interpretar o Direito é conhecê-lo, atribuindo valores aos signos, isto é, outorgando-lhes significações e, por meio dessas, fazer referência aos objetos do mundo. É lição precisa que abre espaço a muitas indagações, todas elas acentuadamente fecundas e produtivas.

Quero apenas assinalar, na magnitude dos expedientes comunicacionais de que se serve o Professor da tradicional Faculdade de Direito de Recife, justamente o sobredito recurso à *repetição*, significa dizer, a *tomada e retomada* de assuntos, cada vez observados por ângulos diferentes, mas que permitem ao leitor, ansioso por não ter compreendido bem o pensamento inicial, aproveitar a oportunidade da *reiteração* para satisfazer seus anseios cognitivos.

O *Estruturas...*, porém não se circunscreve apenas aos seus valores intrínsecos. Tem história. Durante os 39 (trinta e nove) anos de funcionamento do Grupo de Estudos que realizamos, com absoluta continuidade, desde 1984, foi o texto mais lido, estudado e discutido. O primeiro volume eu o recebi por gentileza do próprio Autor, com a seguinte "advertência": *Leia-o como quem estuda.* Ao agradecer-lhe, perguntei: Professor, como é ler como quem estuda? E ele esclareceu: leia atentamente, sublinhando tudo que lhe parecer importante; depois releia, separando os trechos grifados, se possível isolando-os em folha separada. Agora, se gostar mesmo, leia mais e mais vezes. É assim que faço quando o livro me interessa. Declaro que assim o fiz, passando adiante a recomendação.

Tomo a liberdade de reproduzir a foto que tiramos em 15 de setembro de 2.009, tempo em que comemoramos 25 (vinte e cinco) de atividades do Grupo, naquela época no modo presencial. Com a pandemia, porém, adotamos a forma de transmissão "on-line", mas sem perder a oportunidade de ler esse livro magnifico.

São Paulo, 25 de agosto de 2023.

Paulo de Barros Carvalho

Professor Emérito e Titular da PUC/SP e da USP.
Membro Titular da Academia Brasileira de Filosofia.

ALGUMAS PALAVRAS

A nova edição deste livro atende às expectativas de grupo seleto mas numeroso de estudiosos do Direito. A densidade de seu conteúdo, oferecido no estilo peculiar do jusfilósofo pernambucano, proporcionou modo aprofundado e sério de lidar com as categorias fundamentais, adquirindo *status* de obra clássica, pelo prestígio e reconhecimento que lhe foram outorgados nos domínios da metaciência jurídica.

Temos insistido na proposição segundo a qual ingressar no pensamento de Lourival Vilanova, percorrendo seus escritos, é prerrogativa de poucos juristas. Desfrutar da intimidade de seu raciocínio, habilmente tecido nas conexões da fenomenologia husserliana com a metodologia de Kelsen, e tudo isso inspirado no culturalismo da Escola de Baden e na analiticidade do neopositivismo lógico, faz do empenho cognoscitivo uma aventura intelectual da mais elevada significação teórica e prática. Dessas reflexões surge o já difundido movimento que o próprio professor sugeriu chamar-se *constructivismo lógico-semântico*.

Decididamente, vale a pena empreender o esforço e enfrentar as dificuldades do texto para usufruir da companhia intelectual de tão eminente figura, com o privilégio de integrar um quadro de elite já reconhecido e festejado no Brasil.

É enorme a satisfação de lançar, mais uma vez, com pequenas correções gráficas de edições anteriores, *As Estruturas Lógicas e o Sistema do Direito Positivo*.

Editora Noeses, março de 2010

NOTA DA 3ª EDIÇÃO

Não poderia ser mais auspiciosa para a Editora Noeses a circunstâncias de iniciar suas atividades editoriais com o lançamento da 3ª edição do *As Estruturas Lógicas e o Sistema do Direito Positivo*, de autoria do Jusfilósofo pernambucano Lourival Vilanova.

Obra densa, profunda e de excelente divulgação nos meios universitários, o livro passou a ser de leitura obrigatória para os Programas de Pós-graduação em Direito da USP e da PUC/SP, na área de Direito Público demonstra, por si só, o padrão que a Editora pretende implantar na sua trajetória editorial, produzindo textos de alta categoria jurídico-filosófica.

Paulo de Barros Carvalho

APRESENTAÇÃO DA 2ª EDIÇÃO

A influência do pensamento de Lourival Vilanova na Faculdade de Direito da Pontifícia Universidade Católica de São Paulo, principalmente na área do direito público, tem sido enorme nos últimos vinte e cinco anos. Sua obra repercutiu intensamente, sendo objeto de contínuas e maturadas reflexões, desde logo manifestadas com muita força e expressividade, no trabalho profissional de professores e de alunos.

Tudo começou com a feliz iniciativa de Geraldo Ataliba, convidando o grande jusfilósofo pernambucano, com quem mantinha boas relações de amizade, a ministrar curso em São Paulo, dirigido a um grupo seleto de professores da PUC. Os frutos não demoraram, e em 1977 sai à luz o volume *As estruturas lógicas e o sistema do direito positivo*, desenvolvido a partir de anotações utilizadas naquele seminário, como, aliás, nos dá conta o saudoso Ataliba, no prefácio do livro em boa hora editado pela Revista dos Tribunais.

Tive a satisfação de integrar a pequena comunidade de professores que acompanharam as lições de Lourival Vilanova, naqueles memoráveis encontros, guardados hoje com um agradável sabor histórico. Como todos os demais, vibrei com a profundidade alcançada por seu raciocínio, com a contundente precisão de sua linguagem, mas, fundamentalmente, com a grande seriedade que imprimia ao trato do fenômeno jurídico. Tudo isso, que nos pareceu apresentado de forma inusitada, surpreendeu a todos, deixando-nos vivamente impressionados.

Assim que o livro entrou em circulação, passei a lê-lo, como quem estuda, percorrendo suas páginas do começo ao fim. E renovei a leitura, mais de uma vez, reiterando, a cada passo, novas e edificantes ilações. Contudo, foi somente em 1986 que me ocorreu a ideia de fundar um grupo de estudos para, em conjunto com outros interessados, repensar a obra do eminente professor. De lá para cá, ao lado de outros trabalhos também de sua autoria, não paramos de ler, refletir, discutir e testar, em situações que a prática jurídica diuturnamente suscita, as magníficas edificações do seu espírito jurídico-filosófico. Há onze anos, portanto, nos dedicamos a esse fecundo exercício intelectual, com turmas diferentes, porém sempre animadas pela curiosidade de conhecer, cada vez com maior intensidade, a concepção jurídica do grande professor.

Creio que tais esclarecimentos me legitimam para tecer alguns comentários a propósito do livro. Não a título de avaliação crítica, porquanto não teria eu méritos para fazê-lo, mas em nome da experiência que fui colhendo, em sucessivas leituras de seus trabalhos, ao longo desse período.

Como primeiro aspecto, quero aludir à gravidade com que foi escrito. Do início ao fim, o leitor permanece em contacto com uma postura circunspecta, séria, de quem se propôs um relato desvinculado de qualquer outro interesse que não seja aquele de expor, de maneira neutra e imparcial, o fenômeno que examina. O poder de convencimento de sua linguagem funda-se na capacidade retórica do autor, se bem que essa retórica diste de ser a convencional, povoada de adjetivos e advérbios, usados mais como atavios e adereços do que como instrumento para se obter a transmissão cristalina do pensamento, retórica que assumiu, por isso mesmo, um sentido até pejorativo. Pelo contrário, seus torneios de linguagem são enxutos, com a economia de palavras que a racionalidade recomenda para a transmissão límpida da mensagem. Servindo-se, muitas vezes, de frases curtas, faz o pensamento parar abruptamente, de tal modo que o leitor, colhido de surpresa, suspende o fluxo do raciocínio, vendo-se forçado a meditar no conteúdo do que foi dito logo atrás. Além disso, faz uso dos "dois pontos", também com admiráveis efeitos retóricos, traço que revela suas insistentes incursões pela obra de Pontes de Miranda, por ele tão bem conhecida.

Algo, entretanto, deve ser mencionado com relação às palavras e locuções de cunho filosófico que o autor emprega no curso de sua exposição, pressupondo o conhecimento dos leitores. De fato, na sequência de sua argumentação, não se preocupa em explicar o conteúdo semântico de certas expressões do discurso filosófico, passando por elas com naturalidade, em marcha batida, como se fossem velhas conhecidas. Nada obstante, como é do seu estilo tomar e retomar o pensamento, exibindo-o sempre por dois ou mais ângulos distintos, mesmo que a palavra não seja compreendida no primeiro momento, se-lo-á certamente nos regressos que o autor promove de modo iterativo. Essa técnica expositiva reflete a opção pelo aprofundamento teórico, que se tornaria impossível se o autor se detivesse para elucidar os teores de significação das palavras empregadas. Em situações como essa, bem o sabemos, o amor à didática compromete a progressão da atividade discursiva, amarrando-a a níveis de superficialidade que não combinariam, absolutamente, com os objetivos do grande pensador. Esse modo de expressar-se, todo seu, outorga dignidade aos temas de que se ocupa, e seu estilo sóbrio, sem estipêndios inúteis de erudição, faz com que a Filosofia e a Teoria Geral do Direito, na sua linguagem, cobrem uma firmeza e uma robustez que eu diria até incomuns. Como resultado, aparece um trabalho denso, profundo, consistente, mas substancialmente claro, vertido numa forma que não dá espaço a frases frouxas e descomprometidas. Pois bem. Essa forma, "o fundo aparecendo", que consulta antes à exação que o uso consagrado no meneio diário das instituições jurídicas, confere a esse jurisconsulto um instrumental poderoso para enfrentar questões de grande tomo, permitindo-lhe ingressar em assuntos decisivos, tomando posições sólidas e fundamentadas, sem perder-se nos desvãos da complexidade do sistema normativo.

Sobremais, a obra é referta de frases de grande valor estético, qualidade que o autor logra obter partindo do polimento das ideias e da perfeita concatenação dos juízos, de tal modo que em todas as páginas do livro encontraremos verdadeiras joias da comunicação verbal, que seus discípulos já se acostumaram a extrair, para inscrevê-las na fronte de dissertações e de teses, ao feitio de epígrafes.

Mestre Lourival Vilanova é dotado de poderosa capacidade analítica. Em cada tópico, submete a matéria a um tratamento fino, minucioso extraindo, com a delicadeza de um cirurgião, aspectos que jamais seriam percebidos, não fora esse trabalho paciente em que os elementos da razão são tecidos, fio a fio, cuidadosamente, para conduzir o intelecto a conclusões sempre claras e objetivas. Não tenho a menor dúvida de que, diante dos modernos vultos da Filosofia e da Teoria Geral do Direito, ninguém lhe sobrepuja no rigor e na correção do pensamento.

Quero deixar consignado, por derradeiro, que esse trabalho de indiscutíveis proporções teóricas, tem fomentado no meio jurídico um número impressionante de publicações especializadas sobre temas de ordem eminentemente prática. Nisso se confirma a lição do mestre, que não me canso de repetir: *o jurista é o ponto de intersecção entre a teoria e a prática, entre a ciência e a experiência.*

Ser contemporâneo de um homem dessa envergadura, portador de uma cultura jurídica universal e, ao mesmo tempo, tão rica e profunda, é uma honra para todos nós.

São Paulo, 26 de fevereiro de 1997.

Paulo de Barros Carvalho

PREFÁCIO DA 1ª EDIÇÃO

1. O intenso exercício da atividade docente, no campo do Direito – tanto em nível de graduação como no de pós-graduação (assim em sentido estrito, como em sentido lato) – nos convenceu da necessidade impostergável de se incentivar os estudiosos à meditação sobre disciplinas jurídicas propedêuticas.

A experiência que colhemos nos levou a verificar que a maior deficiência dos nossos alunos, assim deste como daquele nível, se sedia mais na insegurança quanto aos conceitos básicos do que em qualquer outro fator.

2. Na verdade, pensamos – com base nas meditações sugeridas por essa experiência – que o que mais falta a quem pretenda conhecer o Direito não é a informação sobre os institutos e as normas, ou sobre as soluções que os problemas vêm tendo, na jurisprudência ou na prática do Direito aplicado.

Não! O que falta de modo alarmante é o domínio dos princípios, a facilidade de compreensão e manuseio das categorias, a visão sistemática, global, operacional e funcional do Direito como conjunto, como um todo.

3. De nada vale o conhecimento de uma seara, se se desconhece sua articulação com as demais. De pouco vale a familiaridade com certas informações, se não se as coordena com o universo do Direito, se não se sabe filiá-las, explicá-las e concatená-las com os fundamentos em geral, e com o todo sistemático onde inseridas.

É inútil o conhecimento que se limita à superfície do fenômeno jurídico, sem buscar penetrar seus fundamentos explicativos e justificativos.

4. É precária, instável e volúvel a visão jurídica predominantemente dependente de informações, que – com a eventual falta de senso crítico-científico do estudioso – não podem ser adequadamente avaliadas, analisadas e empregadas, na exata medida de sua funcionalidade operativa.

5. Tanto pior quando o acervo de informações é de tal vulto que não pode sequer ser assimilado pelo estudioso, na sua universalidade, forçando as especializações e condicionando uma visão necessariamente parcial do fenômeno jurídico, com consequente perda da perspectiva mais radical e decisiva, que é precisamente a global.

6. Em suma, é imperiosa a necessidade de se proporcionar aos estudiosos do Direito meios para terem uma recompensa formativa – em resposta ao esforço de pesquisa e aprendizado – substitutiva da atual tônica informativa estéril, fastidiosa, cara e assistemática.

Daí a necessidade da familiaridade com a Lógica própria da Ciência do Direito, o que evidencia a oportunidade da publicação deste livro, que vem corresponder a essa verificação.

• • •

7. A Lógica Jurídica, área de uma disciplina mais abrangente, a Lógica Deôntica, é uma ciência relativamente recente. Tem seu ponto de partida definido, sobretudo com o trabalho de Von Wright (1951), An Essay in Modal Logic. Desde então, vem conhecendo notável desenvolvimento, como o atesta a bibliografia feita por A. G. Conte, Bibliografia de Lógica Jurídica, compreendendo a produção até 1960 (publicação da Universidade Autônoma do México, 1965).

A Lógica Jurídica – por isso que é um ramo da Lógica das Normas, Lógica Deôntica – interessa a todos os cientistas que lidam com normas, sejam elas jurídicas, morais, religiosas ou técnicas. Daí seu crescente interesse.

8. O Autor não procura traçar uma síntese das investigações feitas. Com base nelas, selecionou, como o mostra sua bibliografia. A seleção obedece, certamente, a critérios metodológicos de feitura de um livro, e a critérios filosóficos por ele admitidos.

Como ele mesmo o diz, representa um estudo aberto às retificações que posteriores análises venham a impor. Mas tem em seu favor o caráter de uma reflexão que procura apropriar-se de parte do material existente, para, depois, proceder a uma constante análise. Menos que uma sinopse, um resumo ou catalogação de teorias, é uma investigação, que prudentemente se intitula estudo.

9. A Lógica Jurídica importa ao jurista, quer na sua atividade profissional prática, quer na sua atividade docente ou de pesquisa científica – momentos que, fecundamente, se entrelaçam. Também ao prático interessa. Não que a Lógica Jurídica venha a ser uma coletânea de regras para bem manipular o Direito Positivo, adestrando o jurista profissional no caminho do melhor êxito. Interessa-lhe porque o ajuda a atuar, realizando o Direito e colaborando para seu melhor nível científico.

Por outro lado, o manuseio dos problemas lógicos não deixa de ofertar ao profissional a técnica do raciocínio correto, a técnica da exposição racional na realização do Direito. O jurista é, *par excellence,* um homem do "discurso", onde o racional tem sua expressão. Seu mister é colaborar na realização do Direito, sempre argumentando, fundamentando, demonstrando, definindo, classificando, indo e vindo das normas aos fatos.

Por isso, faz Lógica, quer o pretenda, quer não.

10. Este estudo revela a preocupação do autor com o Direito Positivo, sempre relacionando as estruturas lógicas com esse dado empírico. Oportunamente, sempre faz referência ao Direito, sobretudo ao Direito Público, direção mesmo de seu magistério na Cátedra de Teoria Geral do Estado da tradicional e sesquicentenária Faculdade de Direito da Universidade Federal de Pernambuco.

11. As influências maiores e mais persistentes, que se notam no curso de sua exposição, estão em Husserl e em Kelsen. A Husserl se deve o não resvalar o Autor para o positivismo, nada obstante sua dedicação à Lógica Simbólica, em que os pressupostos filosóficos do positivismo atualmente mais se concentram. Influências mais recentes são as de Von Wright, Kalinowski e E. Garcia Maynez.

12. Nos três primeiros capítulos, faz abordagem do tema Lógica em geral e Lógica Jurídica, em especial.

Decide-se a favor da Lógica Jurídica como um ramo da Lógica Formal. Não vê a Lógica Jurídica como simples Lógica Geral aplicada ao Direito, ou como Lógica Formal com exemplos jurídicos, ou como metodologia da investigação e aplicação do Direito.

Há uma *forma jurídica*. O lógico do Direito reside em suas *estruturas formais:* na *proposição jurídica* e no *sistema* de proposições jurídicas. As estruturas do Direito Positivo são estruturas que se revelam com a análise da *linguagem do Direito*. A Lógica vem a ser a *formalização* da linguagem, quer dizer, a separação das estruturas que estão encobertas pela matéria ou conteúdo das proposições (relações sociais, valores).

13. Um conceito fundamental do estudo lógico do Direito reside no *dever-ser*. O *dever-ser* é tomado como mero conceito relacional: serve para relacionar termos sujeitos da proposição jurídica. Não exprime nenhuma categoria metafísica, mas é o conceito geral relacionante que dá conta do que é comum aos modos de proibir, obrigar e permitir comportamentos humanos.

A proibição, a obrigação e a permissão são modalidades de *dever-ser*. Não "são", mas *devem-ser*. Não ocorrem como meros fatos governados pela causalidade, mas devem ocorrer. É conceito irredutível: demonstra o caráter meramente operatório do *dever-ser* o tomar-se esse conceito como mero "functor". O Autor sublinha que o *dever-ser* tem várias funções, nem sempre distinguidas em Kelsen. Na linguagem da fenomenologia: a "expressão" *dever-ser* é portadora de várias "significações", ainda que nessas variações haja um núcleo significativo comum.

14. Passa o Autor a considerar a estrutura da proposição jurídica. A norma de Direito formula-se em duas proposições: a proposição normativa primária e a proposição normativa secundária. Nem sempre revela-se na linguagem do Direito Positivo essa estrutura, que a análise lógica põe em evidência. Cada ordenação jurídica positiva tem seu estilo de expressão, sua técnica de sistematização de regras de comportamento; é variável.

A estrutura lógica é constante e geral.

15. A admissão do caráter irredutível da proposição normativa é associada a outra tese: as normas são válidas ou não válidas. Por isso, o sistema do Direito Positivo – diferentemente do sistema da Ciência do Direito (Ciência dogmática) – é válido ou não válido, nunca, em sentido próprio, verdadeiro ou falso.

Outras características do sistema do Direito Positivo, como eficácia, ineficácia, justiça, injustiça, são características de sistemas cuja função não é *conhecer* o comportamento social, mas *prescrever* como deve ser tal comportamento para realizar os valores da ordem, da justiça, da solidariedade etc.

16. O Autor procura, no curso de seu estudo, assinalar até onde justificadamente se pode fazer Lógica Jurídica: nas estruturas proposicionais, nas estruturas inferenciais (do raciocínio) das proposições normativas e na estrutura global da ordenação, na medida que ela tem de *sistema*.

A experiência jurídica integral levará em conta todos os aspectos constituintes do dado: o *lógico* nos enunciados, o *empírico* nos dados de fato, *valorativamente* selecionados da realidade física e social (que, por isso, se qualifica juridicamente, ou se torna juridicamente relevante).

A experiência lógica é parcial. Isola (abstrai) o formal ou estrutural que ostenta o Direito Positivo. Exceder essa investigação para além dos limites importa em *logicismo*, que é uma extrapolação da Lógica (logicismo, p. e., na interpretação e na aplicação do Direito).

17. O estudo comprova que o sistema do Direito Positivo não pode equiparar-se a um sistema científico em suas propriedades formais: **1.** há conflitos contraditórios de enunciados normativos; **2.** apesar de contraditórios, os enunciados são válidos no sistema (produzem efeitos na ordem do comportamento humano) enquanto o sistema não indica os meios de eliminar as antinomias; **3.** a função específica do sistema jurídico é orientar o processo social do comportamento no sentido da ordenação justa, e não a de descrever ou conhecer (em juízos de realidade) como de fato ocorre o comportamento inter-humano; **4.** a interpretação, que é ato de conhecer o Direito Positivo, como conjunto de expressões de significado normativo não se exaure em atos lógicos; **5.** as vias lógicas que toma a interpretação são recursos comprometidos com valorações (e ideologias) e não puras formas do argumento formalmente válidas; **6.** assim, na analogia, valora-se o semelhante em função do valor justiça – tratar igualmente o análogo; no argumento *a contrario sensu,* deixa-se de lado a insuficiência da estrutura implicacional em que repousa e apela-se para a ideia de que o legislador, ao regular certa classe de casos, quis regular diversamente o não incluído na classe explicitamente indicada; na tese da completude do sistema jurídico, menos que propriedade de um sistema formal, existe a vontade de racionalmente dominar (qualificar) a realidade por meio de normas; há, enfim, um condicionamento sociológico nas *teses filosóficas* que estão na base das *teses lógicas*.

18. Tais considerações apontam os justos limites em que se colocam as investigações sociológicas, filosóficas e lógicas do Direito Positivo, demarcando, em consequência, a órbita metodologicamente definida da Ciência dogmática do Direito. São investigações complementares sobre o Direito.

Enfatizar uma delas, à custa das demais, ou reduzir uma à outra, importa desconhecer a distinção metodológica, que não significará separação no dado. O reducionismo, da norma ao fato (sociologismo), da norma positiva à norma ideal (jusnaturalismo), dos valores e normas às estruturas lógicas (logicismo) é sempre um desconhecimento da experiência integral do Direito.

• • •

19. Lourival Vilanova é autor de raros, mas preciosos trabalhos, que representam verdadeiras joias das nossas letras jusfilosóficas. Reputado e acatado aquém e além das nossas fronteiras, é, sem favor algum, um dos expoentes do nosso pensamento jurídico e jusfilosófico.

A consideração que merece de mestres do porte de Recaséns Siches – testemunhada publicamente em simpósios internacionais – orgulha o Brasil e desvanece os seus discípulos e admiradores.

20. Coordenador geral dos cursos de mestrado da Faculdade de Direito da Universidade Federal de Pernambuco, não sonegou aos mais seletos auditórios jurídicos nacionais o fecundo prazer de ouvir suas lições.

Para grande proveito intelectual da gente paulista, o Professor Lourival Vilanova compareceu reiteradas vezes à Universidade Católica de São Paulo – da qual temos a honra de ser reitor – ao longo dos últimos anos, para ministrar cursos de Teoria Geral do Direito, proferir conferência e dar aulas nos nossos cursos de pós-graduação.

21. Alguns capítulos deste livro resultam de anotações que o querido amigo e mestre elaborou, para dar um curso de Teoria Geral do Direito, a nosso convite, na Universidade, em 1972.

Tenho pessoalmente a imensa satisfação de ter contribuído para esta obra, incentivando insistentemente Lourival Vilanova a escrevê-la, a partir, precisamente, daquelas anotações.

De tal porte foi o sucesso daquele memorável curso, que o mestre se viu levado a dar aulas, pela instância dos alunos – professores de Direito, juízes, promotores, advogados – até mesmo em feriados.

• • •

22. Este livro, temos certeza, terá enorme significação no nosso cenário jurídico. Contribuirá para melhor compreensão da Ciência do Direito, aperfeiçoamento do nosso critério analítico, aguçamento do espírito sintético e, sobretudo, concorrerá para estimular o estudo, a meditação e o cultivo da Teoria Geral do Direito.

O proveito que se extrairá da sua leitura redundará em sentenças melhor elaboradas, pareceres mais rigorosos e científicos, petições mais perfeitas, razões melhor articuladas.

Um substancial aprimoramento dos instrumentos de expressão do pensamento jurídico, enfim.

São Paulo, outubro de 1976.

Geraldo Ataliba

SUMÁRIO

Capítulo I

Capítulo II

Capítulo III

Capítulo IV

Capítulo V

Capítulo VI

Capítulo VII

Capítulo VIII

Capítulo IX

Capítulo X

Capítulo XI

Capítulo XII

Capítulo XIII

Capítulo XIV

Capítulo XV

INTRODUÇÃO DA 2ª EDIÇÃO

1. Para que exista lógica jurídica é indispensável que exista linguagem, pois com a linguagem são postas significações. Há linguagem jurídica no conhecimento científico-dogmático, *L''*, como há no direito-objeto, *L'*, tema desse conhecimento. A possibilidade gnosiológica da lógica de *L''*, que dará margem à outra linguagem *L'''*, reside em essa linguagem do direito-objeto: i) conter termos que se reduzem, por abstração formalizadora, a variáveis, e constantes operatórias (functores e quantificadores); ii) dispor de uma gramática interna, cujas regras estabeleçam composições e transformações de estruturas; iii) tais regras serem regras sintáticas (com mínimo de semântica) em obediência às quais se façam estruturas com-sentido, evitando o sem-sentido e o contrassentido (vamos marginando, sem rigor, J. M. Bochénski, *Logik der Religion*, págs. 32/34, 54/58. 1968) e suas valências. Uma é a gramática no interior do direito positivo, a *gramática geratriz* de normas. Outra é a gramática formal da Lógica jurídica. Não se confundem.

No direito, são as regras do processo legislativo, ou quaisquer outras regras de regras, que estabeleçam como constituir, reformar ou desconstituir normas válidas. A validade é, assim, validade no interior do sistema positivo. Normas de outra procedência, ou de outro conteúdo, para ingressarem no sistema, requerem regra de regra que as juridicize, que as convalide. A correspondência com tais regras "processuais" dá-lhes relação de pertinência face ao sistema positivo.

2. Do ponto de vista das significações (Sinnen, Bedeutungen), as proposições descritivas e as proposições prescritivas, aparte os functores que as diferenciam (ser/dever-ser), têm caracteres em comum. São estruturas, articuláveis em relações abstratas, dotadas de valências. Como significações em relação combinatória, incorrem em sentido, sem-sentido e contrassentido (sentidos sintáticos e noéticos, na distinção de J. M. Boshénski). Assim, nos casos "A deve ser A"; "A deve ser um se...então"; "A não deve ser A".

As relações "com-sentido", "sem-sentido" e "contrassentido", assim formalizadas são analíticas. Sua verificação empírica descabe. Descontados os functores apofânticos e deônticos, os outros são comuns (os quânticos, relacionais, os disjuntores, conjuntores, implicadores, e os inferenciais). Os caracteres comuns dão margem à formação de um superconjunto de significações, cujos subconjuntos são as proposições descritivas e as proposições normativas. Com valências diversas, é certo.

3. Há relações entre as duas subclasses de enunciados, os "E" descritivos e os "*N*" normativos. São combinações possíveis: *E*(*N*), *E*(*E*), *N*(*E*) e *N*(*N*). Os parênteses indicam sobreníveis de linguagem. Também é possível formular, em correspondência com um enunciado normativo, um enunciado descritivo com predicado deôntico. Assim, a "obrigatório cumprir a conduta *C*" equivale "a conduta *C* é obrigatória". O apofântico "é" absorve-se no deôntico do predicado. Ainda há inferências mistas, com premissas deôntica e apofântica e conclusão deôntica. É certo, muitas vezes a premissa menor descritiva tem cláusula normativa implícita, o que torna a inferência silogística modalmente homogênea (entendendo "modal" em sentido de Von Wright).

Mas, da conduta efetiva não se infere a conduta devida (obrigatória, permitida ou vedada). E reciprocamente. No plano formal, não se constituem *funções proposicionais*, pois as valências diferem, uma veritativa, a outra de validade (jurídica). É o que pondera Von Wright: "... if an act is performed (or not performed) them nothing follows as regards its obrigatory, permitted or forbidden character... the deontic modalities unlike the alethic, epistemic, and existential ones have no logical conection with matter of fact – truth and falsehood" (Von Wright, *Logical Studies*, pág. 74, 1957).

Uma das vias que segue Kelsen para sustentar a inaplicabilidade da lógica formal geral ao domínio dos sistemas de normas jurídicas reside no argumento de que tais sistemas contêm contradições entre normas, que persistem como normas válidas, não obstante seu conflito contraditório. Argumentamos: a falta de uma situação objetiva que infirme ou confirme o estabelecido no enunciado, deixa-o intacto (em princípio) em sua validade. Norma incidente no suporte fáctico *F*, sem acarretar o efeito *E* (ineficácia), que é deonticamente implicado (*deve ser a implicação* de *E* por *F*), continua válida no sistema. A desaplicação continuada (no desuso ou no uso *contra legem*) suprime norma válida no sistema. É o próprio sistema que atribui *ao suporte fáctico da desaplicação* (não observância, ou não aplicação por órgão) *o caráter de fato gerador de norma revogante de norma conflitante* no interior do sistema. Norma somente por outra norma pode ser revogada, consoante o nível hierárquico de estruturação nesse sistema. Insistimos nisso: sem o fato ser geratriz, sem tornar-se *fato-jurídico*, não produz norma válida revogatória de outra norma válida. Uma norma não revoga outra como relação meramente lógica, mas com a *interposição de fato* (condutas ou atos, ou eventos), que, por isso, é fato jurídico, é fonte de direito, no sentido largo da expressão. Com isso, o sistema fecha a porta para o fato nuamente desprovido de normatividade. E obtém-se a homogeneidade deôntica do que se acha no universo do juridicamente relevante.

5. Cabe, ainda, argumentar: a lei de não contradição é um *princípio* lógico (axioma), e como tal pertence ao nível de metalinguagem, *L'''*, sobrepondo-se aos dois outros níveis de linguagem, *L''* e *L'*, respectivamente à linguagem do conhecimento dogmático (Ciência do Direiro) e à linguagem em que se expressam as normas positivas. São níveis de expressão

(Ausdrueken). A lógica é linguagem formalizada; o domínio das normas é linguagem não formalizada, não algoritmizada, com *referências semânticas* a situações objetivas na realidade social da conduta e dotada de função pragmática inconfundível: *the normative orientation of behavior* (T. Parsons, *The structure of social actions*, págs 44/45, 206/207, 405/406).

Por isso que situa-se em nível diferente do nível das normas, as proposições lógicas não se encontram dentro do sistema jurídico-positivo. Sua validade é sintática e analítica. A validade das normas é *relação de pertinência* ao sistema, validade sintática quando se põem em evidência, por abstração formalizadora, suas variáveis e constantes, compondo estruturas. Mas, neste ponto, está-se em domínio da Lógica, que é o entendimento recurvando-se sobre si mesmo, sobre a faina de constituir e desconstituir estruturas, ora apofânticas, ora deônticas. O domínio da Lógica é tão só o das significações e suas possibilidades combinatórias, sem estender a ponte para objetos especificados. Apoiada no mínimo que é o *objeto em geral*. Através das linguagens, recolhe características que são variações em torno do núcleo que é o objeto em geral (*l'objet quelconque*, *the thinghood* as concept of higher possible generality). Assim, a estrutura de implicação normativa é composta de norma primária e norma secundária, disjuntivamente conectadas (se *A*, então *C* ou se não *C*, então *E*) – deonticamente modalizadas, pelo modal neutro, "*D*" e suas variáveis functoriais "*P*", "*O*" e "*V*").

6. Uma vez que as normas não se colocam no mesmo nível linguístico das leis lógicas, não podem ser por elas suprimidas, ou, empregando o termo técnico da dogmática, revogadas (tomamos *revogação* como gênero, cujas espécies são *ab-rogação* e *derrogação*). A lei de não contradição de proposições descritivas diz que duas proposições contraditórias não podem ser simultaneamente verdadeiras; a lei de não contradição deôntica estatui: duas normas contraditórias não podem ser simultaneamente válidas. Implicitamente, se uma é verdadeira a outra é necessariamente falsa; se uma é válida, a outra em conflito é necessariamente contraválida. O conflito, para dar-se, requer que o seja *no interior de um só sistema*. Conflitos interssistêmicos são extralógicos. Cada sistema (jurídico) tem uma órbita pessoal, material, espacial e temporal de validade. Para trazer norma de um sistema *S'* para o sistema *S"* requer-se *norma de reenvio* (assim no Direito Internacional Privado). Com o que se faz a interiorização da norma advinda.

7. Normas jurídicas contraditórias são possivelmente válidas no sistema. A contraditoriedade é uma relação simétrica. "*N*" é contraditória de "não *N*" e, reciprocamente. A lei, em nível da lógica formal dá a impossibilidade da validez conjunta, mas não diz qual das duas é falsa. A lei deôntica aplicada nega a disjunção excludente e afirma a validade de ambas.

Muito embora a coerência interna do sistema exprima seu grau de racionalidade, é um dado objetivo que os sistemas nem sempre apresentam. Potencialmente, são abertos à inconsistência. As normas de um Estado provêm de fontes técnicas diversas, são emitidas em situações históricas mutáveis, em contraste com o grau de estática dos sistemas. A estrutura escalonada que apresentam deixa critérios extralógicos de revogação tácita ou expressa das normas de nível subordinado às normas de maior nível. Mas, ainda aqui somente norma revoga norma. A lei lógica está diante de conjunção contraditória de duas normas válidas, não diante de disjunção excludente.

No domínio das proposições descritivas a decisão reside na remissão a proposições protocolares que infirmem a proposição geral. Um *S* que não é *P* basta para infirmar a geral correspondente, todos os *S* são *P*. No caso da norma, uma norma individual que desaplique a norma geral correspondente, deixa esta intacta em sua validade. Vários casos de desaplicação só revogam se mediante outra norma do sistema a inaplicação contituada passar a suporte fáctico dessa norma, e, com isso, tornar-se fato jurídico geratriz de norma revogatória. É desnecessário mencionar se a aplicação singular tem validade *erga omnes*, se é precedente judicial de decisão, e outras hipóteses. Sempre norma revoga norma. Sempre uma norma *N'* que eleva o fato a fato gerador de norma *N"* (o qual gera a norma revogante), que suprime a validade de *N'''* (norma revoganda). Com esse proceder, o sistema recompõe sua homogeneidade normativa.

Pode acontecer que, por reenvio, o sistema venha a acolher lei lógica, no processo de hermenêutica – que é um operar com expressões, significações e contexto racional (e outros contextos). Somente assim se compreende que R. Schreiber pondere, como aditamento, "... waeren die Gesetze der Logik des Rechts auf gund einer Verfassungsbestandteil des Rechts" (R. Schreiber, *Logik des Recths*, pág. 92. 1962). Trata-se, pois, de um processo de *constitucionalização* de leis lógicas bem congruente com o perfil ideal de um Estado de Direito. Difere da norma de reenvio, no Direito Internacional Privado, norma de norma, que formalmente é "Recht üeber-Recht", ou *N'* (*N''*). Ali é norma (constitucional) que faz de lei lógica parte de seu conteúdo, sem alterar seu estatuto de lei lógica.

8. A existência de normas contraditórias conjuntamente válidas num sistema, desaplicando, assim, a lei lógica de não contradição, requer explicação. É lei na Lógica deôntica, homóloga à Lógica das proposições com *valores veritativos*. A existência de sistemas normativos não consistentes *é um fato*, que suspende (em parte) a aplicabilidade da lei formal às suas estruturas, *mas não impede a razão de ser da Lógica deôntica*. É uma *questio factii*, de ordem cultural, a formação histórica dos sistemas jurídicos. Formam-se contendo lei interna (norma) que estatui a fonte geradora de normas válidas. A validade (como reiteradamente sublinha Kelsen) é existência. Norma nula, por incongruência, desfaz a contraditoriedade. Se "não-*N*" for nula, ela não é contraditória de "*N*"; sendo, assim, norma nula é norma não válida, norma inexistente. A relação lógico-formal não é potente para invalidar "*N*" ou "não-*N*", ou ambas. E, ainda, norma não é válida *per se*, mas é válida porque tem *relação de pertinência* a um dado sistema *S*, e tem essa relação porque proveio da fonte geratriz normativamente (o que exclui o costume como *puro fato*) estabelecida. *O fato jurídico gerador não produz lei lógica, mas normas, estas revestidas no processo cultural de objetivação, que é a linguagem.*

Não são dados imediatos os meros fatos. Como diz Marshall, "Part of any *fact* is the language in wich it is enunciated; it is not a fact until it is expressed" (W. M. Urban, *Language and reality*, p. 311. 1939). E a linguagem, que é, por sua vez, um fato, está permeada de significações: onde há significações há logicidade. Há logicidade na linguagem do conhecimento, na linguagem do direito e da ética, na linguagem literária, poética, bíblica... que diferem pelas valências em jogo. A linguagem e a logicidade são componentes da ontologia do direito: cabe recolher-los em teoria de sistemas, se não exaustivamente consistentes, pelo menos em sistemas quase consistentes. O resíduo de alogicidade corre por conta do fato cultural, que é o sistema do direito positivado. E de seu modo específico de referência ao universo da conduta humana. O grau de racionalidade – *the rate of rationality* (T. Parsons) – não é o mesmo nos diferentes setores do mundo histórico.

• • •

Vemos que o objetivo deste ensaio foi alcançado. Publicado um ano depois da *Lógica jurídica* (São Paulo, 1976), difundiu-se satisfatoriamente entre profissionais do Direito (magistrados, procuradores, consultores jurídicos, advogados), e, mesmo entre sociólogos ocupados com problemas jurídicos de sua especialidade. Teve em mira, sobretudo, estudantes de pós-graduação em Direito. Seu caráter técnico impediu larga publicidade editorial. Isso no ano de sua publicação. Depois, difundiu-se bem. Nessa expansão tem tido papel saliente o magistério, fecundo e rigoroso no uso do vocabulário técnico, do Prof. Paulo de Barros Carvalho na Pós-Graduação da PUC/SP.

Trata-se de ensaio aberto a revisões e aditamentos, que foram sucessivamente apresentados em Congressos no exterior e em nosso país. Aqui nos seis congressos levados a termo pelo Instituto Brasileiro de Filosofia, o que importa dizer: pela atividade intelectual do Prof. Dr. Miguel Reale, cuja obra no campo da Dogmática e no da Filosofia do Direito é extensa, densa e, em vários aspectos, inovadora.

Continuando a temática deste ensaio, publicamos em 1985, *Causalidade e relação no direito* (OAB-PE), com duas outras edições pela Editora Saraiva (segunda edição, 1989). Neste, concentra-se o interesse na estrutura implicacional (condicional) da norma jurídica, abrangendo suporte fáctico, fato jurídico e eficácia (efeitos), como contraparte objetiva da composição sintática da proposição normativa.

A matriz desses estudos continua sendo Husserl e Kelsen. Com influência de N. Bobbio, G. H. Wright e seguindo linhas traçadas por J. M. Bochénski, G. Kalinowski e O. Weinberger, em exaustivos desenvolvimentos, em suas obras. Devo mencionar a obra clara e precisa de Garcia Maynez, dentro dos pressupostos filosóficos que escolheu. E a influência de teorias de Pontes de Miranda.

As reduções no revestimento simbólico deste ensaio tem o objetivo pedagógico de uma introdução. De outro lado, pesam as funções que exerceu como Consultor Geral e Procurador Geral do Estado. Não pesam menos o exercício, por mais de um decênio, da Cátedra de Sociologia e da Cátedra de Teoria Geral do Estado, na faculdade de Direito do Recife (UFPE). Como Professor Emérito, pela Universidade, pôde continuar, sem interrupção, a lecionar lógica e Teoria Geral do Direito na Pós-Graduação em Direito.

Um agradecimento merecido: ao Prof. Eurico Marcos Diniz de Santi que acompanhou, com dedicação e competência, a impressão gráfica desta nova edição.

Faculdade de Direito do Recife — UFPE

Junho de 1997.

Lourival Vilanova

INTRODUÇÃO DA 1ª EDIÇÃO

É opinião dominante no pensamento jurídico contemporâneo, entre os que se dedicam à Ciência do Direito, quer com finalidade predominantemente teórica, quer predominantemente prática, e em qualquer que seja o campo específico dessa ciência, a de que, sem teoria geral do Direito e sem outras investigações mais delicadamente abstratas, não se domina nem a teoria, nem a prática, nem o saber científico especializado, nem sua aplicação aos fatos concretos.

O Direito positivo existe como técnica de ordenação da conduta humana, numa situação global historicamente individualizada. E comunica essa tendência pragmática à ciência mesma que o converte em objeto de conhecimento. O Direito positivo visa a controlar a conduta, impondo formas normativas a essa conduta e, através delas, a alcançar fins, uns permanentes, outros variáveis, de acordo com o ritmo histórico e a índole própria das culturas.

A divisão da Ciência do Direito em áreas específicas representa o corte metodológico indispensável num domínio muito vasto. Sobre o *continuum* do universo do Direito, delineiam-se porções discretas, setores diferenciados de subsistemas de conhecimento: as ciências jurídicas dogmáticas. Mas, para não se confinar numa divisão meramente setorial, o jurista sente a necessidade de recuperar, de quando em quando, aquele ponto de intersecção, onde se encontram os juristas especializados com problemas comuns, genéricos, inespecificados. Nesse ponto de intersecção acham-se os conceitos fundamentais fornecidos pela teoria geral do Direito e pela Lógica jurídica (ramo da Lógica deôntica). Isso em nível mais abstrato. Porém, ainda, em nível científico, em sentido estrito. Em nível mais radical, prosseguindo até a Filosofia do Direito.

O presente livro não é um compêndio de Lógica. Nem um resumo de teorias que se conflitam e desconsertam o leitor. Tem o caráter prudente de um estudo, aberto às revisões que posteriores exames imponham. Propõe-se a um fim bem limitado: mostrar, com ajuda das investigações levadas a termo nestes últimos anos, em vários países, como as estruturas lógicas servem de sustentação ao Direito positivo. Ao mesmo tempo, dá-nos conta até onde chegam as análises lógicas. Há um quantum de Lógica no Direito positivo, mas o Direito é mais que lógica. Com isso, previne-se o declive para o formalismo que, justificado como *formalismo lógico*, exacerba-se em descomedido formalismo jurídico.

O Autor teve de refazer vários capítulos em que a linguagem técnica da lógica poderia dificultar a clara compreensão do tema. Por isso, foi usado o mínimo de simbolismo. E, quando usado, explicado em linguagem não formalizada. Sempre levando em conta que os juristas não estão obrigados a ser especialistas em Lógica.

Ponto de apoio para as análises formais deve ser a consulta à Ciência do Direito. É preciso estar em contato com a teoria geral das obrigações, com a teoria geral do Direito administrativo, do Direito tributário, do Direito constitucional e com a teoria geral do processo e a parte geral do Direito penal. Por outro lado, a interpretação e a aplicação jurisprudencial do Direito são complementos imprescindíveis para se ter o "Direito como experiência" e, com base nessa experiência, obter-se o vínculo husserliano entre "juízo e experiência", ou entre Lógica e realidade. Sem isso, corre-se o risco de se fazer Lógica jurídica como admirável peripécia algorítmica, mas sem nenhuma repercussão na Ciência do Direito e sem maior fecundidade para a prática do Direito.

O Autor procurou evitar reenvios a páginas ou capítulos, onde o ponto do tema em desenvolvimento ficara exposto. Por isso, notar-se-ão explicitações entre parênteses e repetições abreviadas, ou mesmo, ainda, pormenorizadas, que, em boa técnica, requeriam meras referências remissivas. O objetivo foi favorecer o leitor: insistir em problemas nucleares para o livro; sublinhar certos itens, para prosseguir, explicitando-os; interpretar e reinterpretar as poucas fórmulas usadas, valendo-se da linguagem técnica, mas natural.

Os temas aqui expostos foram objeto de cursos dados na Pós-Graduação da Faculdade de Direito do Recife e na Pós-Graduação da Pontifícia Universidade Católica de São Paulo, no semestre letivo de 1973, a convite do Reitor, Prof. Geraldo Ataliba. O livro, assim, está vinculado a essas duas instituições, o que o prestigia e, ao mesmo tempo, sobrecarrega-o em responsabilidade.

Lourival Vilanova

Capítulo I

SUMÁRIO: 1. Aspectos do conhecimento – 2. Proposição e linguagem – 3. Isolamento temático da proposição – 4. A reflexão lógica – 5. O domínio das formas lógicas – 6. A formalização – 7. As variáveis e as constantes na forma lógica – 8. Tipos de variáveis lógicas – 9. Formalização e generalização – 10. Formalização e simbolismo.

1. Aspectos do conhecimento

O conhecimento é um fato complexo. Simplificadamente diz-se que é relação do sujeito com o objeto. E se tivermos em conta o conhecimento do mundo físico exterior, sua origem é a experiência sensorial. Percebo a árvore verde e enuncio: esta árvore é verde. O ser-verde-da-árvore, que se me dá num ato de apreensão sensorial, é base para outro ato, o de revestir esse dado numa estrutura de linguagem, na qual se exprime a relação conceptual denominada proposição (juízo, na terminologia clássica).

Inseparáveis, mas discerníveis, são os seguintes componentes do conhecimento: a) o sujeito cognoscente; b) os atos de percepção e de julgar; c) o objeto do conhecimento (coisa, propriedade, situação objetiva); d) a proposição (onde diversas relações de conceitos formam estruturas).

Esse tecido, assim contínuo e diferenciado em aspectos, oferta margem a diversas investigações. Há investigação *psicológica* do que ocorre no sujeito cognoscente, quer no momento do conhecimento empírico-sensível, quer na fase do conhecimento conceptual. Esse conhecimento através de conceitos requer a linguagem. Mediante a linguagem fixam-se as significações conceptuais e se comunica o conhecimento. O conhecimento ocorre num universo de linguagem e dentro de uma comunidade do discurso. A dimensão intersubjetiva do conhecimento é matéria para uma sociologia do conhecimento. A linguagem e os conceitos têm origem e seguem processos de mudança dentro de relações sociais. Mas, por outra parte, a linguagem como sistema de símbolos fonéticos e visuais é tema da linguística. Normativamente, temos ainda a gramática da linguagem.

Quanto ao objeto do conhecimento, esse pertence ao domínio especializado de cada sistema científico. Em rigor, há espécies de objetos, distribuídos em subdomínios: objetos naturais e objetos sociais (socioculturais), para termos em consideração tão só as ciências empíricas. Cada subdomínio fragmenta-se em subáreas (por assim dizer). Assim, as ciências sociais compreendem: sociologia do conhecimento, sociologia da linguagem, sociologia do direito etc.

Resta a proposição. Mas a proposição sobre objetos físicos pertence à ciência física; sobre objetos biológicos, à ciência biológica; sobre objetos sociais, a cada uma das ciências sociais. As proposições especificadas pelo objeto são parte do sistema científico específico, que lhes determina as condições de verdade e de verificabilidade (metodologia de cada ciência). Demais, as proposições específicas são construídas com o vocabulário técnico de cada ciência. Função matemática e função lógica não se confundem com função em biologia, ou função no campo do Direito público. Todavia, a palavra função, sendo a mesma, no contexto de cada vocabulário técnico tem diferentes conotações. É codificada diferentemente.

2. Proposição e linguagem

Ainda que inexista paralelismo lógico-gramatical, ainda que as formas linguísticas não traduzam as formas lógicas, todavia, como acentua Husserl (Husserl, *Recherches Logiques*, págs. 1/16, vol. II), as investigações lógicas tomam o fato da linguagem como ponto de apoio, se não como *fim temático*, pelo menos como *índice temático* para alcançar seu objeto próprio. A experiência da linguagem é o ponto de partida para a experiência das estruturas lógicas.

A linguagem funciona em várias direções. Ora expressa estados interiores do sujeito, ora expressa situações e objetos que compõem a textura do mundo externo. Nem sempre funciona com fim cognoscitivo, como linguagem de objetos. Às vezes é veículo de ordens, no sentido genérico, pretendendo *alterar* o estado de coisas; outras vezes, faltando a suficiente parcela de experiência dos objetos, é transmissora de *perguntas*. Outras vezes, ainda, nem é instrumento de conhecimento nem de ordens ou imperativos, nem de perguntas, mas meramente *expressional* da alteração emocional que o trato com os objetos provoca no sujeito. Ainda que a análise fenomenológica descubra, sob a contextura de atos tão diversos, modalidades várias de pôr objetividades, modos de pôr objetivações, tomando-se a linguagem como fato do mundo (sistema físico com relacionamento simbólico com objetos), para os fins estritos da análise lógica interessam as estruturas de linguagem mediante as quais se exprimam *proposições*, isto é, asserções de que algo é algo, de que tal objeto tem a propriedade tal. Estruturas de linguagem expressivas de proposições são suscetíveis de valores (verdade/falsidade), empiricamente verificáveis por qualquer sujeito que se ponha em atitude cognoscente.

Se não quisermos reduzir a investigação lógica ao *discurso apofântico* (à linguagem das proposições verdadeiras ou falsas), pelo menos dele é que se tem de começar para se estabelecer a teoria lógica do discurso. Que há estruturas sintáticas nos enunciados interrogativos comprova-se considerando que não é qualquer aglutinação de vocábulos que dá uma pergunta *com-sentido*. Há enunciados interrogativos *sem-sentido*, como os há *com-sentido*. Unir somente termos sincategoremáticos nunca conduzirá a uma pergunta sintaticamente bem formulada (ex.: "se então ou é?").

Temos, ainda, o discurso não apofântico na espécie de discurso prescritivo, o qual carece de valores de verdade e falsidade e representa o campo temático da lógica deôntica. Assim, as estruturas de enunciados que exprimem regras técnicas, regras dos usos e costumes, regras morais e jurídicas. Teremos de compreender, como veremos, dentro do conceito de proposição, tanto os enunciados da *linguagem descritiva de objetos*, como os enunciados da *linguagem prescritiva de situações objetivas*, ou seja da linguagem cuja finalidade é "alterar a circunstância", e cujo destinatário é o homem e sua conduta no universo social. Altera-se o mundo físico mediante o trabalho e a tecnologia, que o potencia em resultados. E altera-se o mundo social mediante a linguagem das normas, uma classe da qual é a linguagem das normas do Direito.

3. Isolamento temático da proposição

Vimos, a proposição insere-se num plexo de fatores. Em rigor, a experiência "eu penso em algo" explicita-se como "eu penso que tal coisa tem a propriedade tal". Agora, isolemos abstratamente. O ego cognoscente e seu ato (*pensar* e não *querer*, ou *sentir*) são postos à margem. A linguagem em que se vaza o conteúdo objetivo do pensar é variável de idioma para idioma. Também se põe de lado. As coisas, as situações, os estados de coisas, para dizer com Reichenbach (Hans Reichenbach, *Elements of Symbolic Logic*, págs. 14/15), também se põem entre parênteses. Resta tão só a proposição. Mas a proposição que resta é a proposição *como tal*, a proposição *como proposição*. Suspende-se, para isolar a proposição, a relação com o sujeito, e a relação com o *ato* específico (pensar, inferir) e a relação com objeto específico (esta árvore, topicamente fixada ali, naquele ponto do espaço e, em atos de grau mais elevado, fundados nos atos de experiência do individual, "alguma árvore...", "qualquer que seja a árvore..." ascendendo em atos sucessivos de intuição, da intuição sensível à intuição essencial da significação universal "árvore", para falarmos em termos da fenomenologia husserliana).

Também isolamos a linguagem natural – a linguagem da vida cotidiana e a linguagem científica —, que é variável. Variável é a *sentença,* isto é, a *estrutura oracional,* peculiar no vocabulário e nas regras morfológicas e sintáticas de cada idioma. A proposição como tal não pertence a nenhuma linguagem de objetos. Em rigor, não está no mesmo plano da linguagem de objetos. Não é do plano da vida prática, em que a linguagem é instrumento de informação sobre as coisas do mundo, nem é do plano da linguagem de cada ciência especializada no conhecimento de uma parcela ou ângulo das coisas do mundo. A proposição como tal nada informa sobre este ou aquele objeto específico.

4. A reflexão lógica

Esse aludir à *proposição em si mesma* requer uma retroversão do sujeito para as estruturas, nuamente expostas em seu esquematismo formal. A proposição, na *atitude natural* ante o mundo, apresenta-se em plena concreção existencial: vestida na forma gramatical de uma língua e com seu referencial objetivo, que lhe confere valor veritativo. Na relação pragmática de sujeito a sujeito, é comunicação e vem dentro de contextos não somente cognoscentes. O sujeito, é-o dentro de uma constelação de sujeitos, na comunidade intersubjetiva do discurso, participante de relações sociais que condicionam o conhecimento dos objetos (os contextos sociais limitam as possibilidades de acesso a certas classes de objetos, como anotara Max Scheler). Tomar, pois, a proposição em si mesma é tirá-la do contexto empírico, ou existencial, pondo entre parênteses os componentes desse contexto, *numa mudança de atitude da consciência ante os objetos.*

A análise lógica vem, historicamente, depois do conhecimento de objetos (especialmente o conhecimento científico). E significa uma reconstrução dos passos dados, numa direção por assim dizer retrocessiva e recompositiva do já feito. Mas, uma vez encontradas as estruturas lógicas, vemos que elas valem *antes* de todo conhecimento, como condição formal *a priori* da possibilidade de qualquer conhecimento de objetos. Por ai está se vendo que a proposição (como estrutura lógica fundamental) coloca-se em outro nível, mais alto, que o nível da linguagem com que formulamos o conhecimento dos objetos em suas várias espécies.

5. O domínio das formas lógicas

Quando dizemos que na proposição, como proposição, reside o objeto da análise lógica, convém, antes de maiores precisões, termos em conta que há outras estruturas formais além da proposição. Rigorosamente falando, o campo de investigações lógicas é o das *formas lógicas.* E o que dá a possibilidade de uma ciência especialmente dedicada a esse campo reside nisto: a) é possível isolar, tematicamente, por abstração, tais formas dos demais componentes em que tais formas aparecem na experiência integral da linguagem de objetos; b) tais formas se estruturam em um domínio articulado por leis, que não são leis psicológicas, ou leis que explicam a formação e evolução da linguagem (leis da psicologia da linguagem, ou da sociologia da linguagem, ou da linguística), ou leis provindas dos objetos do conhecimento, mas são *leis não empíricas, leis puramente formais.* Assim, entre outras, as contidas nas proposições formais "*A* é *A*", "*A* não é não-*A*". Modalizando outras proposições formais: é analiticamente falso que *A* seja *B* e não-*B*; é analiticamente verdadeiro que *A* seja *B* ou *A* não seja *B*. Tais são as leis da lógica clássica, conhecidas com o nome de lei de identidade, de não contradição e de exclusão de terceiro.

As proposições como tais têm estrutura interna. São interiormente compostas de elementos. A composição obedece a leis não empíricas, a leis formais. Como formais são as leis que articulam as proposições entre si, para construir outras estruturas mais complexas (as formas de inferência). Tudo isso comprova que existe um *domínio* de formas lógicas como campo temático de um estudo autônomo.

6. A formalização

Naturalmente todo tipo de objeto comporta um modo de estar cognoscitivamente com ele. Se são físicos, seu dar-se imediatamente ocorre na experiência intuitivo-sensorial. Se são lógicos, numa experiência adequada ao ser do lógico. A experiência sensorial da linguagem é em atos de experiência do ser físico. Fundados nesses atos, vêm os atos de apreensão dos conceitos, dos juízos e raciocínios, para falarmos em terminologia clássica. A experiência lógica é fundada em atos de experiência dos entes físicos como *símbolos* (da linguagem natural, ou da linguagem tecnicamente construída) que remetem às variadas formas de significação. Os conceitos são os *referentes,* apoiados nos suportes físicos das palavras, cujos *relata* são os objetos.

Para chegar-se, pois, à proposição como tal, é preciso ir-se ao tema com o tipo de experiência que Husserl denominou abstração (lógica), ou reflexão lógica. Isola-se tematicamente a forma, faz-se a formalização. Meu ponto de partida será das proposições determinadas, isto é, envoltas numa linguagem, referindo-se, com suas significações determinadas, a objeto especificado. Percebo melhor a forma lógica não numa proposição isolada, mas numa relação de proposições. Nas proposições isoladamente tomadas como "todas as árvores são verdes", "isto é uma árvore", "esta árvore é verde", não ressalta *o vínculo em que reside o formal,* a estrutura constante, qualquer que seja a mutação nos conteúdos das referidas proposições.

Percebo, porém, a forma no inter-relacionamento, interligando os enunciados mediante conectivos cuja função não é a de referência a objetos, mas a de unir as proposições e as partes, constituintes de uma proposição. As partículas lógicas *e, ou, se ... então,* não se referem a nenhum objeto do mundo. Seu papel é puramente *sintático:* o de relacionar proposições. Nem todas as partículas gramaticais que têm papel *sintático-gramatical* têm relevância formal. Às vezes são ambíguas; outras, abrigam várias funções de acordo com a estrutura gramatical, ou, diferindo vocabularmente, têm significação equivalente (são permutáveis por sinonímia).

Se inter-relaciono as mencionadas proposições, obtenho a forma compositiva que é lógica. Enunciando assim: "se toda árvore é verde e esta coisa é uma árvore, então esta coisa é verde", observo que a forma não é meramente gramatical, a de um período composto de orações, articulado sintaticamente em obediência a regras da gramática. Além dessa experiência da *forma sintático-gramatical,* apreendo a *forma lógica da implicação.* Com alteração meramente formal, sem desfazer os constituintes gramaticais nas orações, posso articular a *forma de inferência,* que é outra forma lógica. Alcanço tais formas em atos, ou *modalidades de consciência de objetos,* firmado na experiência que é a *formalização.*

Formalizar não é conferir forma aos dados, inserindo os dados da linguagem num certo esquema de ordem. É destacar, considerar à parte, abstrair a forma lógica que está, como dado, revestida na linguagem natural, como linguagem de um sujeito emissor para um sujeito destinatário, com o fim de informar notícias sobre os objetos. E destaco, por abstração lógica, a forma, desembaraçando-me da *matéria* que tal forma cobre. A matéria reside nos conceitos especificados, nas significações determinadas que as palavras têm como entidades identificáveis pela sua individualidade significativa.

A significação ou conceito do vocábulo árvore não se confunde com a significação de honesto. Num experimento gramatical – que cuida da *correção* da linguagem e não dos *valores de verdade* das orações –, posso substituir vocábulos nos lugares adequados e ainda que dê orações corretas, enunciados falsos, formalmente a estrutura mantém-se intacta.

Assim, é formalmente válido enunciar: "toda árvore é um metal / esta coisa é uma árvore / então esta coisa é um metal", ainda que uma premissa e a conclusão sejam falsas. A validade é propriedade da forma lógica de relacionar, independente do conteúdo gramatical e conceptual das proposições constituintes. A validade independe da *correção gramatical* e da *verdade empírica:* há algo próprio da forma lógica.

Se, alterando a composição vocabular ou o conteúdo de significação, a forma lógica mantém-se constante, podemos chegar ao ponto limite de eliminar esta ou aquela parte da oração, este ou aquele determinado conceito que faz o papel de sujeito, ou o papel de predicado, apontando para um objeto ou situação objetiva determinada. Fixemos tão só do conceito específico a *categoria sintática* que tem na *proposição* (o ser um sujeito qualquer, ou um predicado qualquer). É então, em vez da experiência dos concretos (concretos em sentido lógico) "árvore", "verde" poremos um símbolo substituível por qualquer conceito específico. Dessa sorte, obteremos esquemas como: "x é uma árvore", ou "x é P" (P é um predicado qualquer). Articularemos esquemas dessa forma: "Se todo M é P e S é M, então S é P", ou, tomando as três proposições como unidades, denominando-as p, q e r, teremos a forma: "se p implica q, e q implica r, então p implica r".

Como se nota logo, nenhuma dessas estruturas formais é proposição que pertença à linguagem da física, da biologia, das ciências sociais. Nada informa sobre o mundo natural e social. Nada diz sobre alguma coisa, fato ou relação específicas.

7. As variáveis e as constantes na forma lógica

Nada dizem de específico, porque as formas lógicas são estruturas compostas de variáveis e de constantes, isto é, de símbolos substituíveis por quaisquer objetos de um domínio qualquer, e de símbolos que exercem funções operatórias definidas, fixas, invariáveis. Os símbolos M, S e P esvaziam as estruturas dos conteúdos de significação determinada, e eliminando esses referentes significativos, suprimem os objetos ou os *significados,* na terminologia de Frege (G. Frege, *Escritos lógico-semânticos,* págs. 31/72). As partículas *todo, algum, é,* e outras como *e, não, ou, se – então, se e somente se ...então,* têm valores fixos: não têm objetos como seus substituintes, nem propriedades de objetos, como as variáveis de sujeito e as variáveis de predicado. São invariantes operacionais: quantificam a variável de sujeito, ou articulam internamente o enunciado proposicional, ou são functores de inter-relacionamento proposicional. Podemos dizer: as constantes lógicas ora são da classe de *operadores intraproposicionais,* ora da classe de *operadores interproposicionais.*

Vê-se, não existe forma lógica tão somente contando-se com as constantes lógicas. As constantes lógicas são termos que a lógica clássica bem denominou de *sincategoremas.* O *sincategorema* é um termo incompleto, que, por si só, é insuficiente para montar uma estrutura. Se naquela proposição implicacional (condicional, denominada também hipotética) suprimo as variáveis, restam apenas "se... e... então". Faltam os termos completantes, os *categoremas,* suportes das constantes lógicas. Basta que numa estrutura como "*S* é *P*", suprima-se um ou outro, ou ambos os categoremas, representados pelos símbolos *S* e *P*, para destruir-se *a forma lógica como forma sintaticamente bem-formada.* Então, a forma lógica é uma estrutura, cuja *matéria* é dada pelas variáveis e cuja relação é conferida pelas constantes. Toda estrutura tem elementos e modo de relacionamento. Os elementos aqui constituem o que Husserl denominou a *matéria sintática* (E. Husserl, *Logique formelle et logique transcendentale,* págs. 397/398). Quer dizer, não a matéria dada pelo componente empírico, pelas significações determinadas referentes a entidades específicas. Esta matéria empírica é eliminada justamente pela *formalização.* E sem formalização não há lógica. A lógica é a teoria formalizada da linguagem de objetos (da linguagem natural e da linguagem científica). Mas, para fazê-lo, a lógica é uma linguagem. Para falar formalmente de linguagens quaisquer é inevitável outra linguagem, uma *sobrelinguagem formal.*

8. Tipos de variáveis lógicas

Na linguagem natural, fazemos uso de variáveis sem explicitá-las em símbolos especiais. Dizemos "alguém é o criminoso", "algo está sendo feito", onde o sujeito pronominal é indeterminado. Esse aspecto pronominal da variável foi observado por Quine (Quine, *Methods of Logic,* págs. 127/128). Para simplificar o raciocínio, o jurista muitas vezes diz que *A* compra a *B* a coisa *C*, onde as letras do alfabeto funcionam como símbolos à espera de especificação: o comprador e o vendedor tais, e não outros, a coisa individualizada que entra na relação negocial, e não outra.

Os objetos mesmos, estes ficam onde estão. Não ingressam nas proposições senão mediante os nomes ou símbolos da linguagem. Na proposição "Sócrates é filósofo", o *ente* Sócrates passou para o *domínio do discurso* através do nome próprio. Para nos desembaraçarmos das referências conceptuais a objetos individuais, valemo-nos de *variáveis de objeto.* Tomados os objetos em conjuntos, *pela sua pertinência a conjuntos definidos por certas características,* teremos as *variáveis de classes.* As letras que figuram no silogismo clássico, "*M* é *P* / *S* é *M* / *S* é *P*" são variáveis de classe. Se *S* for substituível por indivíduos, *S* é variável de objeto. O predicamento representa-se por uma *variável de predicado.* A *propriedade* do objeto (o ouro ser inoxidável) está no lado das coisas mesmas. O que a transfere para o proposicional é o revestimento sintático do predicado (o símbolo que lhe confere o papel sintático de funcionar como predicado).

Mas, em vez de relacionar as proposições pelos vínculos advindos de sua *estrutura interna,* podemos tomá-las em bloco, como enunciados que se combinam segundo seus valores veritativos, verdade (*V*) e falsidade (*F*). Tenho em conta o conteúdo conceptual interno se digo: se a classe *M* está incluída na classe *P* e a classe *S* está incluída na classe *M*, então a classe *S* está incluída na classe *P*. Mas se denomino as três proposições simplesmente por *p*, *q*, *r*, vendo-as exteriormente, segundo seu valor veritativo, abstraindo o fato de manter ou não *relação conceptual interna* e digo "se *p* implica *q* e *q* implica *r*, então *p* implica *r*", enuncio uma fórmula em que as referidas letras são suscetíveis de substituição por *proposições quaisquer*, tais símbolos são *variáveis de proposição*.

As variáveis, como se vê, não são símbolos que variam fisicamente num campo temporal ou espacial. São símbolos fixos, identificáveis nas ocorrências em que se apresentam nas formas lógicas. Variam, sim, os *valores* atribuíveis, e sempre dentro de uma órbita. As variáveis matemáticas sacam seus valores de pontos, linhas, planos, números etc. As variáveis lógicas tiram seus valores de diversos domínios. Qualquer domínio pode oferecer valores substitutivos às variáveis lógicas. Nisso reside absoluta *universalidade* das formas lógicas. Qualquer objeto, de qualquer domínio, pode ingressar na forma lógica através da transformação sintática da variável. Em "*S* é *P*", qualquer entidade, real, ideal ou imaginária, é apta para substituir *S*. Qualquer região (em sentido fenomenológico) de objetos é, por assim dizer, transparente para penetração da forma lógica.

9. Formalização e generalização

Quando dizemos que é mediante a abstração que alcançamos as formas lógicas, ficou entendido que esta abstração não consiste em separar de um todo *T*, que tenha as características *a*, *b*, *c*, uma destas, desconsiderando as demais. A forma lógica seria assim separável se fosse uma parte constituinte do todo. Numa maçã posso considerar em separado a cor, a forma, o peso, o cheiro, do todo que é a maçã. Mas, evidente, a forma lógica não compõe nenhum objeto físico do mundo, nem nenhuma linguagem como sistema de sinais físicos (acústicos e visuais), nem está contida no processo psíquico de pensar. Então, por separação abstrata, nunca tiraríamos a estrutura formal que está envolvida numa determinada linguagem natural ou técnica (científico-especializada), referindo-se a algum fato do mundo interior, ou do mundo exterior. Em rigor, a *abstração lógica* é uma *formalização,* é um encontrar-se com a forma lógica.

Pensar-se-ia, por outro lado, que mediante a *generalização indutiva,* percorrendo caso por caso de proposição concreta, de raciocínios ou inferências concretas, alcançássemos o gênero superior "forma lógica" e as espécies *proposições* e *inferências,* sob as quais incluir-se-iam as formas concretamente determinadas, como casos individuais. Generalizando indutivamente, partindo de enunciados protocolares "Sócrates é mortal", "Platão é mortal", "Aristóteles é mortal" teremos... "todos os homens são mortais". Dos indivíduos passo à espécie, e ainda que a espécie, como conceito (ou conjunto), não tenha as propriedades dos indivíduos (os indivíduos nascem e morrem, não a espécie como tal), a espécie é um conceito *material* definiente de um setor de objetos especificados, determinados. Não é assim a forma lógica inexplícita naqueles enunciados. A forma lógica "*S* é *P*" (o índice inferior no *S* individualiza-o: é o símbolo lógico do objeto individual) não caracteriza nenhum dos três filósofos mencionados. Nada diz de materialmente característico de um homem qualquer a pura forma. Ser-mortal é uma propriedade material (biológica). Mas ser-*P*, como termo da estrutura sintática em questão, nenhuma *essência material* é, para falarmos com Husserl (Husserl, *Ideas: General Contribution to Pure Phenomenology,* págs. 64/66).

Fundando-se no que antecede, compreende-se que do geral se desça para o individual sem descontinuidade material: o que está conceptuado no geral, encontra-se contido no indivíduo. Mas do formal não se passa para o concreto de uma proposição, especificada pela significação representativa de uma situação objetiva, tal e qual. A *desformalização* importa um processo de descontinuidade: da forma apofântica "*S* é *P*" para a proposição individual "Sócrates é mortal" há um salto. Por isso, pondera Husserl que a *especialização é algo totalmente distinto da desformalização* (Husserl, op. cit., pág. 72:

...generalization is something wholly different from formalization... Specialization is also something entirely different from deformalization). Em outros termos: generalização e especificação (individuação), como processos simétricos não são homólogos à formalização e desformalização. Ainda: generalizando não sairemos da órbita da concreção material para alcançar o *domínio do formal*.

Nada impede que se distinga uma *generalização material* empiricamente fundada e indutivamente conduzida, e uma *generalização formal-lógica*. Nesse sentido é que L. S. Stebbing fala de generalização lógica (Stebbing, *A Modern Introduction to Logic*, págs. 164/165). A lógica é geral, dizemos, porque não lhe interessa falar sobre nada em particular, mas sobre uma coisa qualquer, contanto que essa coisa qualquer se coloque como valor de variáveis lógicas. Nesse sentido, o formal é a *completa generalidade*. As variáveis de objeto, acrescentemos, por serem representativas de possíveis objetos, são do *objeto qualquer* de um ou outro conjunto. O *conceito formal de variável* repousa na referência indeterminada do "qualquer": a variável representa um qualquer, porém não um determinado (*any one, but not a determinate one*, diz Stebbing, op. cit., pág. 129). Ora, assim procedendo, a lógica generaliza. Mas seu universo próprio é o da *generalidade formal* (Husserl), não o da *generalidade empírica*, indutivamente obtida.

Advertimos, sem maiores análises, que existe descontinuidade entre a forma lógica geral, por ex., "todo *S* é *P*" e a forma lógica individual, "este *S* é *P*". Esta descontinuidade reside no fato de não se poder tirar da primeira, que é uma *implicação*, a proposição existencial. Mas ambas são formas lógicas, estruturas articuladas com variáveis e constantes. Nisso reside a impossibilidade da *inferência imediata por subalternação* que a lógica clássica teve por válida. O hiato não é coberto pela inferência. Mas tudo se passa *no interior* do universo das formas lógicas. Já o hiato entre a *generalidade material* e a *generalidade formal* é de outra ordem. Em outras palavras: não se transita da linguagem da vida cotidiana e da linguagem das ciências para a linguagem lógica, gradualmente, como se a lógica fosse o piso mais alto de um mesmo edifício.

10. Formalização e simbolismo

A lógica tem sido e é sempre formal. O que interessou sempre à lógica não foi o conteúdo significativo que caracteriza este ou aquele enunciado. Os enunciados com significação concreta como "todo homem é mortal" / "Sócrates é homem" / "Sócrates é mortal", entram na estrutura do argumento inferencial como meros *exemplos,* entre outros. Tanto assim que se podem inserir outros exemplos, permanecendo constante o modo de relacionamento entre os enunciados. E ainda que os enunciados constituintes, que servem de premissas, sejam falsos e falsa a conclusão, bem pode ocorrer que o processo dedutivo se ache correto: a *validade* da forma inferencial independe da verdade empírica dos elementos constituintes. Mesmo, para *decidir* se os enunciados-premissas são verdadeiros ou falsos empiricamente importa em confronto deles com os objetos ou situações objetivas a que se referem. Requer, pois, *critério extralógico* de verdade ou falsidade.

Naturalmente partimos de proposições de significação específica, de proposições determinadas, como pontos de apoio na experiência da linguagem, para apreender, *em outro ato cognoscente,* a forma lógica purificada do contexto empírico em que está envolvida (do contexto linguístico, do contexto em que se acha o sujeito pensante, e do contexto de objetos, termo de referência das proposições). Fazendo experimento com proposições especificadas, verifico que posso colocar justamente em lugar dos exemplos concretos, expressões substituíveis, abertas a qualquer um. A forma ressalta inalterada se introduzo *pelo menos uma* variável: "todo homem é mortal" / "x é homem" / "x é mortal". Podemos, como o fez Aristóteles, pôr estruturas com somente variáveis, sem termos de significação determinada, assim: todo "M é P" / "S

é *M*" / "*S* é *P*". Uma estrutura construída tão só com variáveis é o que Scholz chamou "forma perfeita" (Heinrich Scholz, *Esquisse d'une Histoire de la Logique*, págs. 22/23). De passagem, observamos que essa estrutura formalizada com as variáveis *S*, *M*, e *P*, é da lógica clássica fundada na aristotélica. Aristóteles mesmo algumas vezes, formalizou a proposição como "Sócrates é mortal" na sequência "o mortal se dá em Sócrates" ou "*A* se dá em *B*", fórmula mais atual, logisticamente, em que se prefixa o predicado ao sujeito: "P (x)", onde x é a variável de sujeito, *P*, a variável de predicado.

Agora, podemos fazer lógica formal com uso da linguagem não simbólica. Aristóteles, e toda a lógica clássica, só formaliza na teoria do silogismo as variáveis de sujeito e as variáveis de predicado. Os quantificadores e as conectivas são expressos na linguagem não simbólica, como "todo", "nenhum", "algum", e o "é" apofântico. Mas, tanto formaliza quanto dá o esquema "Se *A* pertence a todo *B* e se *B* pertence a todo *C*, então *A* pertence a todo *C*", como formaliza quando explicita em linguagem comum que "Sempre que três termos estejam entre si em relações tais que o menor esteja contido na totalidade do maior e o médio na totalidade do maior, então há necessariamente entre os extremos silogismo perfeito" (*Aristotele's Prior and posterior analytics, introduction and commentary*, W. D. Ross, pág. 27).

A vantagem de uma notação simbólica em lógica é *potenciar o formalismo e conferir precisão à análise formal*. Um raciocínio feito de proposições com significações especificamente determinadas não explicita a forma lógica; antes, a forma resulta ocultada pelas significações concretas. A estrutura formal reside nas *variáveis lógicas* e nas *constantes lógicas*, nas *relações puramente analíticas* que se podem estabelecer entre os constituintes formais. O raciocínio concreto é uma exemplificação, e pertence a este e àquele campo especializado do conhecimento. Um raciocínio em biologia pertence à ciência biológica, não à lógica. A esta pertence o raciocínio *como tal*, o raciocínio como raciocínio. Então tenho de eliminar abstratamente a "matéria", que provém empiricamente do conhecimento do objeto biológico, e reter apenas a forma. Elimino, como vimos, se em lugar de falar sobre células, órgãos, funções, falo sobre qualquer sujeito e qualquer predicado, sobre qualquer proposição relacionada com qualquer proposição. A generalização formal reside nesse "qualquer", isto é, nas variáveis e nas relações que as constantes lógicas tecem entre as variáveis.

Advertimos: consideramos os conceitos de forma e estrutura como equivalentes. Cabe, como faz Euryalo Cannabrava, distingui-los, tomando a estrutura segundo o tipo de relação que articula os elementos, tais que dois sistemas *S'* e *S"*, se mantêm certa relação de correspondência, são isomórficos (Euryalo Cannabrava, *Introdução à Filosofia Científica,* pág. 174).

Capítulo II

SUMÁRIO: 1. A linguagem formalizada – 2. Linguagem lógica e objetividade – 3. Níveis de interpretação – 4. Lógica material – 5. A lógica jurídica como metodologia jurídica – 6. O tema da lógica jurídica formal – 7. Formalização da linguagem jurídica – 8. Experiência da linguagem jurídica – 9. A proposição jurídica – 10. O functor dever-ser – 11. Irredutibilidade do modal deôntico – 12. A jurisprudência sociológica – 13. Retomada da irredutibilidade do dever-ser.

1. A linguagem formalizada

As formas lógicas, pois, estão encobertas pelas variedades de linguagens. É preciso uma linguagem que exponha imediatamente a forma. Já o vimos. Esquemas como "*S* é *P*", "*P*(*x*)", "se p, então q", não pertencem a nenhum discurso com que nós nos comunicamos uns com os outros, em nosso trato com o mundo exterior. Por isso, descabe falar de lógica inglesa, de lógica alemã, de lógica francesa, pois, qualquer que seja o idioma, uma e somente uma linguagem é possível formular para a linguagem lógica. Também essa linguagem não está ao lado das linguagens de objetos (do uso diário e do uso científico especializado), no mesmo plano. Situa-se acima das linguagens. De certo modo, fala acerca das linguagens, no que elas têm de formal.

Para falar sobre uma linguagem é preciso usar outra linguagem. Se as linguagens empíricas colocam-se no plano origem, isto é, se são L0, a linguagem formal toma o nível L1. É uma sobrelinguagem ou metalinguagem. Evidentemente, cabe falar acerca da linguagem formal, através de outra linguagem também formal, que seria sua metametalinguagem. E assim sucessivamente, dado o *principio del continuo transcendimento linguistico* (Nicolò Amato, Logica Simbolica e Diritto, págs. 60, 332). Valendo-nos do simbolismo de Roger Martin, alterando-o um pouco, podemos dizer que a linguagem L, formalizada dá lugar à metalinguagem M (L), e esta ao nível superior imediato M (M(L)); depois à M (M(L)), numa contínua *superposition* de *métalangues* (Roger Martin, *Logique Contemporaine et Formalization*, pág. 50).

A linguagem formalizada da lógica, como linguagem, tem seu vocabulário – os símbolos de constantes e os símbolos de variáveis – e as regras que estabelecem como construir estruturas formais dotadas não de *sentido empírico*, ou significações determinadas, mas dotada de *sentido sintático*, regras que evitam o *sem-sentido sintático* (*exemplificando* "o sol é um se então"), e impedem o *contrassentido* meramente analítico (*A* é não-*A*). E, mais, as regras de transformação de uma estrutura formal em outra estrutura, com o que se faz da linguagem lógica um *sistema nomológico*, ou seja, um sistema cujo desenvolvimento obedece à derivação dedutiva de proposições básicas situadas no interior do sistema. Diferindo, pois, de um *sistema empírico*, com sua linguagem material, sempre aberta ao acrescentamento de enunciados fundados na experiência, que é infinita no sentido kantiano.

Irrecusavelmente, a linguagem lógica reduzida a símbolos de símbolos, símbolos gráficos como substituendos ante os possíveis objetos do mundo (valores), composta de algoritmos artificialmente construídos, confere, ao sistema da lógica, precisão e finura na análise. Amplia o universo das formas lógicas, dissimuladas no paralelismo lógico-gramatical da linguagem diária e técnica. Evita a ambiguidade ou a multissignificatividade de um só vocábulo, ou o fato de que vários vocábulos tenham a mesma significação. O significado dos vocábulos lógicos é unívoco. Consegue-se descobrir, tirar o véu da linguagem que oculta a forma lógica, e pôr em evidência que, muitas vezes, na diversidade morfológica (gramatical) reside identidade da mesma forma lógica, como na similitude morfológica da linguagem dissimula-se a diversidade de estruturas formais.

2. Linguagem lógica e objetividade

O formalismo lógico esvazia a linguagem de qualquer comprometimento com os objetos individuais. Os objetos individuais, "Sócrates", "este filósofo", "este homem", e os objetos universais ou genéricos, "o filósofo", "o homem", só ingressam através do revestimento da forma lógica: da proposição individual, ou da proposição geral. E ingressam só a título de concreção exemplificativa: o exemplo torna intuitivo o abstrato da forma pura. Mas, logicamente, não importa a *proposição* determinada pelo seu conteúdo significativo, ou o *argumento* constituído de proposições determinadas. Nem "Sócrates é mortal", nem o raciocínio concreto que chega a essa proposição como conclusão. Por isso, a linguagem lógica gira com *variáveis* e com *constantes.* Não é linguagem para conhecer objetos especificados, mas linguagem formalizada.

Mas, por isso mesmo que é *linguagem,* a linguagem lógica é significativa, quer denotar alguma coisa. Por mais abstrato e desobjetivado que se ache o algoritmo lógico, nada dizendo sobre átomos, células, pessoas, nada dizendo de específico sobre fatos do mundo, o algoritmo é *símbolo.* Ora, não há símbolo sem o correlato simbolizado. Se o símbolo é de linguagem, entre o símbolo e a coisa simbolizada intermedia-se a significação, o sentido, o conceito. O símbolo implica, conforme Frege, quando é linguístico, o *suporte físico,* a *significação* e o *significado* (o objeto). Sua estrutura é triádica ou trilateral.

Com efeito, só distingo as variáveis x, y, z, as variáveis p, q, r, só distingo variáveis de sujeito, variáveis de predicado e variáveis de proposição fundado num mínimo de significatividade. Se não, a individualidade de cada variável seria meramente gráfica, de marca ou sinal físico impresso. Mas, com meros caracteres físicos impressos, carece de fundamento distinguir estruturas bem construídas ou mal construídas. O sentido e o sem sentido de um esquema algorítmico funda-se em implícitas significações. Posso substituir *S* (variável da lógica clássica) em "*S* é *P*" por qualquer nome que denote entidade real ou imaginária, como posso substituir *P* por qualquer nome que denote *conjunto* de indivíduos ou *propriedade* de indivíduos. A *forma mantém-se com sentido sintático, independentemente de ser empiricamente verdadeira ou empiricamente falsa.* Mas essa indiferença ante o "valor substituinte" da variável não quer dizer que a variável careça de valor. Uma variável, é-o dentro de um contexto, dentro de um campo de objetos (em sentido geral). Dentro do campo tem ela seu percurso (*parcours, Verlauf*), ou seja, desse campo tira os valores que a substituem para converter as fórmulas em proposições concretas, formas saturadas de conteúdo.

Por isso Husserl observa que as formas lógicas como "todos os *S* são *P*" contêm *conceitos indeterminados quaisquer* (Husserl, *Recherches Logiques*, pág. 222, vol. 3º). A indeterminação ou a inespecificação significativa não equivale ao que poderíamos chamar de dessignificação, convertendo a forma lógica em forma sem significação qualquer, reduzida a sinais. Teríamos um *sistema físico de entes*, não um *sistema formalizado de proposições*, como o é a ciência lógica.

3. Níveis de interpretação

A linguagem lógica é um sistema de símbolos com significações. Não estas ou aquelas significações determinadas, mas tipos ou categorias de significações. Se assim é, o símbolo é *interpretado*. Se um cálculo é um sistema de símbolos sem interpretação conceptual, a lógica é não apenas um *cálculo,* mas *linguagem interpretada.* Os símbolos, com efeito, são interpretados como representando "sujeito", "predicado", "variável de indivíduo", "variável de classe", "variável de proposição", e, enquanto expressões com valor veritativo, dotados de verdade (*V*) e falsidade (*F*).

Depois de construído o sistema de linguagem formalizada, que é a Lógica, interpretamos em outra etapa qualquer forma lógica se lhe dermos conteúdo determinado. Assim, "*S* é *P*" é a forma apofântica sujeito/predicado. É linguagem porque tem sentido lógico-formal. É uma estrutura simbólica interpretada. Mas se substituímos *S* por *Aristóteles* e *P* por *filósofo,* conferimos outro nível de interpretação aos símbolos. Exemplificamos, substituímos a indeterminação (*undeterminateness*) significativa da pura forma lógica por significações especificadas, referentes a entidades e propriedades de entidades de um universo não formal.

Uma coisa é dizer que as formas lógicas carecem de qualquer significação, que se reduzam a puros sinais que se unem por regras combinatórias convencionais, e outra que têm o mínimo de significabilidade: já porque se interpretam como símbolos *lógicos,* já porque se as formas lógicas não são cognoscentes deste ou daquele domínio especializado de objetos, contêm a referência ao *conceito de objeto qualquer. Ao objet quelconque* corresponde a *signification quelconque.* Ainda. O sistema da lógica é construído com base na análise formal da linguagem referente a objetos. A *formalização* tem seu ponto de partida na experiência da linguagem. E a ela volta pela *desformalização,* isto é, pela *aplicação* da lógica ao conhecimento do mundo. Formaliza-se a linguagem empírica, mas a ela se regressa pela interpretação, em função de cada ciência especializada.

Dá-se, pois, dois níveis de interpretação: um atribuindo aos signos lógicos o caráter de *linguagem formal* (toda a linguagem diz algo de algo); outro, atribuindo aos símbolos já interpretados como variáveis quaisquer, de sujeito, de relação, de predicado, de proposição, as concreções conceptuais com que alcançamos o mundo de objetos. Uma radical *dessignificação* dos símbolos lógicos conduziria a uma total *desobjetivação* da lógica. Essa ponte de ligação entre lógica e universo de objetos é o mínimo de pressuposto com que opera o lógico. Converter em tema de investigação essa intersecção do lógico com o objeto é problema não de lógica propriamente dita, mas de *filosofia da lógica* (ontologia e gnosiologia da lógica, como o faz Husserl com suas "investigações lógicas").

Trabalhando como lógicos, não nos interessam os átomos e sua composição interna, nem as proposições da física que pertencem à linguagem técnica da ciência física. Sim, *as proposições como tais,* colocando entre parênteses o sistema intra-atômico e a linguagem técnica em que descrevo esse sistema. Ponho entre parênteses o objeto específico e o sistema de proposições que o descreve. O resíduo é a *proposição qualquer,* referente a um *objeto qualquer* (*das logisch gaenzlich unbestimmtes Etwas*).

4. Lógica matéria

Dissemos como Scholz que a lógica, *tout court,* é formal. Lógica não formal ou material importa uma ampliação dessa ciência para além das estruturas das proposições, das combinações de proposições e das formas mais abrangentes de reunir homogeneamente proposições que é o sistema de proposições. Requer a mudança de atitude ante o mundo. Suspende-se o interesse pelas coisas, numa ascese provisória, para depois retomar o contato com elas.

Essa retomada de contato com o mundo faz das estruturas lógicas instrumento para o conhecimento. É o uso pragmático da lógica, correspondendo à necessidade vital do homem manipular os objetos. Nesse ponto, cessa o interesse pelo objeto em geral, para se convergir o interesse para os objetos em sua variada composição. Em lugar da retroanálise (a *Selbsterkenntniss* kantiana) cognoscente dirigida às formas de apreender objetos quaisquer, a mudança de direção para os objetos em função dos quais as formas existem.

A lógica material é a lógica aplicada, a lógica desformalizada em função de cada ciência especializada. É metodologia, metodologia das ciências reais-naturais, e metodologia das ciências reais-sociais (ciências reais ou ciências empíricas – *Erfahrungswissenschaften*).

Podemos dizer com Piaget que a metodologia não faz parte da lógica e nada é mais equívoco que o termo de *lógica aplicada* (Jean Piaget, *Traité de Logique, Essai de Logistique Operatoire,* págs. 6/7). Mais ainda. Que a metodologia de cada ciência é tarefa reservada aos especialistas. Realmente, antes de manter contato com os objetos em suas várias espécies, a lógica não poderia codificar técnicas de investigação científica. Ora, só o cientista especializado pode fazê-lo. O que a lógica formal oferece ao cientista especializado é a teoria da *prova formal,* a determinação das condições formais da validade dos tipos de raciocínio. Não a *prova empírica* da verdade material dos enunciados científicos, que depende da natureza do campo de investigação.

O método tem um lado lógico-formal e outro material, extralógico. O método para demonstrar um teorema matemático não é o mesmo que o método para verificar fatos de consciência, ou fatos físicos, ou fatos sociais. Só no momento em que o conhecimento se reveste de *linguagem,* e na linguagem se exprimem *proposições,* só no momento proposicional do conhecimento científico tem cabimento a teoria lógica. Por isso se diz que à lógica compete o controle da *verdade formal.* Da metodologia depende o controle da *verdade material.*

Todavia, é questão terminológica e, pois, como terminológica, convencional. Podemos convencionar, denominar *lógica geral* à lógica formal simbólica (assim Ralph M. Eaton em *General Logic:* "a ciência dos possíveis sistemas considerados meramente como tipos de estruturas", pág. 11). A *lógica especial* seria a lógica de cada ciência em particular. A especial é *lógica aplicada* (desformalizada). A *lógica transcendental* em Kant difere da lógica geral, porque tem em conta o conteúdo do conhecimento (Kant, *Critique of Pure Reason*, pág. 44). Corresponde à teoria geral do conhecimento.

5. A lógica jurídica como metodologia jurídica

Existe cabimento para a metodologia jurídica, que será a lógica especial de um setor do conhecimento. Precisemos. Por conhecimento jurídico entende-se qualquer espécie de saber que se dirija ao direito com pretensão cognoscente. O conhecimento jurídico pode manifestar-se como histórico, antropológico-social, sociológico, filosófico. Cada espécie tem suas técnicas de investigação próprias, e outras comuns. Mas há uma espécie de conhecimento que se destaca dos demais: o da Ciência do Direito (o conhecimento *dogmático*).

Para verificá-lo, é suficiente constatar o que se entende por "fontes do direito". O direito tem fontes antropológico-sociais, fontes propriamente sociológicas, fontes históricas e fontes ideais axiológicas. Mas o *conceito dogmático de fonte* é o de modo de produção que o ordenamento estabelece como tal. Pode ser o costume, a legislação, os julgamentos uniformes da atividade jurisdicional, ou fração de outro ordenamento – o internacional, por exemplo – que se incorpore, por convocação do ordenamento base. Seja qual for o modo de constituição de regras jurídicas, *para o jurista*, no fazer Ciência do Direito, em sentido estrito, fonte técnica (fonte formal) é aquela de onde dimanam normas com força vinculante para os indivíduos-membros e para os indivíduos-órgãos da coletividade.

O jurisconsulto, o jurista cientista, o advogado militante, o órgão administrativo, o órgão jurisdicional, o procurador-geral do Estado, têm um fim específico: verificar quais as normas em vigor que incidem sobre tal ou qual categoria de fatos. Com ajuda da experiência e da ciência jurídica (em sentido estrito) não procuram as causas históricas, ou antropológicas, ou sociológicas, ou racionais, que intervêm na criação de regras de direito. Sem tais fatores reais e ideais não surgiriam, nem se modificariam, nem se desfariam tais regras. Mas o propósito jurídico-dogmático é verificar se a norma existe. E *existir* a norma significa, *se é válida*, se tem vigência por ter sido posta por processo previsto no ordenamento.

Consideremos o costume. Se é fonte de normas jurídicas, é *no interior* do ordenamento, não *antes* dele. Bobbio observa, com acerto, que inexiste norma jurídica isolada, e, acrescentemos, fonte normativa sem vinculação interna: tudo está dentro do ordenamento, e só é explicável em função do todo que é o ordenamento jurídico (Bobbio, *Teoria Dell'Ordinamento Giuridico*, págs. 15/18). Uma fonte situada historicamente, sociologicamente, *antes* do ordenamento só é compreensível pelo jurista no pressuposto de uma regra ou norma que confira a esse fato-origem o caráter de produtor de normas (por isso Kelsen formulou, *como exigência epistemológica*, o postulado da norma fundamental). Com isso, o fato-origem insere-se no ordenamento.

Não se nega a complementariedade dos outros pontos de vista *para um saber integral do ser do direito positivo*. Apenas, faz-se o *corte metodológico*, pondo-se entre parênteses fatores que são relevantes para outras ciências, mas não para o jurista ocupado em interpretar normas, em reconstruir conceitos e princípios do sistema de normas, *em função de sua aplicabilidade aos fatos da vida social*.

6. O tema da lógica jurídica formal

Irrecusável a necessidade da lógica jurídica como metodologia do conhecimento jurídico-dogmático. Outras metodologias serão as do conhecimento antropológico-social, do conhecimento sociológico, do conhecimento histórico-cultural, do conhecimento filosófico do direito. Agora, se a lógica jurídica é *material ou especial* pela especificidade do conhecimento que se leva a termo, como é possível que o seja, também, *lógica jurídico-formal*? Klug não vê a desformalização da lógica geral em lógica jurídica senão como um recurso exemplificativo. É a mesma lógica geral com exemplo do campo do direito, por isso mesma, aplicada (U. Klug, *Juristische Logik*, págs. 6/7). Como um dos temas lógicos é a teoria do raciocínio (inferência), a lógica jurídica trataria dos problemas referentes aos tipos de raciocínio usados pelo jurista (as *Schlussformen*), como o argumento *a contrario sensu*, a inferência por analogia etc.

Retomando o que já dissemos. Aplicar as formas lógicas é substituir as *variáveis* por *constantes fácticas*, isto é, por símbolos de valor determinado, referentes a fatos e objetos. As *constantes lógicas* como *não, e, ou, se ... então* são insubstituíveis por símbolos denotativos de objetos. São conectivos (partículas que a gramática denomina conjunções) que incidem em símbolos, *construindo proposições e relações entre proposições.*

Mas, seguindo tal caminho, desformalizamos a lógica, obtendo-se lógica material, com exemplificação tirada dos objetos jurídicos. Não há diferença, na forma lógica, dizer "todo homem é mortal" e "todo homem é pessoa" (*pessoa*, quer dizer, sujeito de direito). Ambas são formas apofânticas, verdadeiras ou falsas, consoante a confirmação ou infirmação dos fatos. Se a segunda proposição é dita em função do contexto que é o direito romano primitivo, que admitia juridicamente a escravidão, é falsa a proposição. No contexto do direito romano atual, é verdadeira (inexiste ser humano sem ser pessoa).

Do mesmo modo, nada há de especificamente jurídico em usar a forma do raciocínio e dizer: todo grego é pessoa / Sócrates é grego / Sócrates é pessoa. A *forma argumental* pode ser recheada com qualquer fato, coisa, estado de coisas, inclusive com fatos e coisas do mundo do direito, sem por isso alterar-se como forma de raciocínio. Por esse caminho exemplificativo, pois, não se alcança a lógica formal jurídica. Lógica formal *com exemplos jurídicos* não deixa de ser lógica geral. As variáveis lógicas são substituíveis por objetos de quaisquer universos. Apenas há que obedecer a uniformidade de substituição em todas as ocorrências da mesma variável, no mesmo contexto formal. Se enuncio: "x é homem, implica x é mortal", não posso substituir na primeira função proposional x por Sócrates, e, na segunda, x por Sol.

7. Formalização da linguagem jurídica

Aqui também o caminho para encontrar-se com as *estruturas lógicas* é a linguagem. O direito é um fato cultural, um de cujos componentes é a linguagem. A linguagem jurídica é o suporte material das formas. Mas a expressão linguagem jurídica é ambígua. Refere-se a dois níveis de linguagem: a do direito positivo e a da Ciência do Direito que tem o direito positivo como objeto de conhecimento (dogmático).

Veja-se a particularidade. No objeto físico não encontramos a linguagem como integrante seu. Linguagem existe na *ciência* física. Por isso a relação ciência jurídica com direito positivo não se pode equiparar à relação ciência física com o mundo físico. E as *leis* que se exprimem nas *proposições* diferem em planos (Felix Kaufmann, *Logik und Rechtswissenschaft*, págs. 43/49). As *normas* estão no mundo do direito positivo, e as *descrições de normas* no nível do conhecimento jurídico. Linguagem *descritiva* aqui; linguagem *prescritiva* ali. A ciência não é fonte formal ou técnica de produção de direito positivo, nem o jurista-cientista titular de órgão produtor de normas. O conhecimento da ciência física é descritivo de um mundo que, em si mesmo, está estruturado, digamos, onticamente, não deonticamente: os fatos físicos são como são; os jurídicos, como devem ser. Essa é uma irredutibilidade fenomenológica. Não posso reduzir as pretensões e os deveres numa relação obrigacional a meras situações fácticas, ou a meros estados psicológicos dos participantes na relação.

Mas, as estruturas lógicas estão encobertas pelas referências conceptuais a fatos do mundo (eventos e condutas) que o sistema jurídico trouxe para seu universo. Num texto legislativo não percebemos as formas lógicas como tais. Por mais que generalize, com a linguagem do direito alcanço tipos. Há tipos gerais no direito positivo. A tipificação generalizadora prossegue na ciência jurídica. Um desses tipos é o conceito de *negócio jurídico*. Generalizando mais, alcanço a estrutura *relação jurídica*. Generaliza o direito positivo, e generaliza a ciência dogmática desse direito. Generalizando, porém, obtenho *estruturas conceptuais de significação concreta*.

Na *teoria geral do direito* defronto-me com a *forma geral* relação jurídica. Mas esse é um *conceito jurídico-material*, ainda que universal a todo direito. Onde haja direito incidindo em fatos sociais (ou fatos físicos que se tornaram relevantes para o direito), aí estará a relação jurídica *especificada* como relação civil obrigacional, relação tributária, relação jurídica de direito público interno ou externo etc. O gênero *relação jurídica* é mais abstrato que a relação especificada neste ou naquele subdomínio do direito positivo. Mas é sempre um conceito geral, da *região material* que é o direito. Não é um conceito *formal lógico*. É um *conceito fundamental*, porque é necessário à constituição e ao conhecimento do direito, como o advertira Somló (Felix Somló, *Juristische Grundlehre*, págs. 5/10). Só relativamente é formal, face aos que Somló denominou *Rechtsinhaltsbegriffen* (os que pertencem a uma ordem jurídica positiva. Assim, a enfiteuse). Com o conceito geral de relação jurídica nada especificamente conheço do *conteúdo normativo* de um dado ordenamento em vigor.

A lógica jurídica justificar-se-á com tema próprio se, formalizando a linguagem jurídica, encontrarmos estruturas não redutíveis às estruturas do discurso apofântico (cuja forma matriz clássica é "*S* é *P*").

Generalizando, não obteremos senão estruturas gerais, conceitos gerais, mas de nível do geral-concreto. *Formalizando* é que nós nos deparamos com *estruturas formais* (reduzidas a variáveis lógicas e a constantes lógicas). É possível distinguir-se várias capazes de conceitos lógico-formais, desde a forma de proposição básica a *Ursatzform*, até as modalizações específicas dessa forma básica, articulando-se o universo lógico numa *Stufenfolge der Begriffe* (Felix Kaufmann, *Logik und*

Rechtswissenschaft, págs. 14/19). Mas é uma articulação de graus de *generalidade formal*, no interior do universo lógico: em qualquer grau, tem-se estrutura formal.

8. Experiência da linguagem jurídica

Tenhamos agora em conta a linguagem do direito positivo, não a linguagem da ciência do direito positivo (dogmática). Gramaticalmente, o direito usa o modo indicativo ou o modo imperativo dos verbos. O indicativo presente e o indicativo futuro são mais frequentemente usados. Vários verbos são usados para indicar classes de ação ou conduta (comissiva ou omissiva), uma vez que o direito positivo assenta nas relações sociais e atende aos vários interesses individuais e coletivos de uma dada situação histórica. Um único verbo não exprimiria essa rica morfologia da vida humana. Assim, temos o pluralismo gramatical, não só nos termos, mas, vale acrescentar, nas formas sintático-gramaticais. A sintaxe e o estilo linguístico do direito positivo vinculam-se aos contextos culturais, de que a linguagem é uma parte integrante.

Tomemos agora o art. 315 do nosso Código Civil de 1916 que dizia, antes da Lei de Divórcio, "A sociedade conjugal termina: I. Pela morte de um dos cônjuges. II. Pela nulidade ou anulação do casamento. III. Pelo desquite, amigável ou judicial". *Omissis* parágrafo único. Gramaticalmente, são sentenças ou orações no indicativo presente. Oracionalmente, a forma é *descritiva,* declarando em que casos a sociedade conjugal se desfaz ("termina"). Todavia, o que aí está é norma, preceito, regra (como se denomine) de direito. Não é um enunciado biológico sobre a morte, ou um enunciado sociológico sobre a relação social que é a sociedade conjugal, ou um enunciado descritivo de certas condutas (o desquite, a anulação). Em rigor, poderíamos articular o disposto no art. 315 assim (desprezando a feitura técnico-legal): se se dá a morte de um dos cônjuges, ou se se dá a nulidade ou anulação, ou se se dá o desquite, então deve ser a dissolução da sociedade conjugal. A forma lógica obtém-se desprezando as *constantes significativas* referentes a fatos ou condutas, substituindo-as por *variáveis lógicas*. Como cada inciso é uma proposição, teríamos: se *p*, ou *q*, ou *r*, então deve ser *s*. A estrutura reduzida é uma proposição condicional: vários antecedentes ou hipóteses para uma só consequência ou tese. Cada uma das proposições antecedentes é *condição suficiente* para determinar a proposição consequente. Partículas que funcionam como constantes lógicas (com função fixa de interligar) são: "se... então", "ou" e o functor "dever-ser".

Se em lugar de tomarmos as proposições exteriormente, em blocos indivisos, realçando as *relações interproposicionais*, exibirmos sua estrutura, desarticulando os elementos de sua *composição interna* e as *relações no interior de cada proposição*, teremos: "Se *A* é *B*, ou se *C* é *D*, ou se *F* é *G*, então *S* deve ser *P*". As letras, nesse contexto, são variáveis de sujeito e variáveis de predicado (variáveis cujos substituintes são sujeitos de direito, condutas e fatos naturais). Antes, *p*, *q*, *r* e *s* eram letras como símbolos de *variáveis proposicionais* (substituíveis por proposições quaisquer, como seus valores).

O lógico-formal do art. 315, mencionado não reside nos conceitos específicos significativamente referentes a cônjuges, sociedade conjugal, morte, desquite etc. O lógico-formal muito menos revela-se na estrutura oracional do texto: é oração composta, gramaticalmente declarativa ou descritiva. Nenhuma palavra aí ostenta função deôntica (ter o direito a, ter a obrigação de, ou estar facultado para). Formulada em outra linguagem natural, em outro idioma, teria outra estrutura vocabular e sintática.

Tampouco revela-se o ato do sujeito emitente do texto: o legislador. Inexiste formulação do ato de mandar, de ato imperativo. O sujeito emissor e seu ato não se exprimem. Mesmo, o ato do legislador, ao emitir o código, só interessa no momento em que representou o *cumprimento* de outras disposições normativas (exercício de competência para legislar). Logicamente, o sujeito e seu ato ficam entre parênteses. Não interessa, também, para a proposição matemática que se formule "eu penso, ou eu quero que 2 + 3 = 5". Do ponto de vista lógico, assim se dá na proposição do direito: ela destaca-se como estrutura autônoma e seus valores independem de sua origem empírica.

9. A proposição jurídica

Vê-se que o momento lógico-jurídico reside na estrutura formalizada, reduzida a variáveis e a constantes lógicas. Agora, se formalizarmos a estrutura da proposição jurídica e ela mostrar a mesma composição de uma *proposição descritiva,* a mesma lógica geral das proposições *descritivas* aplica-se-lhe tranquilamente.

Mas, há que contar com a experiência da linguagem. O direito positivo se exprime com locuções como "estar facultado a fazer ou omitir", "estar obrigado a fazer ou omitir", "estar impedido de fazer ou omitir". E tais locuções *não descrevem como factualmente* o sujeito agente se comporta, mas como deve comportar-se. A proposição jurídica não *descreve* como fisicamente, biologicamente, psicologicamente, um homem está engajado num ir e vir no espaço físico e social, relacionando esse movimento como efeito de causas físicas, biológicas, psicológicas e sociológicas para depois formular a função: $x = f(y' \, y'' \, y''')$. A proposição do direito positivo, integralmente explicitada, dirá: "dado o fato de ser pessoa, deve ser o direito *erga omnes* de ir e vir" correlativo (vê-se) do dever geral de não impedir. Já, por sua vez, a proposição antecedente "dado o fato de ser pessoa", que tem *função descritiva* de *pressuposto* de *consequência,* é consequência de outro antecedente: dado o fato de ser homem, deve ser a pessoa. Em linguagem do Código Civil de 1916: "Art. 2º Todo homem é capaz de direitos e obrigações na ordem civil". Essa *linguagem técnica* do Código encobre a linguagem lógica: dado o fato de ser homem, deve ser a capacidade... Em linguagem simbólica: se se dá *F* (o fato de ser homem), então deve ser (o sujeito) *S*. Evidentemente, sem norma de um ordenamento positivo, que valorando a qualidade de ser homem atribua a qualificação jurídica de pessoa, ninguém é sujeito de direito. Houve fases em que homens não eram juridicamente pessoas. Eram juridicamente coisas, ainda que psicologicamente e eticamente fossem pessoas. Há um aspecto psicológico do ser-pessoa; outro, sociológico; outro, ético; outro, religioso e outro, ainda, jurídico. Não se confundem, ainda que, no interior do processo social, mantenham interdependência.

10. O functor dever-ser

O dever-ser é o operador diferencial da linguagem das proposições normativas, um de cujos subdomínios é o do direito. As regras técnicas do fazer, as regras dos usos e costumes, as regras gramaticais do falar corretamente, as regras da etiqueta e das convenções sociais, são do tipo das *p*-normativas. O dever-ser tem a categoria sintática de um *sincategorema*, quer dizer, é uma significação ou conceito incompleto, não por si bastante para perfazer um esquema ou fórmula bem construída. Na proposição "dado o fato de ser homem, dever-ser a personalidade (jurídica)", com os *categoremas* refiro-me a entidades do mundo e a qualificações que se lhes adjudicam como propriedades num universo de normas de direito. Mas, o "dever-ser" a coisa, a pessoa, a ocorrência nenhuma se refere. Exerce o papel de um *conceito funcional* (Pfaender, *Logica*, págs. 185/188), diferente de *conceitos de objeto*. Ou então de um *conceito relacionante*. Mas, cifra-se sua presença em cumprir funções sintáticas. Nesse sentido, é conceito ou termo lógico funcional. O dever-ser é o modal específico das proposições normativas, uma das subclasses sendo as do direito.

11. Irredutibilidade do modal deôntico

Poder-se-ia tentar o experimento linguístico de formular a proposição normativa com algum dos modos da lógica clássica. Os modos lógicos clássicos são o necessário, o contingente e o possível. Quando a norma de direito impõe obrigação de fazer ou omitir, poderíamos formular a proposição no modal da necessidade. Assim: "é necessário que *A* cumpra ou omita a conduta *C*". Nas normas permissivas ou facultativas, usaríamos o modal da possibilidade: "É possível que *A* faça ou omita *C*". Chamando, com Von Wright, aqueles modos de *aléticos,* não haveria razão para a lógica jurídica formal. A lógica formal sem especificação, bastaria se as *proposições deônticas* fossem redutíveis às *proposições apofânticas.*

Todavia, tomando fenomenologicamente os dados como eles comparecem na experiência, vemos que os functores "é obrigatório" (*O*), "é permitido" (*P*), não pertencem à linguagem descritiva ou apofântica, mas à linguagem prescritiva ou deôntica. Depois, como veremos, os mencionados functores deônticos são *relacionais:* o sujeito *S'* fica obrigado a fazer ou omitir conduta *C* perante outro sujeito *S"*. Da mesma maneira, a proibição é relacional, como o é a permissão.

O modal alético pode estar no interior da proposição, ou fora dela. Como infixo ou prefixo. Assim, em fórmula clássica: "*S* é necessariamente *P*", "*S* é realmente *P*", "*S* é possivelmente *P*"; "é necessário que *S* é *P*" (a forma subjuntiva é meramente gramatical); "é contingente que *S* é *P*"; "é possível que *S* é *P*". *Mas a proposição apofântica está completa sem o modal.* É estrutura sintática completa a fórmula "*S* é *P*".

Na proposição normativa ou deôntica, o dever-ser (que se triparte nas modalidades *O*, *P*, *V*, obrigatório, permitido e proibido) é constitutivo da estrutura formal, é o operador específico que conduz à proposição deôntica. Faltando, desfaz-se a estrutura, como se desfaz aquela outra estrutura se suprimimos o conectivo apofântico *é.* Por outro lado, é sintaticamente correto sobrepor um modal alético a uma estrutura modalmente deôntica. Assim: "é necessário, é contingente, é possível que dado *A*, deve ser *B*". Variam independentemente os modos alético e deôntico. Reduzir o modo deôntico ao modo alético é, por exemplo, dizer que o direito é uma previsão (fundada em probabilidade) de como os juízes decidirão os litígios. A previsão pode ser uma proposição *verdadeira* ou *falsa,* qualidades que não têm as normas mesmas. Importa isso numa confusão lógica de planos, como se vê.

Parece que o functor alético não entra no interior da estrutura da proposição normativa. Carece de sentido dizer que "*A* está necessariamente obrigado a fazer ou omitir conduta *C* perante *B*". O modo da obrigatoriedade dispensa esse functor de functor. Às vezes, apondo-se modal alético, está-se implicitamente emitindo proposição sobre proposição normativa, já constituída com sua composição interior. É uma proposição, por assim dizer, factual: dado o fato tal, é necessário que a proposição *N* exista; dado o ordenamento tal, é contingente (real) que a proposição *N* exista; dados tais ou quais fatos, é possível que a proposição *N* exista. Isso não afeta o *caráter* da norma *N*, que pode ser uma "*O*(*p*)", uma "*V*(*p*)", ou uma "*P*(*p*)" (respectivamente uma proposição obrigatória, uma proibitiva, ou uma permissiva). O qualificativo "caráter" provém de Von Wright. *As proposições modais aléticas sobre proposições deônticas podem ser verdadeiras ou falsas, enquanto as proposições deônticas mesmas, são válidas ou não válidas: aquelas pertencem à lógica apofântica; estas, à lógica deôntica.*

12. A jurisprudência sociológica

Sob esse ângulo formal, toda a crítica que faz Kelsen ao *sociologismo* (não à sociologia do direito, que é área de investigação legítima) pode ser tomada como crítica à redução das p-deônticas às p-descritivas. Quando Holmes ou Cardoso consideram o direito como a previsão de como os indivíduos e, especialmente os juízes e cortes, se comportarão, dissolvem o caráter normativo do direito. Emitir juízos de probabilidade sobre a conduta futura, com base na conduta atual, importa em reduzir a norma a uma proposição que descreve: "sob certas condições, um indivíduo provavelmente se comportará desse ou daquele modo". A proposição descritiva de fatos, para ser científica, repousa no pressuposto da regularidade dos fenômenos, ou seja, a conduta *C* é função dos fatores *F'*, *F''*, *F'''* ou *C* = *f* (*F'*, *F''*, *F'''*). Repousa numa presumida (fundada sempre na experiência de certos casos) relação funcional, isto é, aqui, numa lei natural. Agora, a fórmula da lei da natureza é "se *A* é, então *B* é", enquanto a da lei jurídica "se *A* é, então *B* deve ser" (Kelsen, *General Theory of Law and State,* pág. 46).

13. Retomada da irredutibilidade do dever-ser

Esse modal deôntico, que a teoria pura do direito condensa no "dever-ser", se tem similaridade com outros modais, tem diferenças irredutíveis, como anota Von Wright (Von Wright, *Logical Studies, Deontic Logic,* pág. 58). Isso não impede inter-relações. Podemos construir proposição descritiva *sobre* proposição normativa, e inversamente. As proposições descritivas (abreviando, as proposições) podem ser modalizadas em apodíticas, assertóricas e problemáticas, na terminologia clássica (respectivamente *S* é *necessariamente P; S* é *efetivamente P; S* é *possivelmente P*).

Mas a combinação de uma proposição com a outra proposição não altera as valências: a primeira é verdadeira (*V*) ou falsa (*F*); a segunda, válida (*V*) ou não válida (*n/V*): Esses símbolos-abreviaturas são meras convenções para o uso. Ora, uma proposição descritiva não altera o valor da proposição normativa. São valores diferentes, que não se combinam (em funções de valor). Por essa via, entendemos que diga Kelsen que inexiste *contradição* entre uma proposição descritiva e a correspondente normativa. Entre "*x* não diz a verdade" e "*x* deve dizer a verdade", entre "o devedor não paga a dívida" e "o devedor tem a obrigação de pagar a dívida" não há contradição porque *a contradição é relação formal entre enunciados da mesma valência.* Daí por que julgamos que as combinações das modalidades (Von Wright, *An essay in modal Logic,* págs. 36/41) *aléticas* (verdade/falsidade) com as *deônticas* (validade/não validade) não se fazem com uso dos conectivos *e, ou* etc., a fim de formular *enunciados compostos*, aos quais se atribuam valores, como na *função veritativa* dos enunciados compostos descritivos.

Relacionamento importante é o que se mantém entre os *modais deônticos* (proibido, obrigatório e permitido) e os modos, digamos, *ontológicos*: o que as normas prescrevem, requerem o contexto das possibilidades fácticas. Se a norma prescreve o que factualmente é impossível, carece de sentido (a Terra não deve – está proibida – girar em torno do Sol); ou se prescreve o que factualmente é necessário (todo curso de águas de um rio está obrigado a seguir o declive), também carece de sentido. Tem *sentido sintático*, mas não tem *sentido semântico* (referencial a coisas ou estado de coisas). Esses enunciados são exemplos bem construídos, com as partes da *oração* e as partes sintáticas da *estrutura lógica* em congruência com os modelos. Mas se evitam o *sem-sentido formal* representam *contrassenso factual*.

Capítulo III

1. O caráter relacional do dever-ser

Ao jurista nenhuma ideia é mais familiar: a norma ao incidir num fato (no fato jurídico) vincula a esse fato um relacionamento entre sujeitos de direito. Não importam aqui diferenças entre situações jurídicas e relações jurídicas (E. Betti, *Teoria General del Negocio Jurídico*, págs. 7/10). Podemos tomar, como Alessandro Levi, a relação jurídica como conceito fundamental (O "rapporto giuridico" em Levi representa a substância mesma do direito. Vd. *Teoria Generale del Diritto*, págs. 10/37). A relação jurídica é interpessoal, é relação intersubjetiva. Os sujeitos são os termos da relação jurídica, ainda que só o sujeito da obrigação fique determinado (como na declaração unilateral de vontade, nos títulos ao portador, na promessa de recompensa etc.), e indeterminado fique o sujeito pretensor. Também, ordinariamente, são sujeitos de direito distintos. Extingue-se a relação obrigacional quando no mesmo termo da relação jurídica se reúnem as posições de sujeito credor e sujeito devedor. É o que estipulava o art. 1.049 do Código Civil brasileiro de 1916 (atual art. 381 do Código Civil de 2002: "Extingue-se a obrigação, desde que na mesma pessoa se confundam as qualidades de credor e devedor").

Essa convergência para um só sujeito, termo de relação, das duas posições – sujeito credor e sujeito devedor, em linguagem de direito obrigacional – é o que se denomina com o vocábulo técnico "confusão". Carece de sentido alguém ser credor de si mesmo, ou devedor de si mesmo.

Não contradiz essa asserção o fato de este ou aquele direito positivo admitir a figura negocial do autocontrato (contrato con se stesso, Selbstvertrag). Dado o instituto da representação, e a inexistência de vedação sobre o caso, um sujeito que representa outro sujeito pode, juridicamente, atuar em nome próprio e em nome de outrem (José Paulo Cavalcanti, "O contrato consigo mesmo", págs. 12/19). Como pode juridicamente (na dupla representação) concluir negócios como representante de dois outros sujeitos. O problema psicológico da unidade ou dualidade de vontade é um problema factual. Se o ordenamento permite, é juridicamente possível uma só vontade psicológica produzir efeitos normativos bilaterais.

Sob o estrito ponto de vista lógico-formal, um mesmo termo de uma relação qualquer R pode ocupar as duas posições na estrutura relacional: x R x (assim nas relações reflexivas de identidade, de igualdade). No direito, porém, formalizando A estrutura relacional da norma teremos que um sujeito qualquer S' mantém uma relação qualquer R em face de outro sujeito qualquer S". Podemos formular o deôntico da norma com os esquemas "S', R S"", ou "R (S' S")".

2. A variável relacional

O dever-ser kelseniano tem vários usos. Um deles é o relacional *R*, cujos valores são o obrigatório (*O*), o proibido (*V*) e o permitido (*P*). Se *R* é substituível por três valores, digamos por *R'*, *R"*, e *R'"*, então *R* é uma *variável relacional*. Quer dizer, *R* não pode ter por substitutivos nomes de objetos ou condutas, nomes de indivíduos, nomes de propriedades de indivíduos e de classes de indivíduos, nem é substituível por proposições. Os valores de *R* são, aludindo em símbolos ao caráter deôntico, *O*, *V* e *P*. São estas as três "funções normativas" a que alude (Kelsen, *Théorie Pure du Droit,* pág. 107), correspondentes aos *modais deônticos* da variável relacional *R*.

Bem certo, quando Kelsen contrapõe o dever-ser (imputabilidade) à causalidade está tomando o dever-ser como *forma de síntese, o* dever-ser em sua *função epistemológica:* uma forma gnosiológica de relacionar os dados da experiência. Tanto que esse dever-ser coloca-se no nível da proposição com que a Ciência do Direito *descreve* o dever-ser no nível da *norma jurídica,* cuja expressão linguística é a proposição normativa, onde se preceituam o proibido, o obrigatório e o permitido. É bem certo, por outra parte, como observa Von Wright, as proposições deônticas comportam dois usos: o uso *descritivo* e o uso *prescritivo*. No primeiro, informa-se em que vetor a conduta está dirigida (se está proibida, permitida ou é obrigatória); no segundo, propriamente prescreve-se o que fazer e o que omitir, seja permitindo, proibindo ou obrigando.

Agora, ocupam dois planos inconfundíveis, as proposições que descrevem normas e as proposições normativas do direito positivo. Se estas são *linguagem-objeto,* aquelas são *metalinguagem*. Então o dever-ser está em dois estratos de linguagem, e, também, seus valores. Ainda comporta um terceiro nível: o da lógica.

A lógica formaliza a linguagem-objeto do direito positivo (como formaliza a linguagem da ciência jurídica), reduzindo essa linguagem envolvida na concreção fato, valor e norma (Miguel Reale) às estruturas cujos termos constituintes são *variáveis,* e cujos termos de relacionamento são *constantes lógicas*. Se enuncio que a estrutura formal de uma norma de direito é uma relação entre sujeitos, que implica sua *relação conversa,* como toda relação, dizendo "dado *F*" então *S'RS*" (que implica *S"RS'''*), não emito regra de direito positivo nenhuma, ou enunciado nenhum da Ciência do Direito.

O enunciado da ciência jurídica descreve o conteúdo de determinada ordem jurídica, através de proposições gerais concretas (*general concrete propositions*), ou através de proposições concretas individuais. Mas com aquela estrutura formalizada não sei de duas coisas: primeiro, que regra de direito positivo é, que direção minha conduta deve tomar para evitar a ilicitude sancionada; segundo, que é que se diz em plano da Ciência do Direito sobre o ordenamento dado na experiência como vigente. A proposição é *formal-lógica*. Diríamos simplesmente formal, mas há, em terminologia corrente, enunciados *formais-jurídicos* (assim, na *teoria geral do direito*, o geral ou universal é formal relativamente aos *conteúdos dogmáticos*, como chama Cossio: não é o formal absoluto, mas o *formal relativo*).

Retomando o que afirmamos, se a linguagem do direito positivo é *linguagem-objeto L*, então a linguagem da ciência que fala sobre essa linguagem primeira é *metalinguagem, M* (*L*). É possível linguagem lógica, que relativamente a *M* (*L*), é *M* (*M*(*L*)). Ou seja, uma metametalinguagem. A linguagem da ciência jurídica é *metalinguagem material. Metalinguagem formal somente o é a lógica.*

3. Tripartição modal e os dois valores da p-normativa

O conectivo *dever-ser* triparte-se em três relacionais específicos: obrigatório (*O*), proibido (*V*) e permitido (*P*). Não entram na categoria de *relacionais reflexivos,* isto é, aqueles que satisfazem a forma lógica "x *R x*", como "igual a", "equivalente a", "idêntico a". Inexiste possibilidade lógica (e ontológica) de alguém juridicamente proibir-se a si mesmo, obrigar-se a si mesmo. O sujeito *S* não é credor de si mesmo, ou locador de si próprio. Se *R* interpretamos como "vendedor", não se dá a forma "*SRS*". Todo relacional deôntico no direito é entre sujeitos diferentes, como termos de relação estatuída. Por isso, a *relação conversa* (ou inversa), ainda que implicada pela *relação direta,* dela difere. A relação vender tem a conversa comprar. Não há vendedor sem comprador: os termos são correlatos. Essa concepção tripartida do dever-ser é, com variantes, mantida por Kelsen, Bobbio, E. Garcia Maynez, G. Kalinowsky, e outros.

Esses três modais deixam lugar a operações puramente formais, sem sabermos conteúdo nenhum de norma nenhuma. Posso tomar um deles como primitivo (indefinível) e definir os demais com base nesse modal primitivo. Kelsen inclina-se para o modal obrigatório, Von Wright para o permitido. Assim, mediante operações formais e uso da negação dizer: uma conduta é proibida equivale a dizer que é obrigatório omitir, e equivale a declarar que não é permitido fazer. Em linguagem simbólica: $V(p) \equiv O(\text{-}p) \equiv P(p)$. Simbolizamos aqui a proposição normativa por *p* e a negação por "-". Outras operações formais são, como veremos, possíveis.

Importante observar que tais operações formais (operações sobre estruturas lógicas) são *logicamente válidas* – muito embora as proposições normativas careçam dos valores de verdade, *V* e *F*. Os três referidos modais entram nas operações como *valores,* irredutíveis mas *interdefiníveis* com ajuda do operador de negação. Assim, poderemos construir uma tábua de operações trivalente. Como, na hipótese tomada, inexiste um quarto modal, teremos uma lei formal deôntica de quarto excluso. Há três modais e somente três. O modal da permissão constitui-se ora da permissão de fazer ou omitir, ora da permissão de fazer e omitir, isto é, da *permissão unilateral* e *da permissão bilateral* (Kalinowski, *Études de Logique Déontique,* págs. 200/201). A permissão bilateral às vezes é tomada como quarto modo, o facultativo. Todavia, se o facultativo compõe-se de duas permissões alternativas, não é um modal irredutível à permissão.

4. Bivalência da proposição normativa

Inexiste colisão entre admitir que a conduta humana juridicamente regulada inclui-se em um dos três modos e a caracterização bivalente da p-normativa. Uma p-normativa é válida, ou não válida, de acordo com os critérios de validade que o sistema jurídico estabelece. Tanto a norma permissiva quanto a norma proibitiva, como a norma obrigatória, podem adotar os dois valores. Há dois valores e somente dois: é lei lógica. Há três modos deônticos e somente três: é lei ontológica. Exaustivamente, regula-se a conduta em "interferência intersubjetiva" (Cossio) num dos três modais. O ser-válido e não ser válido são propriedades análogas ao ser-verdadeiro e o ser-falso das p-descritivas. O comportamento sintático dos valores verdade/falsidade, e dos valores validade/não validade manifesta analogia. Assim, uma p-descritiva não pode ser simultaneamente verdadeira e falsa; uma p-normativa não pode ser ao mesmo tempo válida e não válida. Uma regra de direito válida existe se pertence a um sistema jurídico positivo; uma regra de direito não válida, *logicamente* não pertence a um mesmo sistema. Ocorre isto: o sistema do direito positivo contém p-normativas de valências contraditórias e a invalidade só elimina a proposição contradizente quando o próprio sistema diz como e quando. Assim, *é um fato* que o sistema jurídico abriga *p-normativas que se contradizem e são juridicamente válidas*. Num sistema de p-declarativas ou descritivas, a contradição dá-lhes inconsistência, que o afasta da verdade empírica. A verdade formal, a ausência de contradição, é pressuposto de *verdade material*.

Mas, a diferença entre verdade/falsidade, e validade/não validade, reside no lado *semântico:* é o modo de referência da proposição aos objetos, que difere. Num caso, a proposição *descreve* como é o objeto; no outro, ela prescreve uma alteração no objeto, preceituando como ele deve ser. Além das diferenças sintática e semântica, há também diferença quanto ao *uso* que os sujeitos da comunidade social fazem. Usa-se a p-normativa como um dos *outils humains* (P. Amselek, *Méthode Phénoménologique et Théorie du Droit,* pág. 269), como um dos instrumentos para canalizar o processo social da conduta humana dentro de vias sociologicamente funcionais, ou axiologicamente valiosas. Esse o aspecto *pragmático* da p-normativa.

Que é possível operacionalmente (sintaticamente) tratar as p-normativas como p-descritivas, verificando seu comportamento paralelo, no que toca aos valores, mostra-o Rupert Schreiber, (Schreiber, *Logik des Rechts,* págs. 63/66). As relações formais entre verdade (*V*) e falsidade (*F*) são *homólogas* às relações formais entre "devida" e "não devida" (*rechtens* / *nicht-rechtens*) que simbolizamos por *v* e *-v*. O valor "de direito" *corresponde,* diz Schreiber, ao valor paralelo "verdadeiro" (op. cit., pág. 63). Com base nisso, constrói ele as tábuas de valores, as *matrizes de verdade* e as *matrizes de validade,* como julgamos adequado a estas denominar (Schreiber denomina *Wahrheitstabelle* e *Rechtsgueltigkeitstabelle*).

Esses valores de p-descritivas e valores de p-prescritivas são interpretações de meros sinais, que poderíamos, como o faz Amato (Nicolò Amato, *Logica Simbolica e Diritto,* pág. 324), tomar como valores positivos e valores negativos, *0* e *1* aponíveis às proposições, para depois se interpretarem nas subclasses de valores veritativos e valores de normas. Todavia, a tese de Amato leva a desfazer a razão de ser da lógica do discurso ou linguagem normativa, como diversa da lógica da linguagem das p-descritivas. As diferenças *semântica* (modo de referência aos objetos) e *pragmática* (como os sujeitos usam e para que fins) não se refletem como diferenças *sintáticas,* isto é, como diversidades de lógicas (op. cit., pág. 338). Orientamo-nos, todavia, pela tese de que há alguma diversidade estrutural entre a lógica da linguagem das p-prescritivas de objetos e a lógica das p-prescritivas de objetos. Mas, eis dois exemplos de teses reducionistas.

5. A tese de redução em Schreiber

Escolhemos a tese de que as p-normativas (especificamente as do direito) diferem das p-declarativas ou descritivas nos seguintes itens: a) têm estrutura relacional deôntica, sendo o functor específico o dever-ser (*D*), que se triparte em três submodais: o obrigatório (*O*), o proibido (*V*) e o permitido (*P*) – seu aspecto sintático ou compositivo; b) têm o modo de referência à realidade: alterar normativamente a conduta – seu aspecto *semântico*; c) são *usadas* pelos sujeitos na comunidade do discurso e na comunidade social para *motivação do comportamento* – seu aspecto pragmático; d) por tudo isso, carecem de função *veritativa* (têm outros valores: de justiça, de ordem, de validade ou invalidade) no interior do sistema jurídico positivo.

Verdadeiras ou falsas são as proposições que a Ciência do Direito faz sobre as p-normativas do direito positivo. Se o jurista afirma que no sistema *S* inexiste a declaração unilateral de vontade como fonte de obrigação, e o sistema *S* a contém, o jurista incorre em enunciado falso. O enunciado científico sobre a p-normativa é um enunciado de enunciado, ou uma proposição sobre outra proposição. Se *O* (*p*) é uma norma obrigatória, *p* (*O*(*p*)) é enunciado *descritivo* de *O*(*p*), verdadeiro ou falso. Assim também *p* (*V*(*p*)) e *p* (*P*(*p*)) são *enunciados descritivos de p-normativas, cujos modais se não transferem para o nível das p-descritivas*. A ciência não emite proposição modal deôntica, porque não lhe cabe permitir, ou obrigar, ou proibir. Isso cabe ao sistema do direito positivo, constituído não de *proposições científicas*, mas de *proposições modalmente normativas*.

Schreiber expõe uma teoria que pretende reduzir a p-normativa à p-descritiva. Em substância, a tese é que tanto numa como noutra classe de proposição há um *núcleo homogêneo*, que é a descrição de uma situação objetiva. Tomemos o caso de que *A* paga a *B* uma prestação *C*. Tem-se aí relação entre três termos, cuja estrutura simbólica dá "*R* (*a*,*b*,*c*)". Essa mesma estrutura no direito positivo é prefixada com expressões como "é de direito", "de acordo com o direito positivo *S* " etc., e cujo prefixo simbólico é *N*. Então, a estrutura de uma p-normativa tem a seguinte forma lógica "*N* (*R*(*a*,*b*,*c*))". *N* lê-se: "é de direito que" (*es ist rechtens*). Se prefixarmos ao núcleo a expressão "é verdadeiro que" (*es ist wahr*) cujo símbolo é *W*, teremos: "*W* (*R*(*a*,*b*,*c*))".

Nisso reside o que Schreiber chama de *isomorfismo* (R. Schreiber, *Logik des Rechts*, págs. 24/26): *as estruturas formais têm a mesma composição, variando apenas os functores antepostos ao núcleo.* As proposições normativas e *indicativas* (como ele denomina) ostentam a mesma estrutura, só variando o tipo de valoração. E tendo em conta o núcleo homogêneo, a "tese descritiva", inclusa no relacional "*R* (*a,b,c*)", é possível tratar ambas as classes de proposições com uma só lógica. O ponto de encontro das proposições *logicamente verdadeiras* com as proposições *logicamente devidas* (em sentido jurídico) é o conceito superior de *logicamente válidas* (op. cit., pág. 66). Por isso mesmo, uma só sintaxe satisfaz. Os símbolos *V* (verdade) e *F* (falsidade), como os das p-normativas, são interpretáveis *depois* da sintaxe, que é uma só. Interpretáveis *em função da situação objetiva a que fazem referência.* Quer dizer, interpretáveis semanticamente por *modelos* diversos.

6. A redução em Alf Ross

Segundo Ross, o enunciado prescritivo compõe-se de uma "frase" que descreve um estado de coisas, e de um fator que declara que "assim deve ser" (so *it ought to be*). A norma "Pedro deve entregar a coisa vendida" decompõe-se em "Pedro paga a dívida: assim deve ser". Uma proposição meramente descritiva ou indicativa dela difere apenas no functor "assim é" (*so it is*). Sendo a proposição descritiva do tema igual em ambas as classes, digamos *p*, a forma lógica dos diretivos e dos indicativos é: *D* (*p*) e *I* (*p*). O enunciado acima exemplificado, na linguagem dos indicativos, será: "Pedro entrega a coisa vendida: assim é".

Temos, então, dois functores ou operadores sintáticos diferentes: *D* e *I*, ou seja, *assim deve ser* e *assim é.* Mas a *função descritiva do tema* é a mesma. Todavia, Ross recusa valor de verdade (*V*/*F*) às p-prescritivas, justamente tendo em vista a diferença de functores (Ross, *Lógica de las Normas,* págs. 98, 99, 132, 133, 156). Não obscurece o fato de o que deve ser "... tem uma peculiar relação com a realidade" (op. cit., pág. 42).

Uma via que, de certo modo, desfaz a diferença entre o "ser" e o "dever-ser" é tomar a norma de direito como uma proposição que preceitua que o tema descritivo se torne verdadeiro, por sua adequação aos fatos. Isto é, a proposição "Pedro entrega a coisa vendida" tornar-se-ia verdadeira se de fato Pedro cumpre esse comportamento, sendo a função do "assim deve ser" a de compelir o comportamento que verifica o tema.

Mas, então, *desloca-se o problema para a natureza sintática e semântica desse functor "dever-ser"*. Agora, observemos, na hipótese de a situação de fato não confirmar o tema, o tema não seria *verdadeiro*. Mas a proposição normativa continua como proposição *válida* no sistema de direito positivo, até que o próprio sistema *preceitue* como eliminar a p-normativa que não conseguiu fazer verdadeira a situação delineada no tema. Em outros termos: *não é a confirmação da realidade social da conduta que dá satisfatoriedade ou não satisfatoriedade ao tema que decide do valor de validade* (permita-se a expressão) *de p-normativa em seu conjunto.*

Com certas peculiaridades, é certo, Ross mostra como os valores de p-normativas se comportam nas inferências e nas composições de normas. Os functores ou conectivos da lógica das p-descritivas (não, e, ou, se ...então, se e somente se... então) estruturam operações lógicas no domínio das p-normativas. Há leis de estruturas formais, fundadas em leis lógicas necessariamente verdadeiras, como todas as leis lógicas.

No que pese ao reducionismo previsto de Ross, cabe com ele afirmar das normas que sua "...significação lógica não é informar fatos, porém, prescrever um comportamento. A norma de direito nem verdadeira, nem falsa é: é um diretivo" (A. Ross, *On Law and Justice*, pág. 9).

7. A experiência da linguagem das normas jurídicas

Partimos da experiência da linguagem em que se reveste o direito positivo, se não como *fim temático*, pelo menos como *índice temático*, como o sublinha Husserl (Husserl, *Logique Formelle et Logique Transcendentale*, pág. 39). Vamos através da linguagem do direito positivo tentando encontrar a linguagem formalizada em que ela pode ser reduzida, em lugar de passar, por intermédio dessa linguagem, para as situações objetivas que essa linguagem do direito procura determinar, na modalidade de objetivação deôntica (informar deonticamente a conduta).

Por variado que seja estilisticamente, tecnicamente, idiomaticamente, o modo como o direito positivo de uma sociedade concreta se exprime, onde há regra de conduta dotada daquela "juridicidade formal" (Del Vecchio), aí encontramos sua composição dual. Podem as partes, os elementos, que inexistem por si só, estarem dispersos na legislação positiva, integrando corpos jurídicos, como os chamava Ihering, os mais diversos. Todavia, recompondo logicamente temos: parte ou membro da norma que tem a função de *descrever possível ocorrência no mundo,* possível modificação do estado de coisas que entretêm a instável circunstância humana. É a *hipótese* da norma (seu antecedente, pressuposto, prótase, como se denomine).

A hipótese delineia um possível estado de coisas. Que pode já se ter verificado, por isso, imodificável ficou, como ponto fixo para relacionar consequências, estas, sim, normativamente determinadas. Tampouco a hipótese traça o que com necessidade factual (física, biológica) ocorrerá. Para a hipótese, o que ocorreu, ocorre ou ocorrerá é tomado a título de possibilidade, como possível ponto de referência (axiologicamente relevante) para condicionar a vinculação de consequências para a conduta humana. A hipótese fixa o tipo de ocorrência (fato natural ou conduta). O que é normativo é a construção da hipótese: *é o sistema jurídico que põe, estatui ou cria normativamente a hipótese.* Mas a hipótese, em relação ao fato que a verifica (morrer, atingir 21 anos de idade, encontrarem-se duas vontades para constituir ou desconstituir negócio jurídico), não o regra, não o preceitua, dizendo que existe ou não existe porque deve existir ou deve não existir. Se existe, se se dá o fato *F*: assim diz a hipótese.

A hipótese da norma jurídica funciona como *descritor.* E o descritor assenta no modo ontológico da possibilidade. Prefixando "se ocorrer o fato *F* (evento natural ou conduta, ou situação juridicamente já qualificada num outro descritor ou em prescritor de outra norma, mas *tido por integrante na composição do fato jurídico*)...", não teve a hipótese em conta o *modo deôntico da possibilidade*. Um dos sentidos deônticos da possibilidade está na permissão lícita de fazer ou omitir algo. Ora, isso, evidentemente, não se atribui a fato físico, ou a fato do mundo natural. Mesmo quando na hipótese da norma se ache, compondo o fato tipificado, a possibilidade deôntica – conduta que se exerceu na alternativa da possibilidade lícita de fazer ou omitir —, ela é tomada descritivamente: o *modo deôntico* é recolhido no modo existencial (se *A* deixou de exercer seu direito de fazer ou omitir *C*...). Por isso, o papel de hipótese é sempre o de descritor na norma.

8. A validade no descritor

À primeira vista, parece que o descritor de uma proposição jurídica qualquer, por sua referência a uma possível situação objetiva, por sua descritividade mesma, seria suscetível de valor de verdade. Verdadeiro quando a situação objetiva confirmar; falso, quando infirmar. Com o que teríamos a norma jurídica (como o veremos com mais detalhe) em composição híbrida: uma parte, o *descritor* sendo p-declarativa; a outra onde se prescrevem as condutas em relação recíproca, o *prescritor*, sendo uma p-prescritiva. Em fórmula de Kelsen: "se *A* é, então *B* deve ser". E como a segunda composição é relacional, teríamos: "se *A* é, então *S'RS''*". O functor *R* é a *variável relacional* "dever-ser", cujos valores são *O* (obrigatório), *V* (proibido) e *P* (permitido).

Teríamos, então a p-normativa como uma proposição composta de duas proposições: uma declarativa (descritiva, indicativa, teorética), e outra prescritiva. E valores de verdade junto com valores de normas (ou valores de validade). Mas, observe-se quando no plano do real se verifica a situação tipificada na hipótese, a p-hipotética não adquire o valor de verdadeira. Em complemento, se fato nenhum da realidade vier a confirmar o descrito hipoteticamente, a hipótese não se torna falsa. *No descritor da norma jurídica inexiste juízo de realidade subordinado ao critério de verificabilidade empírica para ser subsistente.*

A proposição normativa em seu todo, constituída de hipótese ou descritor, e de consequência ou prescritor, é válida, antes de situação objetiva, fato natural ou fato humano de conduta confirmar o que ela delineou. Por isso, também vale a norma, em seu conjunto, cuja incidência ficou protraída: vale, *i. e.*, existe no sistema, mas "entra em vigor" posteriormente. E continua valendo se ocorrendo situação fáctica correspondente à *hipótese de incidência* (como denomina Geraldo Ataliba em *Hipótese de Incidência Tributária*, págs. 56/70) deixou de se comprovar o preceituado na *disposição* (E. Garcia Maynez) da norma: na ordem existencial o sujeito individualizado do dever de prestar deixou de adimplir a obrigação, ou o portador do direito de exercício potestativo deixou de exercê-lo e um fato natural – o tempo – perimiu esse direito. A não correspondência da modalidade existencial – a contingência – não compromete o modal deôntico do prescritor que permanece, no âmbito de suas condições de aplicação, obrigando, proibindo ou permitindo.

A não ocorrência de fato correspondente à hipótese, ou a inobservância do preceituado no dispositivo da norma jurídica são fatores motivadores da *política do direito*, para a supressão de norma não condizente com a realidade social. Ou são pressupostos de fato para incidência de norma que prevê o desuso como fato desconstitutivo de normas de direito.

A hipótese e a consequência valem. O valer da hipótese e o valer da consequência cortam-se com outra norma válida. Com isso, mantém-se a *homogeneidade estrutural do sistema do direito positivo, que não é sistema de proposições verdadeiras ou falsas, mas de proposições prescritivas válidas ou não válidas, justas ou injustas, aplicáveis ou inaplicáveis, eficazes ou ineficazes, vigentes ou não vigentes.*

9. O caráter seletivo do descritor

Para afastar a ideia de que a lógica jurídica opera em domínio que a lógica matemática chama de universo de verdade, o universo de onde as variáveis obtêm seus valores e satisfazem o esquema aberto conduzindo a uma proposição verdadeira (os valores da incógnita que numa equação convertem-na em proposição), convém insistir na questão da verdade ou falsidade do descritor. Vê-se, no descritor da norma não se acha proposição empírica, relatando ou narrando o comportamento efetivo ou descrevendo um fato. Certo, há alguma similitude entre proposição cognoscente do real e proposição tipificadora de uma classe ou conjunto de fatos condicionantes da realização de certas consequências. Ambas são seletivas. Quer nas ciências reais naturais, quer nas ciências reais sociais, como demonstrou H. Rickert.

Diremos: os conceitos, quer normativos, quer empírico naturais ou empírico sociais, são seletores de propriedades. Nem tudo do real tem acolhida no universo das proposições. No campo do direito, especialmente, a hipótese apesar de sua descritividade, é *qualificadora normativa do fáctico.* O fato se torna fato jurídico porque ingressa no universo do direito através da porta aberta que é a hipótese. E o que determina quais propriedades entram, quais não entram, é o ato de valoração que preside à feitura da hipótese da norma. Sociologicamente, não há fatos puros: todo fato social é relacional e toda relação social, além de causal, é normativa. Não há, como observa irrepreensivelmente Legaz y Lacambra, desde o ponto de vista filosófico que repercute no ponto de vista empírico-científico, não há realidade social para, depois, virem as normas. A realidade social é, constitutivamente, realidade normada. É social porque implanta valores através de formas normativas dos usos e costumes, da moral, de direito etc. (Legaz y Lacambra, *Filosofía del Derecho,* pág. 379).

Quando se tem puro fato natural, como nascer, ser concebido – tem-se o substrato para a qualificação jurídica, que é valorativa. O fato natural da consanguinidade, pondera K. Engisch, não entra, ele todo, em sua inteireza biológica, como suporte da hipótese, para dar a consequência "parentesco". O parentesco é parte do fato biológico que se fez normativa (K. Engisch, *Einfuerung in die juristische Denken,* págs. 14/15). Pontes de Miranda argumenta que o suporte factual, que está no mundo "...não entra, sempre, todo ele. As mais das vezes, despe-se de aparências, de circunstâncias, de que o direito abstraiu; e outras vezes se veste de aparências, de formalismo, ou se reveste de certas circunstâncias, ficando estranhas a ele, para poder entrar no mundo jurídico. A própria morte não é fato que entre nu, em sua rudeza, em sua definitividade no mundo jurídico..." (Pontes de Miranda, *Tratado de Direito Privado,* pág. 20, vol. I).

Então, concluímos: a hipótese, que é proposição descritiva de situação objetiva possível, é construção valorativamente tecida, com dados de fato, *incidente* na realidade e não *coincidente* com a realidade. Falta-lhe, pois, *status semântico* de enunciado veritativo. As hipóteses de normas valem ou não valem. Substrato seu pode ser fato natural, fato social, ou fato já qualificado juridicamente que a hipótese tenha trazido para compor o *fato jurídico.*

10. As estruturas lógicas do direito

O direito positivo, sempre historicamente individualizado pelo substrato social a que responde, como contrapartida normativa, tem estruturas de diversos tipos. Em conjunto, é uma estrutura social, inseparável o suporte factual e a capa normativa, pois não há fato social sem normatividade. É um sistema social, e dentro do sistema global que é a sociedade, cumpre a função de um subsistema ou sistema parte desse todo.

Entre as estruturas, há aquelas que residem no fato de o direito ser um produto objetivo da cultura, fixado num sistema de linguagem. E na linguagem encontramos, pondo de parte as estruturas meramente gramaticais, as estruturas lógicas ou formais. Assim, o direito positivo se não é, tende a ser um *sistema*. Não é mero agregado de proposições normativas, simples justaposição de preceitos, caótico feixe de normas. A própria finalidade que tem de *ordenar racionalmente a conduta humana* sujeita-o às exigências da racionalidade, de que a lógica é a expressão mais depurada. É da ordem da *práxis*, sem deixar de pertencer à "razão prática".

O ser-sistema é a forma lógica mais abrangente. As partes são as proposições. Onde há sistema há *relações* e *elementos*, que se articulam segundo *leis*. Se os elementos são proposições, sua composição interior obedece a leis de formação ou de construção. O legislador pode selecionar fatos para sobre eles incidir as hipóteses, pode optar por estes ou aqueles conteúdos sociais e valorativos, mas não pode construir a hipótese sem a estrutura (sintática) e sem a função que lhe pertence por ser estrutura de uma hipótese. Pode vincular livremente, em função de contextos sociais e de valorações positivas e de valores ideais, quaisquer consequências às hipóteses delineadas. Mas não pode deixar de sujeitar-se às relações meramente formais ou lógicas que determinam a relação de implicação entre hipóteses e consequências.

Pode combinar *uma só* hipótese para *uma só* consequência, ou *várias* hipóteses para *uma só* consequência, ou *várias* hipóteses para *várias* consequências, ou *uma só* hipótese para *várias* consequências, mas não pode arbitrariamente construir uma outra estrutura além dessas possíveis estruturas. Simbolizando por *H* e *C*, tem-se: a) *H* implica *C*; b) *H'*, *H''*, *H'''*, implica *C*; c) *H'*, *H''*, *H'''*, implica *C'*, *C''*, *C'''*; d) *H* implica *C'*, *C''*, *C'''*.

Com essas possíveis estruturas formais, o legislador preenche conteúdo social e valorativo. A lógica jurídica não pode dizer qual o conteúdo que há de preencher a forma: é tema *extralógico*. Importa numa consulta à experiência, uma tomada de contato com o *sistema social*. A lógica fica *dentro* do sistema formalizado da linguagem do direito positivo. Dessa órbita formal, sair implicaria filosofia ou ciência empírica, investigações indispensáveis para se obter uma teoria filosófica e uma teoria social do direito. A lógica jurídica é apenas a *teoria formal do direito*.

Por isso, ninguém pode se queixar de que as investigações lógicas sejam *insuficientes* porque não nos dão o direito vivo, concreto, na plenitude de sua concreção existencial, como "donné reel". A lógica jurídica é o formalismo jurídico, quer dizer é formalização do ser do direito. Não nos oferta uma ontologia do direito, mas tão apenas uma capa desse ser do direito, o delicado estrato das estruturas formais.

11. O formalismo lógico

Por isso mesmo, estudando tão só estruturas formais, à lógica não compete indicar que proposição normativa válida no sistema do direito positivo é a acertada e justa para enquadrar o fato como correspondente ao tipo normativo. Nem lhe compete, num argumento em que o juiz chega à decisão do caso controvertido, selecionar as proposições normativas aplicáveis, qualificar normativamente o dado e dizer qual a conclusão. O momento formal do argumento judiciário reside na estrutura inferencial, que se limita a determinar que dadas tais premissas, delas decorre tal conclusão. Mas, o factual-social e o valorativo saturam as estruturas de raciocínio e deles tomar conhecimento fica *para além* das análises formais.

Nem cabe à lógica jurídica decidir quando se empregue a inferência indutiva, ou a inferência analógica, ou a via do argumento *a contrario sensu*. A decidibilidade de qualquer um dos possíveis métodos para encontrar a solução *justa* é problema nitidamente *extralógico*. O que está ao alcance da análise formal é verificar os tipos de estruturas inferenciais, sua validade meramente analítica, com base em relações puramente formais.

12. Irredução da lógica jurídica

Mas, todo direito positivo que alcança a *objetivação em linguagem* compõe-se dentro dos quadros da racionalidade. A linguagem, vira-o Husserl, é o *topos* adequado do racional. E se pretendermos reduzir a lógica jurídica à lógica formal geral, ou a um capítulo da metodologia (a metodologia jurídica) tenhamos sempre em conta o que diz Von Wright: "Há um aspecto relevante, no qual as modalidades deônticas diferem das aléticas, epistêmicas e existenciais. Pode ser ilustrado assim: se uma proposição é verdadeira, então é possível, e se uma proposição é verdadeira, então não é inverificada (*not falsified*), e se uma propriedade é verdadeira de uma coisa, então ela existe. Porém se um ato é cumprido (ou não cumprido), então nada se segue no que respeita ao seu caráter obrigatório, permitido ou proibido (Von Wright, *Logical Studies*, pág. 74).

Quer dizer: os modos normativos diferem dos modos digamos *fácticos*, para isolarmos um dos ângulos abordados por Von Wright. No âmbito da teoria pura do direito: do ser não provém o dever-ser, do meramente factual não provém o normativo, porque as modalidades são irredutíveis, *muito embora na composição do fato objetivo de cultura, que é o direito, haja inter-relacionalidade entre os modos.* Se for factualmente necessário, ou factualmente impossível uma conduta ou um fato, resultará num sem-sentido estatuir proposição normativa contraposta ao curso natural das coisas.

Capítulo IV

SUMÁRIO: 1. Estrutura da proposição jurídica – 2. O deôntico na tese – 3. Comentários sobre a teoria de Ross – 4. Incidência do operador deôntico – 5. Validade e verdade – 6. Valências da proposição normativa.

1. Estrutura da proposição jurídica

O revestimento verbal das normas jurídicas positivas não obedece a uma forma padrão. Vertem-se nas peculiaridades de cada idioma e em estruturas gramaticais variadas. Geralmente, usam o indicativo-presente ou indicativo-futuro, modo verbal esse que oculta o verbo propriamente deôntico. O *dever-ser* transparece no verbo *ser* acompanhado de adjetivo participial: "está obrigado", "está facultado ou permitido", "está proibido" (sem falar em outros verbos, como "poder" no presente ou futuro do indicativo). Transparece, mas não aparece com evidência formal. É preciso reduzir as múltiplas modalidades verbais à estrutura formalizada da linguagem lógica para se obter a fórmula "se se dá um fato F qualquer, então o sujeito S', deve fazer ou deve omitir ou pode fazer ou omitir conduta C ante outro sujeito S" ", que representa o primeiro membro da proposição jurídica completa.

Como se vê, no interior dessa fórmula, destacamos a hipótese e a tese (ou o pressuposto e a consequência). A estrutura interna desse primeiro membro da proposição jurídica articula-se em forma lógica de implicação: a hipótese implica a tese ou o antecedente (em sentido formal) implica o consequente. A hipótese é o descritor de possível situação fáctica do mundo (natural ou social, social juridicizada, inclusive), cuja ocorrência na realidade verifica o descrito na hipótese. Não cabe, como dissemos, interpretar a hipótese como proposição prescritiva ("se alguém morre, deve ser a sucessão de seus bens..": nada se prescreve na hipótese). É descritiva, mas sem valor veritativo. Quer dizer, verificado o fato jurídico, no suporte fáctico, ou não verificado, a hipótese não adquire valor de verdade. Mas a hipótese da proposição normativa do Direito tem um valer específico: vale, tem validade jurídica, foi posta consoante processo previsto no interior do sistema jurídico. A mesma hipótese contida em projeto de lei apresenta o mesmo conteúdo de significação, mas não vale ainda, enquanto não se transforma em lei. Diremos: o deôntico não reside na hipótese como tal, mas no vínculo entre a hipótese e a tese. Deve ser o vínculo implicacional. Em outro giro: deve ser a implicação entre hipótese e tese.

A fórmula "se *A* é, deve ser *B*" não mostra que o deôntico é functor (ou operador) que incide sobre o nexo interproposicional. A relação de implicação entre os dois termos pode subsistir sem o modo deôntico. Nas ciências formais, como Lógica e Matemática, ou nas ciências empíricas, as relações de implicação exprimem conexão formalmente necessária, ou empiricamente existente, como relação de causalidade. Lá no mundo dos fatos (naturais ou sociais) estão os fatos e suas relações causais. Para traduzir essa *relação causal* no plano lógico, constroem-se duas proposições em *relação implicacional*. Uma proposição não é *causa* da subsequente, como, em rigor do termo, um fato anterior não *implica* fato sucessivo.

Inexiste, pois, no universo das proposições jurídicas, necessidade lógica ou factualmente fundada de a hipótese implicar a tese ou consequência. É a própria norma que põe o *vinculum*, é a *fonte formal* do Direito que, fundando-se num *ato de valoração,* estatui como devendo ser que a hipótese implique o consequente. Sem norma válida o nexo desfaz-se.

Se simbolizarmos a proposição-hipótese por p e a proposição-tese por q, e a relação implicacional por "$\rightarrow$", a fórmula do primeiro membro da proposição jurídica seria "$D\ (p \rightarrow q)$", onde D é o functor (o sincategorema que indica a operação deôntica) incidente sobre a *relação interproposicional.* Essa colocação do functor, abrangente da relação formal, evita que se construa formalmente a proposição-hipótese, na fórmula: "$p \rightarrow D\ (q)$", isto é, como sendo uma proposição-antecedente descritiva, implicando a proposição-consequente de caráter prescritivo. Pois aqui *a incidência do functor é sobre a relação de implicação, que inexistiria sem tal functor.* Em outras palavras, sem a norma vincular as duas proposições, elas estariam isoladas, ou ligadas por outros vínculos, formalmente necessários, ou empiricamente dados nos fatos aos quais as proposições se referem. É a norma mesma, é o Direito positivo que institui o relacionamento entre o *descritor* (hipótese) e o *prescritor* (tese). Agora, uma vez posta a relação, uma vez normativamente constituída, a relação de implicação, *como relação lógico-formal,* obedece às leis lógicas. Assim, se se dá a hipótese, segue-se a consequência; se não se dá a consequência, necessariamente não se dá a hipótese ("se p, então q", "se não-q, então não-p"). Em simbolismo clássico: se A, então C, se não-C, então não-A. Se C tem vários antecedentes, A', A'', A''', inexiste necessidade formal na construção "se não-A', então não-C" (A. Wolf, *Textbook of Logic,* págs., 120-125), o que é manifesto, pois pode não ocorrer A', mas ocorrer A'' ou A''', cada um *suficiente* para implicar o consequente. Isso porque, no caso, não há *bicondicionalidade* entre hipótese e tese ou *recíproca implicação.* Havendo, se norma estatui que *somente* se se dá A, então deve ser C, a recíproca da proposição condicional é formalmente necessária. Se o antecedente é condição necessária e suficiente do consequente, o consequente pode figurar no tópico de antecedente, também necessário e suficiente do antecedente que passou para o lugar sintático de consequente. O vetor implicacional "$\rightarrow$" coloca-se em duas direções "$A \leftrightarrow C$", mostrando a correlatividade ou a recíproca relação formal de implicação.

O que a norma ou o Direito positivo podem fazer, livremente, é selecionar as hipóteses e selecionar as teses ou consequências. É questão fora de lógica, *extralógica*, optar pelo antecedente *A'* ou *A"* ou *A'"*, bem como escolher para consequência *C'* ou *C"* ou *C'"*. *Tudo depende de atos de valoração, sociologicamente situados e axiologicamente orientados.* Mas, desde que foi posta normativamente a relação de implicação, daí em diante entra-se na órbita das relações lógico-formais, no universo do ser do Direito: o *logos como parte da ontologia do Direito.* A norma jurídica (a proposição normativa), por isso que tem estrutura lógica, não pode alterar o comportamento dos valores lógicos das proposições relacionadas implicacionalmente. E não pode impedir que a implicação seja assimétrica, ou que a coimplicação (bicondicional) seja simétrica (isto é, *A* implique *C* e *C* implique *A*, sempre que o antecedente seja condição *necessária e suficiente* do consequente). O Direito nem é *alógico, nem antilógico.*

2. O deôntico na tese

A primeira parte da *proposição jurídica completa (que* se constitui de *norma primária* e *norma secundária)* é composta de hipótese e tese. A hipótese é descritiva de fato de possível ocorrência – *o fato jurídico* recortado sobre o suporte *fáctico* (Pontes de Miranda) – mas a tese, normativamente vinculada à hipótese, tem estrutura interna de proposição prescritiva. É a relação em que um sujeito *S'* fica face a outro sujeito *S"*. A tese é *proposição relacional* (Garcia Maynez, *Lógica del Juicio Jurídico,* págs. 45-55).

O functor relacional *R* não é descritivo. Não descreve relação existente, empiricamente dada ou formalmente necessária entre termos. Quando enunciamos que "3 é maior que 2", o relacional "é maior que" nada prescreve. Tem-se aí *functor relacional descritivo.* Não assim com relacional inserto na tese

“*S’ R S”* ”. A relação *R* é deôntica e se traduz por expressões deônticas: “está proibido”, “está permitido”, “está obrigado”. *R* é um dever-ser nessa tríplice modalidade, o *resíduo formalizado* que se obtém quando se desembaraçam as normas jurídicas positivas de seus revestimentos de linguagem natural. E que se trata de conceito relacional, basta verificarmos que fica incompleta a sentença “*S’* tem o direito, ou tem o dever, ou tem a permissão de fazer ou omitir” sem incluir o outro termo da relação: o outro sujeito diante do qual a relação se mantém.

Demais, que a conversão da proposição não se dá como nas proposições predicativas, *nominalizando o predicado* (melhor, *subjetivizando,* isto é, dando-lhe o papel sintático do sujeito) e *predicalizando o sujeito,* sem alteração da cópula *é.* Na transposição de um termo para o lugar de outro, a relação pede sua *conversa:* se *S’* tem face a *S”* direito ou facultamento a fazer ou omitir, correlativamente *S”* tem o dever de não impedir o exercício do facultamento concedido. Generalizando: quer seja relação simétrica, quer relação não simétrica (respectivamente, em esquemas: “$A = B$” implica “$B = A$”, “$A > B$” implica “$B < A$”), não é necessária a operação *nominalizar* (subjetivizar) ou a operação *predicalizar:* em qualquer relação inexistem sujeitos e predicados; existem partes, o *referente* e o *relato,* postas sintaticamente como termos pelo sincategorema relacional.

Assim sendo, *tem-se functor deôntico com incidência sobre a relação de implicação entre hipótese e tese e mais outro functor deôntico no interior da estrutura proposicional da tese.* Ou em redução formal “*D* (*p* → *q*)”, sendo *p proposição descritiva* e *q proposição prescritiva.* Explicitando o interior de *q,* temos “*S’ R S”* ” onde *R* é a *variável functoral* (Kalinowski, *Études de Logique Déontique,* págs. 42, 82, 184), cujos valores substituintes são as *constantes deônticas* “permissão”, “proibição” e “obrigação” (variável *R* e valores substituintes *R’, R”* e *R’”*). A variável substituenda *R* é interpretável pelo verbo deôntico “dever-se”. Desmembrando, portanto, o interior da estrutura de *q* (a tese ou a denominada “consequência normativa”), não encontramos a forma *apofântica* dos enunciados descritivos de situações objetivas, estes, sim, suscetíveis dos valores verdadeiro/falso.

3. Comentários sobre a teoria de Alf Ross

Segundo Ross, o esquema simbólico da proposição normativa (*diretivo,* em sua terminologia) é este: "O ($p \rightarrow q$)", onde O é o operador deôntico. A significação da proposição normativa é prescrever que a implicação "$p \rightarrow q$" seja *verdadeira* (Ross, *Lógica de las Normas*, págs. 145, 153, 161, 168). Com palavras do texto traduzido: "... *significa que todo o mundo tem a obrigação de atuar de tal maneira que a implicação indicativa seja verdadeira...*" (ob. cit., pág. 153). Isso está de acordo com a tese do autor, de que numa proposição normativa tem-se um *tema* (sentença que *descreve situação objetiva*) e um prefixo deôntico. Simbolicamente, "d (T)" (ob. cit., pág. 41).

Há diferença entre uma proposição indicativa, "i (T)" e uma proposição diretiva, "d (T)", onde i e d simbolizam as expressões "*so it is*", "*so it ought to be*". Exemplificando: "(fechar a porta por Pedro) *assim é* "; "(fechar a porta por Pedro) *assim deve ser*". Mas, se diferem os afixos functores, o núcleo encerrado entre parênteses é idêntico. O mesmo *tema* T é descritivo. Se o tema é descritivo de situação objetiva (ou forma de conduta), é suscetível de verdade ou falsidade, conforme a situação a que faz referência confirme ou infirme a descrição do tema. Todavia, Ross sustenta a tese de que os valores deônticos não são a *verdade* e a *falsidade* (ob. cit., págs. 98, 156), mas a *validade* e a *não validade.*

Segundo a teoria em questão, a proposição normativa é internamente híbrida, pois se compõe de proposições indicativas (descritivas ou teoréticas, como temos denominado) e operadores deônticos. E como os valores *deônticos* são diversos dos valores, digamos, *apofânticos* (verdade/falsidade), temos que uma proposição normativa é *válida* quando as proposições indicativas constituintes (nos postos de hipótese e tese) são *verdadeiras,* e é *não válida* quando as proposições indicativas integrantes são falsas. Quer dizer, combinam-se as duas classes de valores, valores deônticos com valores veritativos. Assim, se efetivamente Pedro cumpre a obrigação de fechar a porta, faz verdadeira a proposição descritiva, o tema *T* e, com isso, válido o diretivo ou norma; se efetivamente não fecha, torna falso o tema e, com isso, não válido o diretivo. *O tema, pois, subordina-se ao critério de verificação veritativa pertinente a qualquer proposição descritiva do mundo.* E com base no valor do tema *T* constitui-se o valor do deôntico *d.* Esse o corolário da tese de Ross.

Acrescentemos que logicamente é possível proposição normativa sobre proposição descritiva, ou functor deôntico afetar functor apofântico que estrutura proposição descritiva. Assim: "deve ser que *S* seja *P*" ("é obrigatório", "é permitido", "é proibido" que *S* seja *P*). Com proposições normativas e proposições descritivas são possíveis quatro combinações (Wroblewski, "Normativity of legal science", págs. 70-77, *in Études de Logique Juridique,* 1966)*:* proposições normativas sobre proposições normativas; proposições normativas sobre proposições descritivas; proposições descritivas sobre proposições descritivas e proposições descritivas sobre proposições normativas. Tais combinações articulam-se em camadas de linguagem: *em sobreproposições* (metaproposições) acerca de *proposições-objeto.*

A teoria de Ross elimina o "dever-ser" de dentro da proposição que está na posição de *tese* (ou "consequência normativa"), dando-lhe a mesma estrutura descritiva da *hipótese.* Então, tanto um membro quanto o outro da proposição normativa serão tomados como proposições descritivas. A hipótese descreve possível situação fáctica e a tese descreve modo de conduta: uma e outra são ou não verificadas, confirmadas ou não pelo mundo a que se referem. Por isso mesmo, são verdadeiras ou falsas. A relação de implicação entre hipótese e tese basear-se-á, pois, em valores de verdade empíricos e seguirá as leis lógicas da relação implicacional. O dever-ser ou functor deôntico está afetando as duas proposições, *como exigência de que a relação de implicação seja verdadeira*, que a hipótese efetivamente se verifique na realidade e que a conduta ocorra na realidade descrita na tese. Quando assim ocorre, os valores de verdade comunicados à hipótese e à tese fazem com que o dever-ser seja *válido*. Se a implicação for falsa (assim se se dá no caso em que p é verdadeira e q falsa, isto é, confirma-se a hipótese mas a consequência normativa não se verifica), o diretivo "$d\ (p \rightarrow q)$" será *não válido*.

Acontece, porém, que a reconstrução formal do Direito positivo, assim feita, não corresponde à natureza desse Direito. Fazendo-se corte metódico na proposição normativa íntegra, isolando a *norma primária* (aquela que estatui direitos correlativos de deveres em se verificando a realização da situação fáctica prevista como hipótese), comprovamos que a discordância da tese com a realidade da conduta efetiva dos sujeitos em inter-relação deixa a tese *válida*, como a não verificação do fato delineado na hipótese deixa intacto o *valer* da hipótese. Hipótese que preveja fato único, ao qual ligue consequência normativa, permanece válida enquanto o fato único não ocorra e válida permanece se o fato não venha a ocorrer. *Deixa de valer pelo método que o sistema normativo determine para cortar o valer de hipótese inverificada ou inverificável, cancelando-lhe os "efeitos jurídicos"* (constituição, modificação ou desconstituição de relação jurídica ou situação jurídica). Do mesmo modo, segundo o Direito positivo, ainda que no plano normativo a consequência ligue-se ao antecedente com *necessidade deôntica,* pode ocorrer que na realidade o sujeito do dever descumpra a sua obrigação, ou o sujeito do direito deixe de exercer a pretensão ou facultamento diante do sujeito devedor. *A norma em seu conjunto e as suas partes integrantes – hipótese e tese – valem ou não valem, são válidas ou não são válidas* (contraválidas, para falar em linguagem de Lógica matemática).

Assim pensaremos se tivermos em conta que *o "dever-ser" também está no interior da estrutura da proposição-tese e não apenas incidindo sobre a relação de implicação.* Com efeito, nas fórmulas "*R* (*S', S''*)", *ou* "*S'RS''* ", O functor relacionante *R* está compondo a consequência normativa, articulando um sujeito face a outro sujeito, segundo as modalidades deônticas ("está obrigado" ou "está facultado" ou "está proibido" de fazer ou omitir determinado ato, e, em contrapartida, o segundo sujeito põe-se em relação conversa da relação em que se coloca o primeiro sujeito). *O dever-ser, especificado em tríplice modalidade, é ponente da correlatividade entre os sujeitos-termos da relação.*

4. Incidência do operador deôntico

Dizemos que: *i*) o operador deôntico incide sobre o nexo entre a hipótese e a tese ou consequência, nexo que é a *relação formal da implicação* e *ii*) se encontra compondo a *estrutura interna da tese,* relacionando um sujeito de direito com outro sujeito de direito nas modalidades deônticas: "facultado", "obrigatório", e "proibido". O art. 865[1] do nosso Código Civil de 1916 estatuía que se, antes da tradição, a coisa se perder por culpa do devedor, este responderá pelo equivalente, com as perdas e danos, que por ato seu tiver sofrido o credor (Clóvis Beviláqua, *Código Civil comentado,* pág. 11, vol. 4º). A hipótese é a perda da coisa a alienar. Inexiste, claro, obrigação, ou permissão, ou proibição de ocorrer o fato da perda da coisa pelo alienante. O vínculo de dever-ser reside entre esse fato e a consequência, ou entre a proposição-hipótese e a proposição-tese, na qual se estipula a obrigação de ressarcir o dano causado. *Esse nexo não existiria se não fosse válida a norma jurídica.* É nexo criado pela norma.

O relacionamento é o que Kelsen denominou de *imputação.* Formalmente, isto é, *no plano lógico, a imputação expressa-se na relação de implicação.* Mas há, sabemos, estrutura deôntica na proposição-tese: verificada, no plano factual, a hipótese, a tese estatui que o alienante *fica obrigado a* reparar o dano e o adquirente *tem o direito de exigir* o cumprimento da

1. Corresponde ao art. 234 do Código Civil de 2002.

obrigação de ressarcimento. Descritiva, sem functor deôntico, é a hipótese; prescritiva, articulada com relacional deôntico, é a tese. A tese (consequência normativa) liga-se à hipótese *por uma implicação que deve ser*, pela *Zurechenung* kelseniana.

No que respeita à *forma lógica* interna não há diferença entre *causalidade* e *imputação*. A diferença é *ontológica*, está no campo dos objetos. No nível lógico, o relacionamento entre dados, *mediante as proposições* que os têm por correlato referencial, é de implicação. A diferença está no functor prefixo: na causalidade, dizemos que "efetivamente" ou "é assim que" se *A*, então *C*; na imputação, dizemos que "deve ser" se *A*, então *C*. Por outro lado, na conexão de proposições para descrever causalidade tem-se somente *is-propositions*, enquanto na imputação, a tese pertence à classe das *ought-propositions*, "The law of nature establishes that if *A* is, *B* is (*or* will be). The rule of law says: if *A* is, *B* ought to be" (Kelsen, *General Theory of Law and State*, pág. 46). A fórmula kelseniana é elíptica, não desmembra a estrutura de *B*. Em rigor, formularíamos: "deve ser *A* implica *B*". *B* é a *proposição relacional deôntica* (a consequência normativa não *descreve* conduta provável ou necessária, mas conduta que deve ser observada, ainda que na ordem existencial seja inobservada pelos sujeitos de direito intervenientes nas relações juridicamente reguladas).

5. Validade e verdade

A tese (ou a consequência normativa) é válida, como válida é a norma em sua *bimembridade* constituinte (hipótese/tese). E válida independentemente de a realidade confirmar ou verificar o esquema tipificado na hipótese, ou de a conduta prescrita na tese ocorrer como deve ocorrer. Se fosse dotada de valor veritativo, a verificação na ordem fáctica dar-lhe-ia valor verdade, e a não verificação, valor de falsidade.

Como a norma jurídica carece de valor veritativo, quer na hipótese quer na tese – tendo *validade lógica* (verdade formal) o nexo de implicação – a significação de "*D* (*T*)" ou de "*O* (*p*)" não reside na obrigação dirigida a um sujeito para tornar verdadeiro o tema *T* ou a proposição *p* (Ross, ob. cit., pág. 145), ou seja, comportar-se de tal modo que a descrição do comportamento no tema (*p*) ao comportamento efetivo corresponda. Uma observação de ordem lógica abona esse ponto de vista, aqui exposto, contra a teoria de Ross. Tomemos a norma jurídica geral, isto é, a proposição normativa que tem por órbita de aplicação uma classe (não unitária, ou de um só elemento) de sujeitos de direito, e que prescreve uma classe de atos ou comportamentos. Quanto à extensão, salvo as normas jurídicas incidentes num caso individual (sentença judicial, ato normativo, negócio jurídico), as normas jurídicas são universais. No caso das proposições universais descritivas, a verdade da universal implica a verdade da particular ou da individual subalternas. Se a proposição universal versa sobre dados empíricos, caso se encontre dado individual que discrepe da universal, compromete-se a verdade da universal. A não verdade *de uma só* proposição individual invalida a proposição universal subordinante. É assim em termos de Lógica clássica.

Retomando o fio do argumento, isto quer dizer: a verdade da proposição empírica descritiva de extensão universal depende da verdade das proposições individuais que lhe correspondem. Se o universo dos fatos ao qual a proposição universal se refere tiver infinitos ou indeterminados elementos, nunca se alcançará na proposição generalizadora aquela *necessidade universal do a priori* a que se reportam Kant e Husserl. A verificação dos dados individuais se fará por via de indução, mas a inferência indutiva jamais atinge o nível do apodítico ou do logicamente necessário.

Ora, a proposição normativa universal que encontramos no Direito positivo *é válida antes de qualquer confirmação empírica no caso concreto*. Ela delineia previamente um conjunto (de sujeitos, fatos ou atos), cujos elementos *devem pertencer* ao conjunto se satisfazem requisitos ou propriedades de antemão estatuídas: "qualquer que seja o *x* que tenha a nota *P*, *deve pertencer* ao conjunto *A*". A proposição normativa universal é válida desde o momento que foi posta segundo o procedimento (normativamente) estabelecido pelo sistema jurídico – na lei, em sentido formal ou orgânico, depois da votação pelo órgão legislativo, e da sanção, promulgação e publicação pelo órgão executivo.

Formalmente, da universal normativa, por substituição das variáveis pelas constantes componentes de um universo dado (o conjunto de sujeitos, fatos e atos), saca-se a proposição normativa individual (R. Schreiber, *Logik des Rechts*, págs. 67-70), o que é processo lógico paralelo ao processo que se emprega nas proposições indicativas ou descritivas. Mas, no mundo do Direito, a proposição que recolhe o caso concreto discrepante do tipo normativo é *proposição descritiva* de um estado de coisas (de conduta que, de fato, descumpre o juridicamente estatuído); todavia tal proposição descritiva não pode invalidar proposição deôntica ou prescritiva. A *verdade* da proposição empírico-descritiva, não confirmativa do que deve ser, deixa intata a *validade* da proposição universal normativa.

Não excluímos, assim argumentando, que o estado de coisas, discordante do preceituado normativamente, passa a realizar a hipótese de outra norma, que o tem por pressuposto de consequência sancionadora. O fato infringente passa à categoria de ilícito (penal, civil, administrativo, tributário etc.), que é hipótese de outra tese, pressuposto que implica outro consequente. Assim, tomando o universo do Direito como um círculo abrangente de qualquer fato ou conduta – o fato do mundo que entrou nesse universo, juridicizando-se – então, em rigor, o Direito, em seu conjunto de sistema, nunca é descumprido, nunca é violado: *como conjunto, é sempre válido, como válidas são as normas-partes ou elementos desse conjunto*. Se ineficácia se dá de alguma norma, por fato ou conduta contra norma, sem norma subsequente que tenha essa contrariedade por hipótese de consequência sancionadora, *é o sistema mesmo que o decide*. Quer através dos atos jurisdicionais que desaplicam o Direito válido, ou por norma ab-rogante de norma ineficaz, ou norma que tome o fato da ineficácia por pressuposto condicionante de supressão da validade (assim se o sistema admite o costume *contra legem*): é o próprio sistema jurídico que suprime a validade. Enfim, a não verdade de proposição descritiva de fatos, como o descumprimento de norma individual fundada em norma geral, não compromete a validade da proposição normativa universal.

Sob o ângulo do sistema jurídico, e sob o ponto de vista da Ciência do Direito, a proposição normativa universal *prepõe-se como proposição válida aos fatos que vão ocorrer*, muito embora sociologicamente a proposição seja subsequente aos fatos, a eles pospondo-se como solução normativa das exigências múltiplas oriundas do mundo social. Assim, enquanto a proposição empírica universal é falsa quando pelo menos uma das proposições individuais subordinadas é falsa, conforme observa Schreiber, a proposição deôntica universal é *válida* mesmo que, em um caso individual, à correspondente norma individual falte a confirmação na ordem dos fatos. A verificação empírica como critério de verdade (material) não se transporta para o mundo do Direito como critério de validade. Por isso, os casos individuais, as ações concretas, *hic et nunc*, confirmativas ou infirmativas da proposição normativa universal, não representam seu fundamento de verdade. *Não se pode exigir normativamente que se faça verdadeira a proposição afeta de operador deôntico, porque verdadeira nunca pode ser*. Ela mesma, é deôntica. No seu interior está o dever-ser tripartindo-se em proibição, em obrigação e em permissão de fazer ou não fazer. A propriedade que lhe é inerente é a *validade*. A correspondência do estado de coisas com o que está nela prescrito é sua *eficácia*, com a validade relacionada necessariamente. A eficácia (motivacional) de uma proposição descritiva é completamente indiferente ao seu valor de verdade. Proposição descritiva falsa pode ser tão eficaz como uma proposição verdadeira.

6. Valências da proposição normativa

Com isso, afastamo-nos da posição de Ross, para quem "*O* (*p*)" representa um diretivo que prescreve uma "obrigação" de atuar de tal maneira que a proposição *p* seja verdadeira (ob. cit., pág. 168). Muito embora sustente ele a teoria de que as normas ("diretivos", em sua terminologia) careçam de valores veritativos (Ross, *Lógica de las Normas*, págs. 98, 99, 132, 133 e 156; *On Law and Justice*, págs. 9-11).

Mas, se a hipótese e a tese na proposição normativa são, por sua vez, proposições, uma em *função de descritor*, outra em *função de prescritor*, ambas referentes a situações objetivas (constituídas de fatos e condutas), seu relacionamento no plano sintático há que se dar mediante valências. *O modo de referência* às situações objetivas é sua relação *semântica*. O modo como se inter-relacionam, como proposições, é sua relação *sintática*.

Sintaticamente, hipóteses e teses têm valência positiva e valência negativa. A relação implicacional é entre esses valores positivos e negativos. E vale a relação entre a hipótese e a tese. Em outros termos: não se dá o caso em que *p* é positiva e *q* negativa. Para a sintaxe, em uma Lógica bivalente, é suficiente que as duas valências sejam exaustivas e reciprocamente excludentes. Podemos simbolizar por + e –, ou por *1* e *0*, ou por *V* e não-*V* e seu comportamento sintático permite construir matrizes análogas ou paralelas às *matrizes veritativas*. Depois, recupera-se a característica deôntica dessas valências, isto é, *interpretam-se* esses símbolos *relacionando-os semanticamente com o peculiar universo a que fazem referência e o modo peculiar de referência a objetos que as proposições deônticas apresentam.*

Com isso, reconstruímos em nível formal a composição sintática da proposição normativa global, *evitando relacionar valores heterogêneos:* uma *hipótese descritiva* (verdadeira ou falsa) implicando uma *tese prescritiva* (carente de verdade ou falsidade). Ou valores veritativos (verdade/falsidade) *implicando* valores não veritativos (valores deônticos). Isso porque, muito embora a hipótese seja descritiva de possível ocorrência factual (onde se inclui fato em sentido estrito, e fato já normativamente regrado, que entra na composição da hipótese como elemento integrante do pressuposto), o estado de coisas que confirma a hipótese não converte a hipótese normativa em verdadeira, nem a não confirmação vem a torná-la falsa. A hipótese tem valer ou valência justamente porque o sistema jurídico a ela relacionou implicacionalmente a tese ou consequência e de ambas, em conjunto, fez norma válida, regra vigente, preceito incidente sobre fatos de um universo "*...constituting a coherent whole of meaning and motivation*" (Ross). Mesmo pode acontecer que a tipificação abstrata da hipótese jamais encontre correspondência exata na concrescência do suporte fáctico e, todavia, a hipótese que delineou o "fato-espécie" *in abstracto* continua válida. Por outra parte, *a includência de um fato na órbita do tipo advém de ato normativamente regrado:* o fato *F* deve ser tido como realizando o tipo abstratamente prefixado na hipótese. O *fato puro* não leva, com ele, a suficiente relevância significativa para ser incluído dentro do tipo. Para ingressar, sofre uma valoração comandada por um dever-ser.

Capítulo V

SUMÁRIO: 1. Norma primária e norma secundária – 2. A relação antecedente/consequente – 3. As categorias modais – 4. Modos alético e deôntico – 5. Substrato objetivo da distinção modal – 6. Conexão entre norma primária e norma secundária – 7. Do conectivo e – 8. Generalidade da proposição – 9. Retomada do conectivo e – 10. O conectivo ou – 11. O nexo "se..., então" – 12. Confronto dos operadores.

1. Norma primária e norma secundária

Seguimos a teoria da estrutura dual da norma jurídica: consta de duas partes, que se denominam norma primária e norma secundária. Naquela, estatuem-se as relações deônticas direitos/deveres, como consequência da verificação de pressupostos, fixados na proposição descritiva de situações fácticas ou situações já juridicamente qualificadas; nesta, preceituam-se as consequências sancionadoras, no pressuposto do não cumprimento do estatuído na norma determinante da conduta juridicamente devida.

Dizemos que há uma relação de ordem não simétrica, a norma sancionadora pressupõe, primeiramente, a norma definidora da conduta exigida. Também, cremos, com isso não ser possível considerar a norma que não sanciona como supérflua. Sem ela, carece de sentido a norma sancionadora. O

Direito-norma, em sua integridade constitutiva, compõe-se de duas partes. Denominemos, em sentido inverso do da teoria kelseniana, norma primária a que estatui direitos/deveres (sentido amplo) e norma secundária a que vem em consequência da inobservância da conduta devida, justamente para sancionar seu inadimplemento (impô-la coativamente ou dar-lhe conduta substitutiva reparadora). As denominações adjetivas "primária" e "secundária" não exprimem relações de ordem temporal ou causal, mas de antecedente lógico para consequente lógico.

2. A relação antecedente/consequente

Cada proposição normativa (sublinhando o ente lógico "proposição"), parte constituinte da proposição normativa total, mostra estrutura implicacional: se se dá um fato F, recolhido numa proposição p, um sujeito se põe em relação deôntica com outro sujeito; se se verifica conduta oposta (contrária ou complementar) à conduta estabelecida como deonticamente devida, formulada na proposição "não-q", então outra relação de sujeito para sujeito, deonticamente especificada, vem se estabelecer, recolhida na proposição r. Em síntese de linguagem formalizada: "p → q", "não-q → r". No interior de cada proposição, temos antecedentes (hipóteses) e consequentes (teses), que Kelsen chama pressupostos e consequências. Damos por assente que a relação implicacional que articula o interior de cada proposição vem deonticamente modalizada. Sem o modal deôntico ("deve ser", "é juridicamente válido"), prefixo à proposição implicacional, q não seria implicado por p, nem r seria implicado por "não-q". Nisso difere a proposição normativa da proposição cujo sentido objetivo é a lei natural. Também a lei natural exprime-se proposicionalmente em forma implicativa de hipótese/tese. É a versão, em plano formal, da relação existente nos fatos mesmos: o fato F está causalmente relacionado com o fato G. Em nível de proposição: se se dá p, então q. A relação implicacional "se..., então" é a forma lógica de revestir a relação objetiva de causa/efeito.

Podemos modalizar essa implicação dizendo: "é necessário", ou "é possível" que p implique q. Mas, primeiro, esse modo é alético (Von Wright); segundo, a implicação subsiste sem ele, sem desfigurar a proposição como expressão de lei natural: é a contraparte formal de uma situação objetiva extraformal.

3. As categorias modais

Bem certo é que os *modos lógicos* não se confundem com os *modos ontológicos,* ainda que possa haver correspondência entre os dois planos. Pfaender (*Lógica,* pág. 112) demonstra que a variação modal das proposições (*juízos,* em sua terminologia) é independente dos conteúdos objetivos desenhados pela proposição. A proposição recorta o dado objetivo e, ainda que ele se estruture necessariamente, ou realmente, ou possivelmente, a forma lógica da proposição é livre para dar-lhe qualquer modal lógico, que é ocorrência na *função enunciativa* do conectivo apofântico *é.* Quer dizer: podemos, por exemplo, enunciar apoditicamente uma situação objetiva necessária, real ou possível. Disso decorre que a derivação kantiana das *categorias epistemológicas* a partir das *categorias modais-lógicas* é transposição arrimada em pressuposto metafísico: dos *modos lógicos,* para os *modos epistemológicos* e destes para os *modos ontológicos.*

Todavia, podemos dizer que o modo deôntico, em nível da proposição, em nível lógico-formal, pois, encontra a correspondência no nível objetivo da conduta normativamente estruturada. Podemos, sim, exprimir em *proposição modalmente alética* (necessidade, contingência, impossibilidade) conduta juridicamente ou moralmente qualificada. *As proposições do conhecimento sociológico exprimem em forma modal não deôntica o fato da conduta efetivamente normada.* O sociólogo dirá: é provável, ou possível que tal ou qual conduta deonticamente regulada ocorra na ordem dos fatos. Dirá, *com base na existência de norma válida,* que possivelmente se verifique a conduta prevista. Tomará a existência da norma como fundamento da *expectativa da conduta socialmente valorada:* verá a conduta deonticamente qualificada como um *factum* social e exprimirá a *relação objetiva da probabilidade* da conduta em forma de proposição implicacional: necessariamente, ou possivelmente, se *p* então *q* (se ocorrem tais ou quais fatores, a conduta *C* ocorrerá; se existem normas e dadas certas circunstâncias, tal norma motivará o comportamento *C*). *O modo da proposição sociológica é alético; o da proposição normativa é deôntico.* Por isso, a proposição sociológica sobre o Direito é lei natural, recolhendo descritivamente ("assim é") um dado que é ontologicamente prescritivo ("assim deve ser"). Tanto a *lei natural* quanto a *lei jurídica* tomam corpo na forma de proposição implicacional, uma modalizável aleticamente, outra com modo deôntico, no modo indiferenciado do "dever-ser", ou diferenciando-se em "obrigatório", "proibido" e "permitido", *no interior* das estruturas proposicionais.

Tenhamos em conta que na proposição com que o sociólogo expõe o Direito, essa proposição fala *sobre* o Direito, colocando-se *fora* do Direito mesmo, que é, em sua composição, norma referente a fato (evento ou conduta). A proposição mesma, em que se verte o Direito como norma, não fala acerca do Direito: é o Direito mesmo, ou a linguagem em que se exprime o Direito. Não é linguagem que fale sobre a linguagem do Direito, como *um* dos integrantes da constituição do Direito. *Há a linguagem formalizada da lógica deôntica do Direito, a linguagem do Direito-objeto e a linguagem com que a ciência sociológica fala acerca do Direito como fato de linguagem motivador de condutas.*

4. Modos alético e deôntico

A relação de condicionalidade que a lei natural exprime em plano proposicional pode ser afeta de *prefixo modal alético* (ou, digamos, ontológico): "necessariamente, possivelmente, se o metal é aquecido, o metal dilata-se". A relação de condicionalidade que se exprime na proposição jurídica, entre a proposição-hipótese e a proposição-tese (ou entre a proposição-implicante e a proposição-implicada) contém um conectivo de ligação e sobre esse conectivo incide o modal deontológico: "deve ser que se o vendedor dá a coisa vendida, então o comprador dá o preço". O conectivo incide sobre o vínculo "se..., então" (→) – além de constituir a estrutura interna das proposições relacionais, onde um sujeito tem direito face a outro sujeito que tem dever. Como dissemos, isso significa que deve ser a implicação "$p \rightarrow q$" e a implicação "não-$q \rightarrow r$". *Na proposição jurídica não se diz que a implicação é necessária, efetiva ou possível, mas que deve ser.* O vínculo condicional não subsistiria sem esse conectivo que, afetando o conectivo de implicação, é um conectivo de conectivo (ou *functor de functor,* para usar terminologia de Kalinowski). Na lei natural, diz-se que o vínculo implicacional é necessário, real ou possível, e nunca que deve ser (no sentido deôntico; linguisticamente exprime-se também a possibilidade ou a probabilidade com o dever-ser: "dadas certas condições atmosféricas, deve chover").

5. Substrato objetivo da distinção modal

Deixando à parte a teoria do conhecimento do idealismo crítico, segundo a qual a relação causal inexiste nos objetos mesmos, sendo tão só forma categorial de relacionamento de dados na sucessão *temporal* que ostente *regularidade* nessa sucessão temporal, podemos afirmar que o *substrato objetal* (ontológico) da proposição expressiva de lei natural é a relação objetiva, a conexão de causa/efeito existente nas coisas mesmas. A proposição normativa do Direito não encontra essa *contrapartida objetal,* que seria reproduzida conceptualmente em nível do conhecimento. Por si mesmo, o fato jurídico não provoca a consequência jurídica. Antes mesmo, inexiste essa *perseidade* jurídica no fato, que seria propriedade entre outras propriedades reais-físicas (como a cor, a dureza, a extensão etc.), ou reais-psíquicas (como a intensidade da sensação, a motivação da vontade, ou a representação de todo ato cognoscente).

O fato juridiciza-se, ingressa no conjunto-Direito por incidência do dever-ser. Num corte abstrato: é mera facticidade indiferente à forma deôntica de qualificação do dever-ser. A necessidade – cabe dizer – deôntica reside em nível da proposição normativa: aqui a consequência resulta necessariamente devida pelo antecedente. Ontologicamente, o vendedor entrega de fato, ou entregará (por motivação psicológica ou sociológica) ou possivelmente não entregue a coisa alienada; deonticamente, deve entregar, está obrigado, em virtude de norma, a não se omitir do comportamento exigido. Em nível da proposição normativa, o fato tipificado como antecedente acarreta o comportamento tipificado como consequente, ainda que na ordem do real dê-se o fato concreto que corresponda ao fato típico esquematizado como fato jurídico, e o comportamento preceituado efetivamente deixe de ocorrer. Na proposição, dado o ilícito, deve ser a sanção; dado o pressuposto de fato jurídico processualmente levado ao órgão judicial, deve ser a sentença, ainda que na realidade a sanção seja desaplicada e o órgão judicante se omita de decidir. O que a proposição implicacional normativa expressa é essa relação deôntica e não a relação real que se verifica ou não se verifica na ordem dos fatos. Como fato, a sanção deixa de ser aplicada: o juiz não sentencia quando devia sentenciar; a consequência jurídica não ocorre como devia ocorrer.

A relação causa/efeito tem sua contrapartida lógica na proposição cujo sentido objetivo é a lei natural; *essa relação objetiva preexistente nas coisas mesmas* não existe tendo como constituinte lógico a proposição. A relação jurídica se faz no plano proposicional, que é uma ponte construída pelos conceitos normativos (para dizer parafraseando Pfaender) ligando uns fatos a outros fatos. Desfeitos os ligamentos conceptuais normativos, os fatos perdem o nexo construído e ficam participando de constelações regidas por leis meramente naturais. Se fatos sociais, ficam em *órbitas normativas não jurídicas*.

A proposição normativa vem para modificar o mundo social e é através da ótica do social que entra o mundo não apenas ideal (Peter I. Berger, *A Construção Social da Realidade*, págs. 126-142), mas, inclusive, parte do universo físico que se veste simbolicamente com as categorias do social. A proposição jurídica não vem para reproduzir o mundo, porém para *alterar* a circunstância (Ortega) segundo pautas valorativas; digamos, não como *representação,* mas como *vontade,* se nos utilizamos das categorias de Schopenhauer.

6. Conexão entre norma primária e norma secundária

As normas primária e secundária não estão simplesmente justapostas ou tão apenas ligadas por conectivos gramaticais sem relevância lógica de operadores. Teríamos conectivo meramente gramatical, expressivo de sequência temporal, de sucessividade no tempo, se as duas proposições (internamente compostas como implicações) se ligassem por um *e*. Sabe-se, a conjunção *e* nem sempre exprime *função lógica operativa* (functoral). Assim, por exemplo, "*A* matou *B* e suicidou-se", indica sequência de duas ações. Seria inconvertível em "*A* suicidou-se e matou *B*". Quando o *e* exprime função lógica de *multiplicador,* tanto faz dizer "*p* e *q*" quanto "*q* e *p*". A comutação é possível, enquanto incomutável é a proposição dada em exemplo. Igualmente, a partícula *ou* ora tem função gramatical de sucessão temporal de ações ou fatos, ora tem função de ligar palavras e sentenças sinônimas (equissignificativas). Por isso mesmo, a linguagem formal, para evitar nas partículas conjuntivas significados não lógico-operativos ou ambiguidade, serve-se de notação especial, construída artificialmente.

Pois bem, as proposições normativas primária e secundária relacionam-se por conectivos com função lógica. Se é certo que, temporariamente, primeiro os fatos verificam ou não verificam o delineado na norma primária, para, em seguida, incluírem-se na norma secundária, se é certo que há sucessividade temporal na ocorrência efetiva do fato jurídico para a consequência jurídica; depois, da inobservância da prestação para a consequência sancionadora, o relacionamento entre as proposições normativas primária e secundária é *de ordem lógico-formal* (onde a temporalidade é irrelevante). Ou, ainda: a *relação de ordem* das duas proposições normativas difere da relação de ordem temporal do acontecer efetivo. A proposição implicativa é antecedente lógico da proposição implicada, que é o consequente lógico. Como se verifica numa estrutura relacional, o termo-referente vem antes do termo-relato: "xRy", ainda que se possa simbolizar "$R\ (x,y)$" sem, todavia, haver menção temporal na proposição.

7. Do conectivo *E*

Poderíamos experimentar se o conectivo *e*, em sua função lógica de multiplicador, poderia estar ligando as proposições normativas de estrutura implicativa (ou condicional). Seria assim: "$(p \rightarrow q) \wedge (q \rightarrow r)$", que se leria: *p* implica *q* e não-*q* implica *r*. Ou, desformalizando um pouco: dado um fato jurídico *F*, deve ser consequência *C* e dado não-*C* (o não cumprimento do devido pelo sujeito da obrigação) deve ser a consequência sancionadora *S*. Ora, no *domínio das proposições* descritivas, a conjunção multiplicadora de duas proposições é *verdadeira* quando, *e somente quando*, as proposições constituintes são *verdadeiras*. Se *uma pelo menos* é falsa, a proposição molecular (composta) tem o valor falso. Tendo em conta que as partículas operatórias ("não", "e", "ou", "se..., então", "se e somente se" – em linguagem não formalizada) têm função análoga no domínio das proposições prescritivas, que têm validade e não o valor veritativo (verdade/falso), caberia unir as proposições normativas primária e secundária com o multiplicador se ambas tivessem validade positiva: a composição das duas proposições daria valor positivo, isto é, validade jurídica positiva.

Nenhum obstáculo. Na proposição normativa completa, em que traduzimos para a linguagem formal a linguagem do Direito positivo, tem-se duas proposições (cada uma, por sua vez, composta, pois mostra estrutura implicacional "$(p \rightarrow q)$, (não-$q \rightarrow r$)" que são ambas válidas. No Direito positivo, não se tem uma ou outra proposição, a primária ou a secundária, por não válida juridicamente. *Ambas são postas como normas válidas,* uma vinculada à outra, a validade de uma não podendo existir sem a validade da outra. Ambas provêm de ato, no modo previsto pelo sistema jurídico, para a construção de normas válidas (dimanam de órgão competente, exercendo o ato segundo procedimento estabelecido normativamente para criar normas válidas).

É inexato afirmar que o descumprimento da norma primária ou da secundária importa sua invalidade. O que se passa na ordem dos fatos – o fato de o sujeito obrigado descumprir conduta devida, o fato de o sujeito pretensor exercer ou não extrajudicialmente ou judicialmente seu direito, o fato de o órgão julgador sentenciar ou deixar de sentenciar – são "dados de fato" que se inserem numa parte ou noutra da norma jurídica total *e, assim, não infirmam, porém confirmam um ou outro enunciado componente da estrutura dual da norma jurídica.*

8. Generalidade da proposição

O fato concreto efetivador de um ou de outro membro da proposição normativa (o "caso") inclui-se no esquema abstrato da norma. Insere-se em relação imediata na proposição normativa concreta, especificada pelos sujeitos da relação jurídica, pelo objeto da prestação, pelas circunstâncias de tempo e lugar em que se cumpre a prestação etc. É a norma individual, ou proposição normativa individual, também, a que dá acolhimento ao ilícito posto em condição da consequência sancionadora. Pressupostos e consequências, na linguagem kelseniana, especificam-se. Pode haver conjunto *de um só* caso (*conjunto unitário*) mas, geralmente, o conjunto contém pluralidade de elementos, em número finito determinado, ou finito indeterminado. Somente proposição normativa individualizadora consta de *constantes fácticas* – o funcionário público nominalmente indicado, a prestação concreta a satisfazer etc. As normas jurídicas são generalizadoras. Com exceção de regra individual (em nível de lei constitucional, de lei ordinária, de decreto), as normas de Direito delineiam *conjuntos de indivíduos* (os funcionários públicos) ou *conjuntos de ações e omissões* (pagar o preço, não impedir o ir e vir de outrem, se existe servidão de passagem). Rupert Schreiber (*Logik des Rechts*, págs. 71-76) observa que as proposições gerais ou universais comportam-se, face às correspondentes individuais, como funções proposicionais, isto é, *sentenças abertas* que se convertem em verdadeiras pela *substituição de suas variáveis* por *constantes individuais* de seu domínio. Acrescentemos: as proposições individuais, subalternas às universais, se são *verdadeiras* (casos das proposições *descritivas*), confirmam a verdade da universal. A proposição universal é verdadeira quando as proposições individuais o são. Passando para proposições normativas universais: se são válidas, válidas são as individuais correspondentes. Agora, confrontando, basta a não verdade *de uma* só proposição descritiva individual para invalidar a universal correspondente. Por isso, as leis naturais empíricas, sendo o número de *constantes individuais* praticamente infinito, ficam sempre sujeitas à comprovação de cada proposição individual para conservar seu valor de verdade.

Se a proposição normativa universal, se a norma jurídica geral fosse proposição empírico-generalizadora, teria seu valor dependente do valor de cada proposição individual subalterna. Então, o caso concreto de infringência desta lançaria por terra a validade da norma geral. Como a inobservância ou o comportamento desviante do preceituado numa ou noutra norma – na primária ou na secundária – é sempre uma possibilidade aberta à liberdade do homem, as normas jurídicas gerais teriam duração a mais precária imaginável. Mal o legislador pusesse em circulação norma geral e já se daria sua violação, ante o exercício da opção livre de fazer o que se proibiu ou de omitir o que se exigiu.

Os enunciados normativos, sob outro aspecto, também diferem dos enunciados de lei natural. No Direito, a generalidade e a validade da norma abstrata *advêm do dever-ser e fazem com que a norma individual subordinada não possa deixar de ser também válida.* Com a validade da universal dá-se a validade da individual: deve ser válida a norma individual. E ainda que a norma individual seja discrepante da universal, não compromete a validade dessa universal.

No domínio das proposições normativas do Direito, a validade do enunciado universal não se desfaz com proposição normativa individual de validade oposta, *mas por outra norma que, segundo o método estabelecido no sistema, traz força ab-rogante.* É o próprio sistema que, normativamente, firma que norma de superior nível prevalece sobre norma de nível inferior, ou que entre normas do mesmo nível, a posterior revogue a anterior. E se normas individuais, que ficham ou protocolarizam (*proposições normativas protocolares*) casos concretos, não são confirmativas de normas gerais supraordenadas, nem por isso têm sua validade cortada. É que o próprio sistema as convalida, conforme Kelsen, através de "norma de habilitação" inserida no sistema. Sem esse convalescimento, o negócio jurídico concreto infringente da correspondente figura jurídica do negócio *in abstracto*, com o decurso do tempo, ou outro fato tido por produtor de efeitos convalidantes, seria desfeito; o ato administrativo irregular seria, *a qualquer tempo*, revogado ou anulado e a sentença não alcançaria caráter de coisa julgada, estando, a qualquer tempo, aberta para desfazimento de sua validade.

9. Retomada do conectivo *E*

Então, se na proposição jurídica, em sua integridade constitutiva, tanto a proposição primária quanto a secundária são válidas, têm valência positiva, logicamente nenhum obstáculo se dá em serem unidas pelo conector *e*, cujo uso sintático-formal exige que sejam ambas válidas. Impossível seria relacionar a primeira proposição com a segunda se uma, pelo menos, fosse não válida, assim como, no campo das proposições descritivas, se exige que as proposições constituintes do todo sejam ambas verdadeiras, sem uma pelo menos poder ser falsa. Se não forem ambas válidas, as proposições "O vendedor deve dar a coisa alienada", "O comprador deve dar o preço da coisa adquirida", não poderão ser unidas pela partícula *e* em sua *função formal.* Por isso que sua *função lógica* é constituir complexos de proposições determinando seu valor de verdade global, denomina-se *functor veritativo.* Em paralelo, no campo das proposições prescritivas do Direito, justo é denominar-lhe *functor de validade.*

10. O conectivo *OU*

Distingue-se na Lógica simbólica o *ou-includente* e o *ou-excludente* (*inclusive-or*/*exclusive-or*). A regra sintática de emprego do "*ou* includente" exige que *pelo menos uma* das proposições relacionadas seja verdadeira, *podendo, pois, serem ambas.* Em paralelo, no campo das proposições normativas, que pelo menos uma seja válida, podendo ambas serem válidas. Diz-se "*ou*-inclusivo" porque ele permite a conjuntividade, isto é, a verdade conjunta (e a validade conjunta) de enunciados.

Lembremo-nos, o *ou* gramatical, na linguagem não lógica – na linguagem técnica ou na linguagem natural que usamos em nosso trato com o mundo – não temos aqui em conta. Tem-se apenas o *ou* como *functor veritativo*, ou como functor de validade. Assim, as composições "O sol é um astro ou a lua é um satélite"; "O sol é um astro ou a lua é um astro" são *verdadeiras.* As composições "O vendedor deve entregar a coisa ou o vendedor não tem direito de receber o preço" são válidas. Válidas como conjunto ou composição, ainda que a proposição "o vendedor não tem direito a receber o preço" carece de validade (sem o preço, o negócio jurídico seria doação, comodato).

O uso sintático do *ou* disjuntivo assegura que, pelo menos, uma das proposições é verdadeira e pelo menos uma é falsa, quer dizer, nunca ambas (Irving M. Copi, *Symbolic Logic,* pág. 13). No domínio das proposições normativas, que uma das proposições é válida e a outra não válida. Não ambas com a mesma valência. Em outros termos: o *ou forte ou excludente* (*strong or exclusive-or*) não se intercala entre norma primária e norma secundária *se ambas forem válidas*, ou *ambas não válidas*.

A excludência pode ocorrer entre termos *contrários* – branco/preto, ou entre *contraditórios* – branco/não branco, ou entre termos que não mantenham entre si oposição por contrariedade ou por contraditoriedade. Assim, branco/azul. A relação de excludência dá-se, ainda, entre *proposições* que tenham valores opostos. É esta de que trata o *ou* no uso de functor ou conectivo (*truth-functional connective*) interproposicional.

11. O nexo "se..., então"

A relação interproposicional "se..., então" intercala-se entre enunciados suscetíveis de valores veritativos, no domínio das proposições descritivas. Constrói as chamadas proposições condicionais (hipotéticas ou implicacionais), formadas de antecedentes e consequentes. O antecedente e o consequente podem, por sua vez, ser simples ou compostos $p \rightarrow q$; $p \rightarrow (q \rightarrow r)$; $(p \rightarrow q) \rightarrow (r \rightarrow s)$. Há outras possibilidades combinatórias. O substrato sustentador da relação condicional pode ser de caráter *lógico-formal*, *definicional*, *real-causal*, *real-teleológico* etc. Mas, o *minimum* que formalmente se diz na relação condicional é que se o antecedente *A* é verdadeiro, o consequente *C* não pode ser falso (Irving M. Copi, *Introduction to Logic*, págs. 231-233). Nas diversas classes de implicação, essa é a porção significativa mínima comum. *Em qualquer tipo de implicação, será falsa a relação condicional se o antecedente for verdadeiro e o consequente falso.* Abreviando as palavras antecedente e consequente por *A* e *C*, a verdade e a falsidade por *V* e *F*, as combinações verdadeiras com *A* e *C* são: *V/V*, *F/F*, *F/V*. *Falsa* é a combinação *V/F*.

As normas jurídicas, enquanto proposições, têm estrutura implicacional. Stammler, entre outros, já o afirmou: "Der

Rechtssatz gehoert somit zu den hypothetischen Urteilen. Er besteht aus zwei Gliedern von denen jedes schon ein eigenes logisches Urteil darstellt" (Stammler, *Theorie der Rechtswissenschaft*, pág. 190).

Maynez (Garcia Maynez, *Logica del Juicio Juridico*, págs. 136-151) vem intensivamente desenvolvendo o tema com os recursos da Lógica simbólica. Internamente, as proposições normativas do Direito articulam-se em antecedentes e consequentes. Cabe observar, além de estruturar o interior da proposição normativa primária e o interior da proposição normativa secundária, a relação se-então as vincula externamente. Seria simbolicamente: $(p \rightarrow q) \rightarrow (\text{não-}q \rightarrow r)$. Nesse caso, no domínio das proposições deônticas, a lei formal de implicação dirá: a implicação deôntica é não válida (conceito paralelo ao de falsidade) se a proposição antecedente for *válida* e a consequente *não válida*. Todas as outras possibilidades combinatórias são *válidas*: *V*/*V*, *I*/*V*, *I*/*I* (*V* para abreviatura de *validade positiva* e *I* para *validade negativa*). Por isso, com base na lei formal, sabemos, sem qualquer consulta aos dados de fato, que, se se verifica o antecedente e não ocorre o consequente (se *A*, então não-*C*) inexiste a relação que Kelsen denominou *imputativa*. A norma que contiver em seu interior essa estrutura é formalmente não válida.

12. Confronto dos operadores

Se tanto a norma primária *P* (por abreviatura, apenas) como a norma secundária *S* são válidas na proposição jurídica completa, podemos indiferentemente uni-las pelos operadores (conectivos) *ou*, *e*, bem como "se..., então". Vejamos: "*P* ou *S*" é válida em seu conjunto, pois a regra de emprego do disjuntivo *includente ou* é a de que duas proposições são relacionáveis disjuntivamente *se uma, ou a outra, ou ambas* forem válidas (verdadeiras, no caso das proposições descritivas). Na proposição normativa do Direito, em sua total estrutura, que é *bimembre* (Caldas Aulete, *Dicionário Contemporâneo da*

Língua Portuguesa, pág. 551, tomo I; v. bimembre), dá-se a validade de ambas. O valor global do todo proposicional, em sua *bimembridade,* é positivo, isto é, válido.

Por isso que as proposições *P* e *S* são simultaneamente válidas, seria inviável uni-las com o *disjuntivo excludente* "w", que se lê: *uma ou a outra, porém não ambas.* Quer dizer "*PwS*" é válida em seu conjunto se não ocorrer o caso de as proposições constituintes serem ambas válidas (nem ambas não válidas). Se as proposições-partes da disjunção excludente forem *contraditórias,* entra em jogo a lei de exclusão de terceiro. A disjuntiva não é, por si, potente para indicá-lo, isto é, se se trata de alternativa contraditória.

As normas primária *P* e secundária *S*, unidas por um *ou* ("v") *includente*, dão lugar a um *trilema:* ou *P* é válida, ou *S* é válida ou ambas *P* e *S* são válidas. As normas *P* e *S*, unidas por um *ou* disjuntivo ("*w*"), dão lugar a um *dilema:* ou *P* é válida ou *S* é válida. Nunca ambas com o mesmo valor positivo.

A *parte mínima comum* ao conectivo includente e excludente é justamente esta: uma pelo menos das duas proposições normativas é válida. O "*ou* includente" contém um *plus* em relação ao excludente, que é a possibilidade lógica de *uma e outra* serem válidas, o que está eliminado pelo conectivo de excludência. A porção mínima comum do functor de validade (paralelo ao functor de verdade, o *Wahrheitswertfunktor*), é "*v*", pois dizer que duas proposições que servem de argumento à disjunção não podem *ambas* ter valor falsidade ou não validade é dizer simbolicamente: $(P \vee S) \equiv -(-P \wedge -S)$, ou seja, ainda: não se dá o caso de *P* e *S* terem valor *0* (Bochensky-Menne, *Grundriss der Logistik*, pág. 27). Generalizando, podemos não falar especificadamente em verdade/ falsidade, validade/não validade, e usar os símbolos *I* e *O* para denotar valores que afetam proposições. *Interpretando-os* em função do *universo de objetos,* dos objetos entitativos e dos objetos deônticos, é que vamos falar em verdade/falsidade nas *proposições descritivas* e validade/ não validade nas *proposições prescritivas.*

As normas do Direito positivo, cujo revestimento de linguagem técnica é o mais variado possível, num mesmo sistema e em sistemas diversos – veja-se a técnica da redação no mundo anglo-saxônico – *são redutíveis à forma modelo que é a forma lógica*, que não se dá na *linguagem técnica* mas se obtém na *linguagem formal*. Em nenhum código ou lei positiva se encontra o esquema formal (sem exibir a *estrutura interna* da proposição relacional): se *p*, então *q*; se não-*q*, então *r*.

O que nos parece, ante o exposto, é que o conectivo para relacionar a proposição primária com a secundária é o *ou* includente (*in nichtausschliessenden Sinne*). Pois *dá-se o caso de tanto a proposição normativa primária quanto a proposição normativa secundária serem ambas válidas*. Tanto é válida a norma contratual que estatui os deveres do mutuário, quanto a que estipula as sanções para o descumprimento desses deveres, em favor do mutuante. Tanto são válidas as normas que protegem bens como a vida, a honra, a liberdade, quanto as que põem como ilícito penal a violação desses bens protegidos e indicam as sanções penais aplicáveis. Ambas as proposições normativas têm valor positivo *1*. Cada uma *desenha um conteúdo objetivo* (Pfaender), ou recorta de um dado de fato diverso: numa, o comportamento lícito na relação intersubjetiva (Cossio); noutra, o comportamento ilícito também em relação intersubjetiva (entre as partes e o juiz na fase da relação processual). São conteúdos objetivos diversos, mas idênticos quanto ao *modo de referência deôntica* a ocorrências do mundo.

Mas, se tanto a proposição normativa primária quanto a proposição normativa secundária são válidas, bem caberia interrelacioná-las pelo conectivo de implicação. Teríamos: $(p \rightarrow q) \rightarrow (q \rightarrow r)$. Cada proposição é uma implicação entre antecedente (hipótese) e consequente (tese). Teríamos, então, duas *implicações internas* relacionadas por uma *implicação externa*. O valor global da proposição normativa, *tomada em sua bimembridade*, seria o valor positivo. Em outros termos: a norma jurídica do Direito positivo é, em seu todo, válida, porque válidas são as suas partes constitutivas. Ora, uma implicação é válida se válidas o forem as proposições constituintes. Esta é uma (há outras possibilidades válidas) possibilidade lógica válida. Só não seria válida a norma de Direito, como estrutura implicacional (externa), se o composto que serve de antecedente fosse válido e o consequente ostentasse o valor negativo. Em terminologia clássica: se se dá *A*, e não ocorre *C*, então inexiste relação implicacional entre *A* e *C*.

Observe-se que no interior de "$p \rightarrow q$", o membro *p* é antecedente (*A*) e o membro *q* é o consequente (*C*). Igualmente em "$q \rightarrow r$". A implicação externa converte, por sua vez, a primeira proposição, "$p \rightarrow q$", em antecedente e a segunda proposição, "$q \rightarrow r$", em consequente. As proposições compostas tomam, assim, o papel sintático de *A* e *C*, respectivamente, entrando em linha de conta o valor da primeira implicação e o valor da segunda implicação, unidas pelo conectivo externo "$\rightarrow$".

Ter-se-ia de verificar que o Direito positivo consta de várias estruturas de implicação. Nem sempre uma consequência jurídica tem um único antecedente e nem sempre um antecedente tem uma e só uma consequência normativa. Dá-se frequentemente o caso de *A'*, *A''*, *A'''*, terem a consequência *C* (no ressarcimento por perdas e danos, há). Ou, inversamente, *A* produzir os "efeitos" *C'*, *C''*, *C'''* etc. Essa variação dá lugar a diferentes possibilidades combinatórias, todas legítimas, excluindo somente o caso de ocorrer o antecedente *A* e não ocorrer o consequente *C*, porque, então, inexiste qualquer nexo implicacional. Pode existir um antecedente e vários consequentes, ora cumulativamente ora disjuntivamente exigíveis (assim, nas *obrigações conjuntivas* e nas *obrigações alternativas*, v. M. I. Carvalho de Mendonça, *Doutrina e Prática das Obrigações*, págs. 193-199, vol. I), como vários antecedentes e vários consequentes. São os interesses que surgem das relações inter-humanas que se vestem nas variadas formas combinatórias, cujo *isolamento temático*, como *formas lógicas*, importa uma atitude de abstração, que não é a atitude natural do homem para com o mundo físico e social circundante.

Em síntese: dado o fato de, numa proposição jurídica completa, tanto a norma primária quanto a norma secundária serem ambas válidas, é possível relacionar as duas normas-partes com os seguintes conectivos: e, ou-(ou-includente), "se ..., então" (em símbolo, "∧", "v", "→"). Exclui-se, como vimos acima, "*ou*-disjuntivo", pois este conectivo exclui a *verdade* ou a *validade* simultânea dos dois membros. É o operador que exprime excludência de valores positivos: um ou outro, não ambos ("Thus *p* or *q* can have the exclusive sense of either *p* or *q* but not both, or the inclusive sense of either *p* or *q* or both" (Basson and O'Connor, *Introduction to Symbolic Logic*, pág. 23).

Capítulo VI

SUMÁRIO: 1. Interdefinibilidade dos conectivos – 2. A via para escolha do conectivo – 3. A situação objetiva deôntica – 4. Uso do ou-includente – 5. Tese de F. Kaufmann – 6. A disjuntividade proposicional em Cossio – 7. Juízo disjuntivo e juízo hipotético – 8. Funções do dever-ser.

1. Interdefinibilidade dos conectivos

A questão posta em foco, acerca do conector que interliga a proposição normativa primária à proposição normativa secundária, relativiza-se sob o ponto de vista lógico-formal quando pensamos que os conectivos interdefinem-se. Sem maiores análises, anotemos que com a *negação* – functor irredutível e primitivo – mais a *disjunção* temos o equivalente da *conjunção*, ou seja, $p \wedge q \equiv \sim(\sim p \vee \sim q)$, que se lê: afirmar que p e q são ambos verdadeiros é equivalente a negar que pelo menos um dos argumentos é falso; por sua parte, com a negação mais a conjunção temos o equivalente da disjunção, ou seja, $p \vee q \equiv \sim(p \wedge \sim q)$, que significa: afirmar que um dos argumentos pelo menos é verdadeiro equivale a negar que ambos sejam falsos; por fim, a implicação se define com a negação e a conjunção, ou seja, $p \rightarrow q \equiv \sim(p \wedge \sim q)$, que se lê assim: afirmar que o argumento *p* implica o argumento q equivale a negar que *p* seja verdadeiro e *q* seja falso.

Onde se diz *verdadeiro* e *falso,* na interpretação deôntica se ponha *válido/não válido,* que são as qualificações sintática e semântica das proposições normativas, uma de cujas subclasses representa as proposições em que se exprimem as normas jurídicas. Do contexto, vê-se que, onde se fala de proposições normativas, proposições deônticas, proposições prescritivas, alude-se às proposições cujas significações são normas de Direito. Dentro do universo das proposições deônticas, está o subuniverso das proposições jurídicas que exprimem normas. Estas não se confundem, por sua vez, com as proposições que são jurídicas, porque falam *sobre* proposições de Direito positivo.

Assim sendo, poderíamos tomar a proposição normativa primária e a proposição normativa secundária ligando-as mediante um *e,* um *ou,* um "se..., então", procedendo à alteração na estrutura interna das referidas proposições, de conformidade com as relações formais adequadas. Teríamos as duas proposições unidas conjuntivamente, ou disjuntivamente, ou implicacionalmente, modificando-se, também, os conectivos formais operando dentro de cada proposição. Assim sendo, do ponto de vista lógico, as equivalências denominadas *interdefinicionais* (analíticas) relativizam o problema de saber qual o conector adequado para relacionar as referidas proposições componentes de uma regra de Direito positivo.

Não obstante o fato de que, aparte o operador "~" (*não,* tido por absolutamente primitivo) os demais, representados pelas *constantes lógicas,* serem redutíveis por definição formal (a negação mais uma constante é suficiente para definir outra constante), os conectivos são subsistentes como modalidades operatórias no domínio das proposições. Recolhendo as proposições *como elas se dão na experiência da linguagem natural e procurando reduzí-las aos esquemas formais-lógicos,* constatamos que, ao lado de modos operatórios meramente gramaticais, expressivos de *contextos não formais* (contextos fácticos, circunstanciais – da minha circunstância ou da circunstância compartilhada por todos de um grupo social), há modalidades operatórias puramente analíticas, que não se reduzem a uma única, tornando as demais supérfluas ou insubsistentes, justamente porque analiticamente redutíveis a uma só operação. Há, sim, equivalências que mostram a *potência operatória da negação,* sem destruir as demais constantes do universo formal.

2. A via para escolha do conectivo

Há, pois, um mínimo denominador comum para emprego indiferente – *logicamente indiferente* – dos conectivos (operadores, functores, constantes lógicas, como quer que se denomine) *ou, e,* "se..., então": *as proposições normativas primária e secundária são válidas ambas.* Cada uma delas, em seu interior, composta implicacionalmente, pode ser interligada assim: "(*P*) ou (*S*)"; "(*P*) e (*S*)" "se (*P*) então (*S*)". As letras *P* e *S* são *abreviaturas* das proposições que enchem o espaço dos parênteses. Assim como, em paralelo, duas proposições descritivas, ambas verdadeiras, podem ser ligadas operacionalmente por um "*ou* – não excludente", um "*e* – conjuntivo" ou um "se ..., então" implicativo. Em outras possibilidades combinatórias de *V*/*F*, certo que nem sempre. Dispensamo-nos de demonstrá-lo, para incidir tão somente no mínimo denominador comum que é o ter *valência positiva.*

Então, se logicamente é indiferente o emprego de qualquer dos três operadores, *temos de decidir, não com base na Lógica,* que apenas delimita o *formalmente possível,* qual dos três corresponde à norma de Direito positivo, em sua bimembridade constitutiva de *norma primária* e *norma secundária,* formulada logicamente em *proposição deôntica primária* e *proposição deôntica secundária.* O ponto de apoio para decidir é *extralógico.* O estrito ponto de vista formal ou analítico é impotente para a decidibilidade do functor apropriado ao ser do Direito. A proposição jurídica aponta para a situação objetiva; não é um ente bastante-por-si, um ser constitutivamente suficiente para abranger a ontologia integral do Direito positivo. Existe, o que poderíamos dizer, um *deontic state-of-affairs,* como suporte ôntico da forma lógica.

3. A situação objetiva deôntica

O suporte factual do Direito (fatos do mundo natural e social – os fatos naturais entram no universo social através da experiência social) é uma série de *fatos normativamente qualificados*, caracterizados pelo *modo de referência deôntico:* são fatos qualificados como constitutivos ou desconstitutivos de relações jurídicas, ou situações jurídicas, fatos que recebem qualificações como lícitos, ilícitos, proibidos, permitidos, obrigatórios, nulos, anuláveis etc. Nenhum fato natural entra no universo social sem a experiência (científica, religiosa, estética) de uma valoração. O fato natural, já qualificado por outros critérios de valoração não jurídicos, passa a importar ou ganhar relevância jurídica se mediata ou imediatamente mantiver relação com a conduta humana. O universo social é antropocêntrico. Sempre o homem em inter-relação (a *Zwischenmenschenlichkeit* de L. W. Wiese) com o outro, para alcançar a relação com o mundo físico circundante.

O correlato de referência da norma, em sua integridade, *seu vetor semântico,* está na conduta humana e nos fatos naturais que têm alguma relação, valorativamente relevante, para a conduta. E a conduta humana é constitutivamente um poder-ser, uma possibilidade de ser isto ou aquilo, por maior que seja o cerco restritivo no campo das possibilidades (na Filosofia contemporânea do Direito, Cossio, firmado na Ontologia existencial, acentua essa concepção). E se a norma funciona prescritivamente, como diretiva para a conduta humana, há de ter em conta esse dado ontológico.

Se uma norma foi posta, para ser norma jurídica, constituir-se-á de duas proposições: a primeira fixa as relações jurídicas ou situações jurídicas decorrentes da verificação ou não verificação (fato não ocorrente, omissivo) de fatos que são fatos jurídicos justamente porque provocam tais "efeitos jurídicos"; a segunda, fixa as consequências para os sujeitos no caso de não seguirem o que está preceituado na norma antecedente. A conduta dos sujeitos se alojará numa ou noutra norma, não em ambas. Mesclar-se-iam o lícito e o ilícito, o devido e o não devido se a conduta se inserisse simultaneamente na primeira e na segunda norma-parte da norma total. Se se descumpre a norma primária, ingressa-se na órbita de incidência da norma secundária sancionadora. Se há observância da norma primária, carece de sentido prescritivo subsumir a conduta na norma secundária. Do âmbito de possibilidades de conduta para os sujeitos, são selecionadas duas, colocadas em sucessividade temporal. Cumprir/descumprir, ou observar/inobservar, ou adimplir/inadimplir, é a dualidade que o ordenamento jurídico deixa aos sujeitos ante as normas positivas. São possibilidades mutuamente excludentes, contraditórias ou contrárias, conforme logicamente sejam ou não exaustivas (ontologicamente, as possibilidades de fazer ou não fazer são inesgotáveis).

Quer se apresentem como contrárias ou como contraditórias ou simplesmente diversas, as condutas prescritas, ontologicamente, não se verificam a um só tempo, satisfazendo (ou verificando) a norma primária e a norma secundária. Se o pretendesse, o ordenamento jurídico perderia a sua função sociológica como técnica social de evitar condutas socialmente desvaliosas, sancionando-as na norma secundária. Não canalizaria o processo social no caminho axiologicamente positivo, contraditoriamente punindo o exercício do direito e o cumprimento do dever. No final, seria estatuir o obrigatório e o permitido e, ao mesmo tempo, proibi-lo, ou indistinguir o juridicamente lícito e o juridicamente ilícito.

Se as proposições deônticas primária e secundária são válidas, como observamos, podem ser unidas pelas constantes lógicas *e*, *ou*, “se ..., então”. Logicamente, indiferente nesse caso de validade positiva simultânea. *A opção por um destes conectivos decorrerá do substrato factual – do fato-conduta e do fato-natural – onde a natureza é valorada em função da conduta.* Podemos, então, dizer: provém da conduta que é sempre inter-relacional, de sujeito para sujeito de atos e que *sempre aparece revestida deonticamente,* pelas normas do uso, dos costumes, ou pelas normas morais, ou religiosas, ou técnicas e pelas normas jurídicas, representando estas fração do campo deôntico.

A tradução, em linguagem formalizada, da estrutura bimembre da proposição jurídica, isto é, a estrutura formal que corresponde à estrutura morfologicamente variada (usando linguagem ordinária e linguagem técnica – linguagem natural, portanto) do Direito formulado será: "$(p \rightarrow q) \vee (\sim q \rightarrow r)$". Quer dizer: *p* implica *q* ou não *q* implica *r*. Explicitando: se se dá um fato *F* (fato jurídico), então um sujeito *S'* coloca-se em relação deôntica com outro sujeito *S"*, devendo fazer ou omitir ato cujo cumprimento pode ser exigido pelo outro. Se não se cumpre o estatuído, nova relação deôntica se estabelece, de caráter compensatório ou sancionador, ante a inobservância do devido. A ponte entre uma e outra proposição se estabelece mediante o *ou*. O substrato factual de referência deôntica é dúplice: aloja-se na primeira parte ou na segunda, não em ambas como acertadamente vem insistindo Cossio.

4. Uso do *OU*-includente

Se a proposição deôntica primária e a proposição deôntica secundária são ambas válidas na proposição jurídica total, o conectivo *ou* é usado em sua função includente. Na função includente, os membros da alternativa *podem* coincidir em valência positiva. Diz que pelo menos uma das alternativas, não que somente uma, é válida (verdadeira, na Lógica das proposições enunciativas), não que *exactly one*, porém que *at least one* vale (F. Brenton Fitch, *Symbolic Logic*, pág. 43). O *ou* inclui a possibilidade de ambas serem válidas. De fato, são, na norma jurídica integral.

A validade simultânea dá-se no plano das normas. No plano dos fatos, há excludência. Os fatos é que ora se incluem na primeira proposição normativa, ora se inserem na segunda proposição normativa. Há excludência, em outros termos, na realização simultânea dos fatos verificativos da endonorma e da perinorma, para dizê-lo na terminologia egológica do Direito. Uma situação fáctica ou a outra situação fáctica complementar, mas não ambas ocorrendo existencialmente.

A expressão "de fato" indica a situação objetiva, correlato da norma. Não quer significar que *factualmente* seja de impossível ocorrência descumprir o devido, e deixar de ser sancionado. A excludência dos fatos nos dois termos da alternativa, ou a negação de sua includência, é de ordem deôntica. O criminoso, observou Kelsen, pode *de fato* não ser punido, mas deve sê-lo; é obrigatório que órgão estatal aplique a sanção, ainda que no caso concreto deixe de fazê-lo. O que não deve ser, como licitude, é a exigência da realização simultânea da conduta lícita e sua sanção por ilícita.

Por outra parte, o descumprimento da norma primária ou a desaplicação da norma secundária não afetam o valer de cada norma constituinte da norma total. São ocorrências que se passam na ordem existencial. Se a conduta tem, como constituinte necessário seu, o dever-ser existencial, *bem pode esse dever-ser efetivado não coincidir com o dever-ser posto nas normas válidas do sistema jurídico.* Há um *sentido subjetivo de dever-ser* na conduta que pode coincidir ou se desviar do *sentido objetivo de dever-ser* estabelecido como critério obrigatório de validade objetiva (procedente do foco de irradiação normativa ou centro de decisão que, na evolução histórica, veio a ser o Estado). Um grupo organizado de revolucionários age de acordo com normas, que informam como deve ser sua conduta. Esse o sentido subjetivo de dever-ser válido. Mas, do ponto de referência da ordem jurídica constituída, objetivamente válido é o dever-ser por ela instituído. A conduta dos membros do grupo penetra, assim, em dois estatutos, isto é, em dois sistemas normativos, que se excluem. A validade objetiva do dever-ser é dada pelo sistema normativo estatal.

Sociologicamente, impõe validade objetiva quem dispõe do "poder de decisão" em grau mais alto na ordem dos fatos. Deontologicamente, requer-se princípio superior de legitimação (a exigência de certos valores) para que a mera juridicidade das normas positivas adquiram sentido de Direito justo. Aqui tem sua oportunidade a distinção stammleriana entre conceito de Direito e ideia de Direito, mas não passando por alto que a simples juridicidade de todo sistema implanta, na realidade social, um conteúdo axiológico, e uma certa concepção de justiça que bem pode não ser a concepção certa da justiça.

5. Tese de F. Kaufmann

Procurando alcançar a *formalogische Satzkonstruktion* da proposição jurídica (*Rechtssatz*), Kaufmann rechaça a tese de que o conectivo *ou* represente a justa tradução formal da partícula que interliga norma primária e norma secundária. A proposição jurídica constitui-se como norma dupla, "*als Doppelnorm*", segundo Kaufmann, e é do seguinte teor: Um sujeito *A* deve cumprir uma conduta *V 1*; se não o faz, então deve realizar-se (*platzgreifen*) contra o mesmo a conduta *V 2* (F. Kaufmann, *Logik und Rechtswissenschaft,* pág. 91). E, em nota abaixo, observa que a proposição jurídica não apresenta nenhuma disjunção, pois esta é *simétrica,* enquanto a relação entre norma primária e norma secundária é irreversível. No texto: "Der Rechtssatz stellt keine Disjunktion dar, denn diese ist symmetrisch, waerend das Verhaeltniss zwischen primaerer und sekundaerer Norm, als ein subsidiaeres, unumkehrbar ist" (ob. cit., pág. 91, nota n. 3).

Já observamos – ponto pacífico em lógica clássica e simbólica – que tanto a conjunção como a disjunção de duas proposições não se alteram se permutarmos as posições ocupadas pelas proposições constituintes da conjunção e da disjunção. Duas proposições quaisquer, *p*, *q* dão as equivalências: "(*p* e *q*) ≡ (*q* e *p*)"; "(*p* ou *q*) ≡ (*q ou p*)". É a *lei comutativa* aplicada à conjunção e à disjunção (Alfred Tarski, *Introduction to Logic,* pág. 43). A *simetria,* na teoria formal das relações, dá-se quando a relação *R*, na classe *K*, entre os elementos *x* e *y* vale de tal modo que "(*x R y*) implica (*y R x*)". O que Kaufmann diz da propriedade relacional simétrica (sua reversibilidade ou convertibilidade) é, propriamente, a comutabilidade das proposições constituintes de uma conjunção ou de uma disjunção lógicas.

Quer o conector *e*, quer o conector *ou*, que permitem a permutação das proposições componentes da operação lógica, sem alterar a matriz de valores, sua verdade ou sua validade (numa *matriz de validade jurídica*), articulam possibilidades lógico-formais irrecusáveis. *Logicamente*, proposição jurídica primária e proposição jurídica secundária são reversíveis, quer no caso do conjuntivo, quer no caso do disjuntivo. *Formalmente*, a lei de comutação aplica-se-lhes. *Inexiste direção ou vetor interproposicional cuja reversão alterasse o valor da proposição originária em sua integridade constitutiva.* Tanto faz dizer "o papel é branco e a tinta é preta" como afirmar "a tinta é preta e o papel é branco". É possível interpolar-se "*e/ou*" em proposições descritivas sem alteração da verdade, como intercalar-se nas proposições prescritivas, sem alteração de validade.

Muito embora a permutação seja *logicamente* possível, em virtude da *lei de comutação*, na proposição jurídica de conteúdo significativo especificado tal não pode ocorrer. E não é possível por determinação *extralógica*. *Ontologicamente*, não é indiferente pôr a conduta lícita – obrigatória ou permitida – antes ou depois da conduta ilícita, que serve de pressuposto à sanção. Da parte do estado de coisas deonticamente qualificado, *primeiro* é a conduta lícita; *depois* é a ilícita, como antecedente da conduta sancionatória. *A não convertibilidade dos termos da relação disjuntiva é uma limitação, portanto, advinda das coisas mesmas, isto é, das condutas juridicamente estruturadas.*

6. A disjuntividade proposicional em Cossio

Na teoria egológica, a norma jurídica completa consta de duas estruturas proposicionais, a endonorma e a perinorma, respectivamente norma primária e norma secundária, terminologia esta que vimos adotando e discorda da de Kelsen. Reduzindo-se a norma de Direito positivo à forma lógica (formalização), tem-se, na teoria egológica da norma, num esquema mínimo: "dado *A*, deve ser *B*, ou dado não-*B*, deve ser *S*". O ponto que nos interessa é anotar que as duas proposições normativas relacionam-se pela disjunção *ou*, uma das duas *constantes lógicas* do esquema formal (as duas constantes são a cópula proposicional "dever-ser" e a disjunção proposicional *ou*). As variáveis lógicas, nesse esquema mínimo reduzidas a quatro, no esquema formal analisado se apresentam em número de oito. Deixemos de analisar em pormenor, para nos concentrarmos no conectivo de disjunção lógica. Outra constante é representada pelo implicador "se... então", condensado na palavra "dado".

Cossio adverte de logo a função meramente lógica do conectivo proposicional (Cossio, *La Teoría Egologica del Derecho*, págs. 329-356), mas completa o papel sintático desse sincategorema com a referência ao substrato ontológico da conduta. A conduta é ontologicamente tal que somente em forma disjuntiva é viável apreender seu ser. A norma, diz Cossio, menta a liberdade da conduta na totalidade de suas possibilidades, pois considera o que ocorre como dever e também o que, ocorrendo, não ocorre como dever (isto é, o que ocorre como transgressão), captando, assim, *plenamente* o fato da liberdade que consiste em ser possibilidade (ob. cit., pág. 338). Por isso, a primeira norma não é supérflua, como na teoria kelseniana. Somente com endonorma, ou somente com perinorma, apreendemos a conduta parcialmente, como possibilidade valiosa (licitude) ou como possibilidade desvaliosa (ilicitude).

Dada a estrutura disjuntiva, por outro lado, a norma não é violada pela conduta: ou ingressa no âmbito endonormativo ou no âmbito perinormativo. Agora, ainda que formalmente a disjunção seja estranha à temporalidade, na norma jurídica, que é menção da conduta como existência temporal, a disjunção exprime sucessividade, o que é um dado *extralógico*. Não se pode colocar antes a perinorma, e depois a endonorma. A realização das possibilidades de conduta dá-se temporalmente numa relação de ordem irreversível.

Poder-se-ia pensar que a disjunção proposicional exprime uma alternativa, com um *ou* excludente, cada um dos membros excluindo a verificação simultânea do outro membro. Se a conduta verifica a endonorma, se o sujeito da prestação satisfaz o comportamento devido, não entra em jogo a perinorma, que prevê o comportamento contrário como pressuposto da sanção.

Todavia, para a teoria egológica, tem-se partes de um todo normativo: há uma norma só que, em sua dualidade constitutiva, representa o dado da conduta em sua integridade: como conduta lícita e como conduta ilícita. Podemos dizer: licitude (endonormativa) e ilicitude (perinormativa) mutuamente se relacionam como significações de um mesmo universo de discurso e reciprocamente se exigem como possibilidades ontológicas do objeto-conduta.

7. Juízo disjuntivo e juízo hipotético

A teoria egológica opõe-se à teoria pura do Direito no que concerne à estrutura da norma do Direito. Para Kelsen, a forma lógica desta é a de um "juízo hipotético"; para Cossio, a de um "juízo disjuntivo". Mas, considerando-se bem a teoria egológica, ela não recusa a estrutura hipotética, pois na fórmula "dado *A* deve ser *B*, ou dado não-*B* deve ser *S*" encontra-se a relação de antecedente para consequente, característica da conexão hipótese/tese (ou prótase e apódose). Os símbolos literais nela contidos não são *variáveis nominais*, mas *variáveis proposicionais*. Tanto que poderemos formular assim: "se *p* então *q* ou se não-*q* então *r*". Desformalizando: *i*) dada uma situação coexistencial como o fato inicial de uma totalidade sucessiva, *ii*) então deve ser a prestação de alguém como obrigado ante alguém titular (isto é, se *p*, então *q*: *p* é a proposição com função de descritor, *q* é a proposição em que a conduta em recíproca interferência está posta deonticamente), *iii*) ou dado o descumprimento do devido (*entuerto*), *iv*) então deve ser a sanção do responsável (omitimos o resto do esquema, sem prejuízo para o ponto em foco de comentário, Cossio, ob. cit., pág. 662, nota), ou seja, em fórmula, "se não-*q*, então *r*". O conectivo "se/então" está contido na palavra "dado".

As proposições p e q, como "não-q" e r podem ser relacionadas conjuntivamente, disjuntivamente (com o *ou* includente ou o *ou* excludente) implicacionalmente ou coimplicacionalmente. Não há outro modo combinatório.

Quanto à teoria pura do Direito, caracteriza logicamente a norma como juízo hipotético (dado *A*, deve ser *B*) (dado não-*B*, deve ser *C*); logo, elimina a primeira norma, que denomina *norma secundária* (a endonorma). Depois, acentuando que o caráter propriamente jurídico reside na segunda norma, a *norma primária*, que estatui o pressuposto da sanção (a perinorma), tem em conta somente esta. *Com o que resta apenas uma norma*, a norma sancionadora da conduta contrária àquela que evita a sanção. A teoria egológica restabelece a norma jurídica em sua integridade, que consta de endonorma e perinorma. Então surge o problema: qual o seu tipo de conexão? A teoria vê, acertadamente, que a disjunção proposicional, função sintática do *ou*, é este conectivo. Kelsen, *reduzindo a norma a uma só, tem apenas em mãos duas proposições em uma só relação hipotética*, proposições constituintes da norma primária, que ele denomina o *pressuposto* e a *consequência*. Já dissemos que as variáveis *A* e *B* não são *variáveis nominais*, mas *variáveis proposicionais, só* substituíveis por proposições. Já observamos, ainda, que a norma primária kelseniana (como a norma secundária) é *proposição inferiormente composta: é* uma implicação que exige, pelo menos, dois argumentos (mesmo na tautologia "p implica p", a relação implicacional é biargumental: p desempenha dois papéis sintáticos).

No esquema kelseniano "Se *A*, então deve ser *B*" só transparece *uma* proposição hipotética. Analiticamente encontram-se *duas* proposições, como constituintes da relação condicional. O que serviu para caracterizar a proposição global foi a hipoteticidade. Como reduziu a norma à proposição primária (norma sancionadora) deixou de perceber, cremos, que havia, na estrutura formal da proposição jurídica integral, *uma disjunção de duas implicações, isto é, duas estruturas hipotéticas relacionadas disjuntivamente.*

8. Funções do dever-ser

A estrutura da proposição jurídica completa é dada assim: $D\ [(p \rightarrow q)$ ou $(\text{não-}q \rightarrow r)]$. O dever-ser, simbolizado por *D*, incide sobre a estrutura implicacional interna da primeira proposição, da segunda proposição e sobre o operador disjuntivo *ou*. As duas estruturas implicacionais poderiam estar conectadas pelo disjuntivo, sem o functor *D*. Mas o que faz o functor dever-ser é justamente incidir nas implicações e no conectivo, modalizando-os deonticamente: deve ser a implicação entre *p* e *q*, entre "não-*q*" e *r* e deve ser a disjuntividade. Alf Ross poria o functor *I* (simbolizando o *indicativo: so it is,* contraponto ao *deôntico, so it ought to be*), para representar *proposições descritivas* em face das *proposições prescritivas.*

Observe-se, o dever-ser, como functor deôntico, incidindo na estrutura total da proposição, exerce papel sintático diferente do dever-ser *no interior* da estrutura proposicional. Dentro da proposição jurídica, é um relacional *R* que toma os valores modais *V* (proibido), *O* (obrigatório) e *P* (permitido). A constante lógica *D* não está a indicar que a implicação e a disjuntividade das duas implicações sejam proibidas, permitidas ou obrigatórias *em sentido estrito.* Estatui meramente que deve ser, e aqui o dever-ser opõe-se ao meramente que é. Sob esse ângulo é que se dá a dualidade kelseniana ser/dever-ser.

O deve ser não tem sentido unívoco na teoria de Kelsen. Já pelo que antecede, vemos dois sentidos.

Efetivamente. Quando Kelsen contrapõe o dever-ser ao ser, alude a dois *modos de relacionar os dados da experiência.* O que se me dá na experiência, posso relacionar na forma "se *A* é, então *B* é", ou "se *A* é, então *B* deve ser". Ser e dever-ser são formas categoriais, métodos de síntese dos dados empíricos para elaborar os juízos sintéticos, com os quais ponho gnosiologicamente ordem no mundo. Temos o dever-ser como "imputação", ou seja, o modo de relacionamento normativo. A imputação é irredutível à forma causal de relacionamento. Tão radical é a distinção que Kelsen não admite absolutamente essa síntese que o *conceito de cultura* implica em Rickert: valor/realidade, ser/dever-ser, causalidade/normatividade (Alf Ross, *Theorie der Rechtsquellen,* pág. 257), pois, como Ross, interpretando, diz: "Sie bedeuten gleichgeordnete formule Kategorien, und keine Bruecke kann von der einem zu anderen fuehren". Assim, imputabilidade e causalidade são duas categorias transcendentais no sentido kantiano, que tanto influiu em Kelsen, através do neokantiano Hermann Cohen.

Como categoria ou modo fundamental do conhecimento, o dever-ser é axiologicamente neutro. Nem valioso nem desvalioso é o nexo que estabelece entre os dados da experiência.

Além desse uso como categoria transcendental de relacionamento dos dados da experiência, coordenada mas irredutível à categoria da causalidade, o dever-ser em Kelsen é tomado como functor ou operador deôntico, interligando não só pressuposto e consequência, mas os sujeitos da relação jurídica, qualificando as condutas em proibidas, em obrigatórias e em permitidas. Então, o dever-ser toma o papel sintático de um operador relacional, que se triparte para dar conta das possibilidades de conduta juridicamente relevantes. Como toda variável relacional *R*, tem sua *conversa:* se *S'* tem o dever de fazer ou omitir a conduta *C* face a *S"*, este tem face a *S'* o direito de exigir o cumprimento da prestação estatuída. Os valores de *R* são valores relacionais, *V*, *O* e *P* (*P* toma as variedades da permissão unilateral, da permissão bilateral, da permissão positiva e da permissão negativa).

A formalização do functor deôntico importa a exclusão de seu conteúdo axiológico. Donde a distinção cossiana de "dever-ser lógico" e "dever-ser axiológico".

Há, ainda, o *uso descritivo* do dever-ser. O dever-ser na *norma jurídica* tem função *prescritiva.* Na *proposição jurídica* sua função é *descritiva,* teorética. A norma jurídica, digamos, ocupa o nível de *linguagem-objeto,* enquanto a proposição jurídica está no plano da linguagem que fala acerca da linguagem-objeto. A cláusula que indica esse plano de sobrelinguagem é *de acordo com o sistema jurídico S*... Em rigor, é uma proposição sobre outra proposição, não a mesma proposição, o que seria (como viu acertadamente Cossio) uma duplicação supérflua do que a norma jurídica já diz. Por isso, porque é uma proposição tendo por objeto a norma jurídica, a proposição é verdadeira ou falsa e pertence ao sistema que é a Ciência do Direito. De passagem, observemos, a terminologia kelseniana não é exata: tanto a norma jurídica quanto o enunciado com que a ciência dogmática descreve a norma, logicamente, são *proposições*. Convencionalmente, é certo, podemos reservar o termo proposição para os enunciados da metalinguagem, suscetíveis de valores veritativos.

Para a exposição da teoria normativa, v. Gofredo Telles Júnior (*A Criação do Direito*, págs. 209-236, vol. I; como posição face à estrutura hipotética e disjuntiva da norma, o estudo de Paulo de Barros Carvalho (*A Estrutura Lógica da Norma Tributária*, págs. 22-29); Wílson de Souza Campos Batalha (*Introdução ao Direito*, págs. 210-239, vol. I; Evaristo de Morais Filho (*O Problema de Uma Sociologia do Direito*, págs. 172-177); Orlando Gomes (*Marx e Kelsen*, págs. 9-44); Paulo Dourado de Gusmão (*Introdução à Ciência do Direito*, págs. 457-461).

Capítulo VII

SUMÁRIO: 1. Funções sintáticas da negação – 2. Teoria de Pfaender – 3. A negação na norma secundária – 4. Caráter neutral da negação – 5. Pretensão de verdade e pretensão de validade – 6. O fáctico e o valor – 7. Relação entre modos deônticos – 8. Estrutura relacional da proposição jurídica – 9. Neutralidade axiológica do functor deôntico.

1. Funções sintáticas da negação

Tenhamos agora em consideração os diversos papéis sintáticos ocupados pela negação. Sem luxo de pormenor, basta que enumeremos, sem pretensão exaustiva, que o *não: i)* é um *functor veritativo* que muda a valência da proposição à qual vem prefixo, isto é, se *p* era verdadeiro, "não-*p*" fica falso e inversamente; *ii*) é um functor nominal, ou seja, dada a classe A, não-A é a classe complementar (os metais têm o complemento dos não metais, os atos juridicamente lícitos têm o complemento dos atos juridicamente não lícitos); iii) é um functor de functor, e assim temos: "não é", "não deve ser", "não necessariamente", "não possivelmente"; iv) no interior da estrutura proposicional, pode afetar o sujeito (não-S), ou o predicado (não-P), ou o quantificador, "não todo S é P" (J. N. Keynes, Formal Logic, pág. 62); v) ora é prefixo de contrariedade: proibido, não proibido (não exaustivo do universo, pois entre proibido e não proibido há a porção de permitido em que se triparte o universo da conduta juridicamente regulada), ora de contraditoriedade (verdadeiro, não verdadeiro, divide exaustivamente o universo de valores de verdade: *tertium non datur*).

O *não* entrefixo, compondo a estrutura interna de uma proposição, nem sempre é equivalente a "é falso que", nas proposições descritivas, ou a "é juridicamente não válido", ou "é logicamente não válido" nas proposições deônticas. Os enunciados "o Sol não é um satélite da Terra", "o vendedor não deve entregar a coisa alienada sem a contraprestação do preço por parte do comprador", são, respectivamente, verdadeiro e válido. O *não* antefixo, este sim, ordinariamente, equivale à cláusula "é falso que", ou "é juridicamente indevido que" (R. Schreiber). É, neste caso, o functor uniargumental, que afeta uma *variável proposicional*; ou *função proposicional composta* (exemplo: é falso que *p* implique *q*, ou, em símbolos, "$\sim (p \rightarrow q)$"), ou, ainda, *proposição* simples ou composta. É a constante lógica, o functor que afeta uma variável proposicional, por isso que nem sempre se denomina de *conectivo*, mas de *modificador* ou operador. Com o *não* prefixo a uma proposição, muda-se sua valência: se era positiva, fica negativa; se era negativa, fica positiva. A função proposicional implicativa acima comportou-se como um todo afetado pela negação.

2. Teoria de Pfaender

Sendo a cláusula "é falso" e sua complementar "é verdadeiro que" interpretáveis como juízos de verdade (melhor, juízo *veritativo* de verdade e de falsidade), compreende-se a posição de J. K. Grau (*Lógica*, págs. 77-80), considerando a proposição negativa como "juízo complexo" – no que segue a teoria de Sigwart – isto é, um juízo sobre outro juízo. Assim: "*S* é *P* é falso". Em terminologia atual: o juízo negativo seria um enunciado de metalinguagem, sendo o *objeto-linguagem* o juízo "*S* é *P*", ou seja, o juízo sobre o qual fala o juízo veritativo. Já Pfaender (*Lógica*, págs. 95-103) interpreta a negação como variação na *função referencial* do functor copulativo *é*. É uma teoria da negação intraproposicional, tomando a negação como parte constituinte na estrutura apofântica. Por si mesma, não dá direção veritativa ao enunciado. Na segunda função da cópula lógica, a enunciativa, está a pretensão de verdade.

3. A negação na norma secundária

Existe negação na proposição deôntica secundária. Estabelece-se uma primeira relação deôntica *R*, (de obrigação, de proibição ou de permissão de fazer ou não fazer) na norma primária, sob a condição de se verificar certo fato, relação entre o sujeito *S'* e o sujeito *S''*. Cada sujeito põe-se de tal modo que deve adotar condutas (comissiva ou omissiva), respectivamente *C'* e *C''*. Na segunda relação deôntica, *R''*, posta pela norma secundária (dizemos *norma* em sentido translatício: logicamente, é *proposição* o que se diz), firma-se que, *se não ocorrer* o previsto normativamente na primeira relação, deve ocorrer uma terceira relação, *R'''*, substituinte e reparadora da relação inobservada pelo sujeito passivo da relação, aquele que deve suportar o ônus de fazer ou de omitir certa conduta. Essa composição estrutural da proposição jurídica completa está na função proposicional "($p \rightarrow q$) v (não-$q \rightarrow r$)", ou seja: *p* implica *q*, ou não-*q* implica *r*. Está explicitada na análise egológica (que resumimos): *i*) dado um fato inicial (*F*); *ii*) deve ser; *iii*) a prestação (*P*); *iv*) de alguém obrigado (*Ao*); *v*) ante alguém titular (*At*); *vi*) ou (cópula disjuntiva que delimita endonorma e perinorma); *vii*) dada a transgressão como não prestação (não-*P*); *viii*) deve ser; *ix*) a sanção do responsável (*S*); *x*) imposta por um funcionário obrigado a isso (*Fo*); *xi*) em função da pretensão da comunidade (*pC*) (Carlos Cossio, *La Teoría Egologica del Derecho*, pág. 333).

As relações deônticas, *R'*, *R''* e *R'''*, são postas pelas proposições *q*, "não-*q*" e *r*. Somente a proposição que descreve a ocorrência do fato jurídico deixa de ser relacional deôntica. Se entra, na proposição descritiva do pressuposto fáctico, *dado já deonticamente constituído*, o relacional deôntico toma a função de dado ou pressuposto a implicar a relação deôntica entre os sujeitos da relação. Diz o art. 147 da Constituição da República Federativa do Brasil de 1967 (com a Emenda Constitucional n. 1, de 1969): "São eleitores os brasileiros maiores de 18 anos...". Isto significa que, dado o fato de ser brasileiro e ter 18 anos, deve ser a capacidade eleitoral ativa. Ora, ser brasileiro, maior de 18 anos, é situação jurídica, não puro fato natural.

A composição relacional deôntica da proposição jurídica (analisada suficientemente por E. Garcia Maynez), que não aparece nas variáveis proposicionais *q*, "não-*q*" e *r*, exibe sua estrutura interna na "linguagem do cálculo de predicados" (Leônidas Hegenberg, *Lógica – O Cálculo de Predicados*, págs. 47-70). A norma jurídica põe um sujeito *S'*, em relação com outro sujeito *S"*. Não predica *S"* de *S'*. Em rigor, não se traduz na apofântica clássica "*S* é *P* ", onde *P* é predicado no sentido estrito e clássico. É predicado monádico. Quando há não sujeito e predicado, mas *termos* de relação, temos predicado diático, no caso de pelo menos dois termos. O functor relacional *R* é *deôntico*, como sabemos. Não *apofântico*, como o *é*.

Retomando a negação. O antecedente ou a proposição *implicante* na composição da proposição normativa secundária é a negação da proposição relacional deôntica que figura como *implicada* na proposição normativa primária.

O que o antecedente da proposição deôntica secundária apresenta (não-*q*) é a inocorrência do que estava preceituado normativamente no *consequente* da proposição deôntica primária (*q*). É a não prestação devida pelo sujeito obrigado (é não-*P* por parte de *Ao*, segundo a análise egológica). Ora, *q*, variável proposicional deôntica, internamente se desmembra em "*S'*, *R*, *S"* ", que é uma *função relacional*. Enquanto, numa estrutura apofântica, diz-se que a um sujeito-lógico convém um predicado-lógico, na estrutura deôntica diz-se que se dá uma relação entre dois termos, *S'* e *S"*, onde inexiste predicado no sentido estrito da apofântica clássica.

Negar uma relação, em seu todo, equivale a afirmar que nem a relação *R*, *direta,* nem a relação *R*, *conversa*, valem. No domínio deôntico-jurídico, equivale a declarar que nem o credor exerce seu direito, correlato do dever do outro sujeito obrigado, nem o devedor satisfaz ou cumpre a prestação a que se obrigou, correlacionada ao direito do sujeito pretensor. A negação da relação deôntica é bilateral: ou apanha a relação do lado ativo, ou do lado passivo. Ou alcança a *relação direta*, "ter direito a", ou a *relação conversa*, "ter a obrigação de". Esse, o dúplice aspecto de incidência na estrutura relacional, que se não mostra quando a negação incide na variável proposional *q*, isto é, na proposição tomada em seu todo, como unidade lógica apenas importando pelos valores que tome, 1 ou 0, ou seja, verdade/falsidade, nas proposições descritivas, validade/não validade, nas proposições prescritivas.

O mesmo se verifica com *r*, que é o consequente na proposição deôntica secundária, tendo por antecedente "não-*q*". Dizemos: *r* é uma estrutura relacional, suscetível de incidência do operador de negação. Não ocorrendo o que em *r* se estipulou como direito e como dever, interligados por correlação, ou reciprocamente vinculados (juridicamente, inexiste dever sem direito, ou direito sem dever), isto é, "não-*r*" desmembra-se analiticamente da mesma maneira que "não-*q*". Por um corte abstrato, terminamos em *r*. Bem pode o sistema jurídico positivo ligar deonticamente "não-*r*" a *s* e sucessivamente, até chegar à situação fáctica terminal, meramente executiva de norma, sem potência para continuar o processo de produção normativa. Inversamente, retrocedemos de consequente para antecedente (a posição sintática de antecedente e consequente é relativa, no interior do sistema), até chegar ao último antecedente da série, insuscetível da transformação sintática de antecedente para consequente. Será a *última prótase* ou a hipótese absolutamente inicial do sistema. A norma fundamental de Kelsen é esta *Ursatz,* digamos, para dar fechamento ao sistema, em sua reconstrução não só epistemológica, como Kelsen queria, mas também lógica (sintática). Supérfluo dizer que esta *rational reconstruction* (Reichenbach, *Elements of Symbolic Logic,* pág. 2) é apenas um aspecto do conhecimento do Direito e que não incorre em logificar o Direito, cujo núcleo eidético ostenta outras capas constitutivas, além do *logos* mesmo.

4. Caráter neutral da negação

Bem certo (o tema é difícil de ser desenvolvido, com a brevidade que nos impomos aqui) que a negação na proposição secundária não altera a valência: a proposição normativa secundária é tão válida no sistema jurídico como o é a proposição normativa primária. Essa validade simultânea é o que está de acordo com o Direito positivo. Veja-se, por exemplo, a regra do art. 659 do Código Civil de 1916 brasileiro, que, antes de ser revogada pela Lei 4.944/66, preceituava quando se dá a servidão predial. Por ela, o proprietário do prédio serviente perde o exercício de alguns de seus direitos dominicais, ou fica obrigado a tolerar que dele se utilize, para certo fim, o dono do prédio dominante. O fato jurídico constitutivo é ato entre vivos, disposição de última vontade, ou usucapião. A construção hipotética (implicacional) da norma *primária* pode assim ser reconstituída (para o usucapião): se alguém possui por 10 ou 20 anos, incontestada e continuamente (nos termos do art. 551,[2] que regulava a aquisição por usucapião), servidão predial (definida nos termos do art. 659), adquire "alguns dos direitos dominicais" ("...direitos elementares, que se destacam do domínio sobre o prédio serviente e passam para o dono do prédio dominante..."; Lafayette, *Direito das Coisas*, pág. 260). A norma secundária se encontrava no art. 710, I,[3] que determina a extinção das servidões prediais pelo não uso, durante 10 anos contínuos. A reconstituição hipotética (implicacional) será assim: se o dono do prédio dominante não usar (usar abrange o *uso* propriamente dito e o *usufruir*, o *jus utendi* como o *jus fruendi*) a fração dominical que representa

2. Corresponde ao art. 1.242 do Código Civil de 2002.

3. Corresponde ao art. 1.389, I, do Código Civil de 2002.

a servidão, o prédio serviente liberta-se, por efeito do usucapião (menção do lado passivo da relação deôntica).

Ora, é incontestável que a proposição normativa secundária contida no art. 710, I, é norma válida, muito embora seja um preceito prevendo a não ocorrência do exercício daquele direito real sobre coisa alheia. O exercício dos direitos reais é a *consequência* contida em *q;* o não exercício desses direitos, que serve de *antecedente* à extinção do vínculo real de serviência, está contido em "não-*q*".

Se isso é certo, temos de ponderar que a negação prefixa à proposição *q* tem comportamento neutro com respeito à validade ou à não validade da proposição. Em rigor, é um functor intraproposicional, colocado no interior da estrutura da proposição deôntica secundária. É um modificador do operador deôntico *R* (deve ser na tríplice modalidade de ser proibido, ser obrigatório, ser permitido). É *functor de functor,* como denomina Kalinowski, isto é, um operador lógico que atua sobre outro operador lógico, a variável relacional *R*, constituinte da proposição deôntica, uma autêntica *constituent relation,* no conceito de S. K. Langer (*An Introduction to Symbolic Logic*, págs. 74-76). Como pode atuar sobre *modal alético* (na caracterização de Von Wright) "não necessariamente", "não possivelmente", assim atua sobre o *modal deôntico* "não deve ser", que se triparte nas direções aludidas de ser obrigatório, ser proibido e ser permitido.

Explica-se isso porque nem sempre o uso interno da negação equivale a um modificador de valência: "é falso que" nas proposições descritivas, ou "é juridicamente não válido que" nas proposições normativas do Direito positivo.

Segundo Pfaender, a cópula lógica exerce duas funções: uma de *referência*, outra *enunciativa*. Com a primeira, estabelece-se a referência do conceito-predicado ao conceito-sujeito. Com a segunda, toma-se posição, faz-se a assertiva, o juízo deixa sua neutralidade referencial para tomar atitude "doxal", uma decisão. A referência da primeira função pode ser positiva ou negativa: "*S* é *P* " ou "*S* não é *P* ". A pretensão de verdade reside na função enunciativa da cópula lógica. Carece de veículo simbólico ou de expressão verbal, mas é bastante verificar que nas interrogações ("*S* é *P*?"/"*S* não é *P*?") há os dois termos, a cópula em sua função referencial, mas lhes falta, para ser "juízo", a decisão enunciativa. Agora, como todos, absolutamente todos os juízos apresentam no conectivo *é* as duas funções, o ser verdadeiro e o ser falso dá-se em todos: "...todas as espécies de juízos podem ser verdadeiras ou falsas" (A. Pfaender, *Lógica,* pág. 81). Não há equivalência entre o juízo "*S* não é *P*" e o juízo "*S* é *P* não é verdadeiro" (ob. cit., pág. 102). Um juízo negativo é verdadeiro quando a exclusão que ele faz no plano lógico, de predicação ao sujeito, corresponde à situação objetiva que é correlato de sua adequação.

5. Pretensão de verdade e pretensão de validade

E. Garcia Maynez mostra como a pretensão de validade nas proposições deônticas corresponde à pretensão de verdade nas proposições apofânticas (sempre tendo, aqui, por *apofânticas* as proposições *não deônticas,* quer as de inerência, quer as proposições relacionais, achando-se no *é* todas as suas funções que a teoria formal dos conjuntos põe em evidência). Assim, seguindo os argumentos de Pfaender, quer as proposições deônticas *positivas* quer as *negativas* têm a pretensão de validade. *Podem ser válidas ou não válidas as positivas, como válidas ou não válidas as negativas.* De onde, por outro giro, conclui-se que a negação da proposição *q*, que figura como hipótese na proposição normativa secundária, é da classe das chamadas por Alf Ross *negação interna,* e que denominamos de *negação intraproposicional.* É parte constituinte na estrutura do enunciado, e não sinal de valência que afete a proposição em seu todo (como nos exemplos: "*é falso que S* não é *P*", ou "*é falso que S* é *P*").

Se enunciarmos "o comodatário não deve usar a coisa contra o estabelecido no contrato", tal proposição normativa é válida. Sendo empréstimo de uso e estipulado esse uso conforme disposição negocial, ou consoante a natureza da coisa, se há desvio dessa vedação, tal conduta passa a ser fato sotopondo-se ao que se denomina de *hipótese de incidência* (Geraldo Ataliba, *Hipótese de Incidência Tributária*, pág. 63), que é uma *categoria jurídica* de aplicação onde houver *fato do mundo juridicamente qualificado*. Se o comodatário usa, quando não devia usar, a coisa fora do preceituado, realiza perante o comodante a hipótese segundo a qual vai "responder por perdas e danos" (Código Civil brasileiro de 1916, art. 1.251[4]). Outras consequências de "não-*q*", além de responder por perdas e danos, além de *r'*, se está em mora, é responder por caso fortuito *r"*, pagar aluguel da coisa durante o tempo de atraso em restituí-la, *r'"*, e até responder por dano ocorrido em caso de força maior, *r""*, tudo nos termos dos arts. 1.252 e 1.253[5] do Código Civil brasileiro de 1916.

A proposição normativa primária reside, em parte, no art. 1.248, que diz: "O comodato é o empréstimo gratuito de coisas não fungíveis. Perfaz-se com a tradição do objeto". Para traduzir a *linguagem técnica* à linguagem formalizada da lógica das proposições deônticas, faz-se mister recompor a estrutura hipotética (condicional ou implicacional) da norma, formulada na linguagem técnica como enunciado categórico ("O comodato é o empréstimo...", "Perfaz-se"). Nessa linguagem, nenhum verbo deôntico e nenhuma estrutura hipotética há, quando, em rigor, o que a regra do código estipula é o seguinte: se duas pessoas, em comum acordo de vontades, querem constituir comodato, então, uma obriga-se a dar, a título gratuito, coisa não fungível, entregando-a; a outra fica obrigada a conservar como se fosse sua própria (o outro termo da relação deôntica está numa parte dos arts. 1.250 e 1.251 do Código Civil de 1916), devolvendo-a no prazo convencional. Em *linguagem formal* se se dá *F*, então *S' R S"*, ou, sem mostrar a estrutura interna: "$p \rightarrow q$", que se lê; como sabemos, *p* implica *q*, ou, "se *p*, então *q*". A

4. Corresponde ao art. 582 do Código Civil de 2002.

5. Corresponde aos arts. 582 e 583 do Código Civil de 2002.

proposição normativa secundária será: "não-$q \rightarrow r$" (podendo ter mais consequências normativas, *r'*, *r'''*, *r''''*).

6. O fáctico e o valor

A fórmula elíptica "Se *A* é, então *B* deve ser", assim como o esquema se se dá (se ocorre, se se verifica um fato) *F*, então *S'* está facultado, está proibido, está obrigado com a conduta *C'* (fazer/omitir) perante *S''*, que tem a relação deôntica conversa face a *S'* com sua conduta *C''*, estão a mostrar que o primeiro membro da proposição jurídica primária usa verbo não deôntico. Os arts. 538 e 541 do Código Civil brasileiro de 1916 não preceituam que deve ocorrer aluvião ou avulsão. Não preceituam ocorrência de desvio de águas, nem que porções de terras se destaquem por "força natural violenta", que são fatos regidos por leis naturais e ante os quais representa *sem sentido normativo* exigir deonticamente sua existência ou sua inexistência. Mas tampouco, como vimos, a proposição que descreve possível ocorrência ou possível alteração na ordem exterior do mundo está na proposição jurídica primária como proposição verdadeira ou proposição falsa. É proposição que *juridicamente vale,* recortando nos fatos naturais a porção axiologicamente relevante para a conduta social do homem. O fato cortado na multiplicidade intensiva e extensiva do real (Rickert) é normativamente construído, com uma experiência prévia de valor (Reale, *O Direito Como Experiência*, págs. 200/208).

Nem no início nem no término, com a "coisa julgada", a proposição jurídica visa à verdade em sentido gnosiológico. A coisa julgada é construída processualmente e vale com definitividade porque norma constitucional o decidiu (Arruda Alvim, *Direito Processual Civil – Teoria Geral do Processo de Conhecimento*, pág. 76, vol. I). É através de valoração normativa, pois, que se inicia a coleta do fato jurídico, e é a norma que impede a passagem para uma experiência infinita, sempre retificando as proposições empíricas adquiridas, nunca, como Kant vira, adquirindo validade necessária e universal.

A verdade entra, sim, em boa parte, no mundo jurídico, *mas entra mediante norma*, através da valoração que a norma toma como seu fundamento axiológico.

7. Relação entre modos deônticos

Recordemos, antes, que, se dividirmos o universo de possibilidades deônticas em três subuniversos *irredutíveis e exaustivos de U*, ou seja, em obrigatório, permitido e proibido, então qualquer conduta juridicamente regulada inserir-se-á numa e somente numa dessas três possibilidades, e não em uma quarta possibilidade. Não tem sentido para uma mesma conduta exigi-la e proibi-la, proibi-la e permiti-la (no sentido da *permissão bilateral* de fazer ou omitir, não no sentido de *permissão unilateral de fazer o obrigatório* e de omitir o proibido (Kalinowski, *Études de Logique Déontique*, págs. 102, 107 e 200), exigi-la e permiti-la (com permissão bilateral de fazer ou omitir). Há sentido, sim, em permitir fazer o obrigatório ou omitir o proibido: é o direito do obrigado ao cumprimento do seu próprio dever e, por outro, o fato de que a omissão da conduta juridicamente proibida está juridicamente permitida (E. Garcia Maynez, *Introducción a la Logica Juridica*, págs. 238-239). Mas, em ambos os casos, temos tão só a permissão unilateral de fazer o que é obrigatório ou de omitir o que é proibido. Na terminologia de Von Wright, aqueles mencionados *caracteres de normas* não são cumulativos, pela recíproca exclusão destes.

Isso posto, nada impede que, formalmente, se possa operar com os três functores, definindo um deles em função do outro. A interdefinibilidade é possível com o uso da negação mais outro modal. Assim, temos as equivalências: $O\ (p) \equiv V$ (não-p), isto é, obrigar a fazer é equivalente a vedar sua omissão. Observe-se que a negação ora foi *proposicional*, "não-p", ora foi *functoral*, incidindo sobre o functor D. Igualmente as equivalências: O (não-p) $\equiv V\ (p) \equiv$ não-$P\ (p)$; não-O (não-p) $\equiv$ não-$V\ (p) \equiv P\ (p)$. O leitor pode transportar para a linguagem não formal, interpretando O, P e V como *obrigatório, permitido* e *proibido* e a *negação* ora incidindo nesses *functores*, ora incidindo na *variável proposicional p*.

Dada a *interdefinibilidade* dos modais deônticos explica-se porque as normas de Direito positivo possam ser formuladas ora como obrigações, ora como permissões, ora como proibições, *com o aditivo da negação que restabelece a equivalência desses modais* seja por ter essa negação o alcance no modal, seja por ter o seu alcance (*scope, Wirkungsbereich*) ou âmbito de incidência na variável de proposição, como afetando-a externamente, indicando que o modal *D*, em um de seus valores *O*, *P*, *V*, foi alterado pela negação, muito embora na proposição tomada em bloco (*unanalysed*), tal composição estrutural interna fique oculta. Tanto faz a norma dizer que o locatário *fica proibido* de sublocar a coisa dada em locação, como dizer que não está permitido, como que *é obrigatório não sublocar*, sem consentimento expresso ou tácito do locador. A negação incidiu ora no verbo deôntico, ora na classe de ação, que se converteu num omitir. Ficar proibido de fazer, como não ter permissão de fazer, como ficar obrigado a omitir um especificado tipo de ação, vêm a ser normativamente equivalentes.

8. Estrutura relacional da proposição jurídica

A estrutura interna de uma proposição jurídica completa articula-se em duas implicações: *na norma primária* entre o pressuposto ou hipótese (com *função de descritor*: descreve possível estado de coisas, natural ou juridicamente já qualificado como conduta) e a tese ou consequência (com *função de prescritor*, onde os modais deônticos modelam condutas); na *norma secundária*, igualmente, entre hipótese (onde o descumprimento do devido funciona como *descritor*, exemplo "se o locatário dá uso à coisa locada diverso do que ficou estabelecido contratualmente, então...) e consequência.

Agora, no interior de cada norma-parte, a consequência jurídica é sempre relacional, como o vem demonstrando E. Garcia Maynez, entre outros. Ora, relação implicacional necessariamente tem uma relação conversa. Entre os sujeitos de direito *S'* e *S"* estruturam-se relações modais-deônticas: *relações irreflexivas* (*S'* não está juridicamente facultado ante si mesmo, ou vedado, ou obrigado a fazer ou omitir senão diante de outro sujeito *S"* (*relação reflexiva* S' *R* S' é um sem sentido deôntico) e *relações assimétricas* (*S' R S"* implica sempre *S" Rc S'*, sendo *Rc* a relação conversa de *R:* se *R* interpreta-se como *ter o direito a*, seu converso é *ter a obrigação de*).

Por onde se vê, por outro lado, que relação há entre elementos e elementos pertencem a *conjuntos*. Com a teoria formal-lógica dos conjuntos, sabemos que uma relação deôntica *R* ocorre entre elementos de mais de um conjunto: entre os *x* que pertencem ao conjunto *A* e os *y* que pertencem ao conjunto *B*, para dizê-lo de maneira genérica. Se um conjunto tiver apenas *um único* elemento, e *R* for uma relação de igualdade ou de identidade, é formalmente verdadeiro ou formalmente válido dizer que *x* é igual *x*, ou "*x R x*". Mas, no universo do Direito, a relação é intersubjetiva: os termos da relação, o *predecessor* e o *sucessor* (Tarski, *Introduction to Logic,* pág. 88) são sujeitos de direito diferentes – o locador e o locatário, o vendedor e o comprador, o empregador e o empregado etc. Por isso, é juridicamente impossível ser locador de si mesmo, vendedor a si mesmo, empregador de si mesmo. Com o operador modal deôntico, tecem-se relações entre elementos (os sujeitos de direito) diversos. Por isso, num universo de um único sujeito, como elemento, seria impossível construir uma relação deôntica.

Importante, ainda, é anotar que entre uma proposição relacional e sua conversa há *equivalência implicacional.* O enunciado "*x* é maior que *y*" equivale a "*y* é menor que *x*". O primeiro enunciado implica o segundo e o segundo implica o primeiro. No mundo do Direito, estruturado relacionalmente, quando a norma estatui que o vendedor *deve* dar a coisa alienada ao comprador, implica dizer que o comprador *tem o direito* de receber a coisa adquirida a título oneroso. Assim, as normas jurídicas, equivalentemente, ora exprimem o lado ativo da relação jurídica, ora o seu lado passivo, ora em forma de "norma atributiva", ora de "norma imperativa" (E. Garcia Maynez, *Logica del Juicio Juridico*, págs. 37-57).

Entenda-se equivalência como recíproca implicação de duas estruturas relacionais, uma das quais é conversa da anterior. Não no sentido de expressões ou enunciados meramente equissignificativos, gramaticalmente sinônimos: as duas proposições relacionais têm por ponto de referência a mesma situação objetiva, vista sob dois aspectos constituintes.

Retomando agora, sob o prisma da teoria formal das relações, o tema da composição interna da proposição jurídica, podemos formulá-la assim: "$p \rightarrow (S' \, R \, S'') \rightarrow (S'' \, Rc \, S')$"; *p* é a *proposição-hipótese, com função de descritor de um fato de possível ocorrência*, que implica a proposição relacional, proposição relacional que, por sua vez, desdobra-se em duas proposições reciprocamente implicadas. Nessa *função proposicional implicativa*, há que se ter em conta o seguinte: a ligação entre *p* e *q* (*q* analiticamente desdobrada, mostra sua estrutura relacional interna) *é implicacional por força de um operador deôntico D*. Em outros termos: *deve ser a implicação de p ante q* (*o dever-ser imputacional* de Kelsen entre o pressuposto e a consequência), pois, manifesto, *sem esse dever-ser, a proposição descritiva do fato jurídico abstrato não implicaria, por si mesma, a proposição consequencial, na qual se estatuem as relações deônticas entre os sujeitos de direito. Diferentemente, a relação de implicação entre uma proposição relacional e sua conversa é puramente lógica: é uma necessidade analítica, fundada na estrutura formal das relações.* Enquanto a primeira implicação *é posta pelo sistema normativo, que livremente a constitui ou a desconstitui*, a segunda decorre de imposições lógicas ante as quais o sistema não escapa. O Direito, como observa Schreiber, serve-se de linguagem e, com isso, de Lógica. Não diremos, como ele, que as leis lógicas sejam elementos *constitucionais* da ordem jurídica e que uma infringência dessas leis importa *inconstitucionalidade. Diremos que o logos é uma das capas constituintes do Direito, que as estruturas lógicas fazem parte da ontologia do Direito* (R. Schreiber, *Logik des Rechts*, págs. 95-96).

Estamos vertendo em linguagem formal a linguagem do Direito positivo, que é a linguagem natural – misto de linguagem da experiência comum e da linguagem técnica. E o temos feito ora tomando as proposições em bloco, como unidades dotadas de valência, que se combinam externamente, atendendo tão só aos valores positivos e negativos que as afetem, ora mostrando as proposições em sua composição interna, na articulação dos membros de sua estrutura. No primeiro caso, como linguagem formal do cálculo de proposições; no segundo, como linguagem formal do cálculo de predicados deônticos (G. Kalinowski, *Introduction à la Logique Juridique*, págs. 17-33), particularmente como cálculo das relações deônticas.

As relações de equivalência tanto se mostram no cálculo de predicados (ou de funções proposicionais) quanto no cálculo de proposições. Quando não for necessário exibir a estrutura interna da função relacional, então podemos operar com os *functores*, cujos *argumentos* são as proposições não analisadas. A variável functoral *R*, constituinte da estrutura relacional, cujos *argumentos* são as *variáveis de sujeitos S'* e *S"* é substituída pelo operador deôntico *D*, cujos valores são as *constantes deônticas O*, *P*, *V*, respectivamente interpretadas pelos *caracteres de normas* "obrigatório", "permitido" e "proibido". No cálculo de proposições, passa-se a operar com as estruturas sintáticas *O* (*p*), *P* (*p*) e *V*(*p*), quando, então, constatam-se equivalências modais interdefinicionais.

9. Neutralidade axiológica do functor deôntico

No operador modal deve ser, D, que sintaticamente opera como uma relação R entre termos-sujeitos, especificada nas constantes relacionais *O*, *P*, *V* (ou, também em símbolos, *R'*, *R"*, *R'''*), descabe injetar conteúdo de valor. É tão neutro axiologicamente como qualquer operador lógico. Sintática é sua função. Une, desune, relaciona, mas sem tomada de posição sobre a valia ou desvalia das partículas simbólicas em sua integridade consistencial. Quando o Direito permite, proíbe ou obriga, o faz ante objeto – a conduta – constitutivamente valioso ou desvalioso, imprimindo-lhe aquela *direção axiológica* que se pode considerar objetivamente válida, porque está em consonância com o ponto final de referência (juridicamente posto) em que se apoia o sistema jurídico positivo. O ponto de vista formal lógico é tão apenas um ponto de vista, a inevitável découpage que forçosamente se há de fazer se se quer fazer *Lógica do Direito* e não *Ontologia do Direito*, muito embora o sustentáculo *extralógico* da análise formal seja uma teoria do ser do Direito.

O final ponto de apoio dos operadores modais deônticos, logicamente, isto é, sintaticamente, é um modal deôntico. Não um *modal alético*, como "é necessariamente", "é possivelmente". Nem da necessidade, nem da possibilidade, lógicas ou factuais, pode-se tirar inferencialmente um modo deôntico. Já Hume assentara a tese de que, por inferência, não pode passar-se do ser para o dever-ser, do efetivamente ocorrido para o que deve ocorrer. Não por *inferência dedutiva*, acrescentemos, pois de *proposições apofânticas* não se alcançam proposições deônticas; nem por inferência indutiva, pois de proposições descritivas protocolares (que inscrevem individualmente os fatos), por mais longa que seja a série de proposições-premissas, nunca se chega à proposição conclusiva de *caráter* (como chama Von Wright) normativo.

As proposições protocolares, as vinculadas com os dados de fato do mundo circumposto ao sujeito cognoscente, juntam-se mediante o operador lógico da multiplicação (em notação simbólica "$\wedge$"), compondo conjuntivamente a premissa que dá, na generalização, um salto: diz que não só para os x examinados convém a predicação *P* – em notação simbólica. (Ex.) $x\ (P)$ –, mas para os x não examinados, que perfazem conjunto finito, determinado ou indeterminado, ou conjunto infinito, também convém a predicação *P* – em notação simbólica, $Vx.\ x(P)$. É o salto de "alguns x" para "todos os x". Ainda que se pretenda cobrir o hiato, epistemologicamente, como observara Kant, nada assegura a obtenção de *juízo sintético a priori*, isto é, juízo de experiência com validade *universal e necessária*. O salto nesse espaço formalmente vazio não alcança o outro lado, a margem do universo em que estão as proposições deônticas do Direito. A validade objetiva destas não provém da *indução generalizadora*, da generalização do fáctico, mas é posta já de antemão. Quando a norma é "posta em vigor", vale antecedentemente em relação aos fatos sobre os quais incidirá: o que era nuamente fato do mundo, *suporte factual sem qualificação jurídica* (Bobbio) senão todo ele, de corpo inteiro, mas uma porção, maior ou menor, entra para compor o *fato jurídico*; e o que era conduta, regrada por outros universos normativos, passa a antecedentes ou consequências *juridicamente qualificadas*.

Capítulo VIII

SUMÁRIO: 1. Do sistema jurídico: continuidade normativa – 2. A unidade do sistema como unidade formal – 3. O direito como sistema empírico – 4. Dois níveis de sistema – 5. O conceito de sistema em nível de objetos – 6. A unidade do sistema na ciência e no direito – 7. Sistema como categoria gnosiológica – 8. Unicidade do sistema – 9. Conjuntos e subconjuntos – 10. O extralógico na relação entre sistemas.

1. Do sistema jurídico: continuidade normativa

Temos, como dado da experiência, o pluralismo dos sistemas jurídicos dos Estados. Sob o ponto de vista formal jurídico, cada Estado é um sistema. Independente um do outro e uno. A proposição normativa fundamental de um sistema não se transpõe para o outro. Se a norma fundamental é a proposição básica, logicamente é um postulado. Começa o sistema proposicional normativo com ela. Não antes. É a proposição limite. Antes, está o meramente factual (físico ou social), que ainda não se juridicizou. Sobre ela, estão possíveis valores que podem ser realizados através das formas jurídicas. Para a existência do sistema, como sistema de proposições normativas, o que se passou antes é história pré-jurídica, dogmaticamente irrelevante (Malberg, *Teoría General del Estado*, págs. 1167-1170). O sistema tem sua gênese empírica, não formal, ali onde determinado suporte factual (econômico, religioso, político, social) seja elevado a fato jurídico fundamental (*Grundfaktum*). *Sociologicamente,* é o suporte fáctico que condiciona a proposição fundamental; *formalmente*, é a proposição fundamental que juridifica o dado de fato: é a distinção kantiana entre os pontos de vista genético ou empírico e o lógico ou sistemático.

Poderíamos dizer que, na proposição normativa fundamental, temos o apoio para a propriedade (análoga à propriedade matemática de certas operações em conjuntos) do fechamento. Quando Kelsen sublinha que "For a norm the creation of which is not determined at all by another norm cannot belong to any legal order" (Kelsen, General Theory of Law and State, pág. 133), dá expressão ao princípio da continuidade normativa no interior do sistema jurídico. Oferece não somente o critério de pertinencialidade ao sistema, como o caráter homogeneamente normativo de suas partes integrantes. O sistema consta de proposições normativas; uma proposição normativa tem sua origem (reason of validity) em outra proposição normativa; uma proposição normativa só pertence ao sistema se podemos reconduzi-la à proposição fundamental do sistema. Cada norma provém de outra norma e cada norma dá lugar, ao se aplicar à realidade, a outra norma. O método de construção de proposições normativas está estipulado por outras normas.

Quando Kelsen observa que o sistema jurídico tem a particularidade de regular a sua própria criação, podemos traduzi-lo em termos de sintaxe: o sistema de proposições normativas contém, como parte integrante de si mesmo, as regras (proposições) de formação e de transformação de suas proposições. As normas que estatuem como criar outras normas, isto é, as normas de normas, ou proposições de proposições, não são regras sintáticas fora do sistema. Estão no interior dele. Não são metassistemáticas. Apesar de constituírem um nível de metalinguagem (uma linguagem que diz como fazer para criar novas estruturas de linguagem) inserem-se dentro do sistema. Em rigor, uma norma N é metaproposição face à norma N'; esta norma N', face à N" é, por sua vez, metaproposição.

Assim, a posição que uma norma ocupa na escala do sistema é relativa. Pode ser, a um tempo, uma sobrenorma e uma norma objeto. Essa relatividade está expressa nos conceitos de criação e de aplicação: criar uma norma *N"* é aplicar a norma *N'*; criar a norma *N'* é aplicar a norma *Nº*. A norma *Nº*, que funciona como a última no regresso ascendente, é a norma fundamental, que não provém de outra norma, que é norma de construção, sem ser aplicação. O outro limite extremo encontra-se no ato final de execução da consequência jurídica, que não dá margem a nenhuma outra norma. O dever-ser alcançou, então, o último grau de concrescência, com a determinação individualizada do pressuposto e da consequência.

O que confere homogeneidade a todas as regras de Direito positivo é a sua normatividade. O ponto de partida é normativo: a norma fundamental, para tomarmos o *modelo kelseniano de explicação*. Consiste essa homogeneidade estrutural no modo constante de relacionar os dados ou elementos (fatos e condutas) da experiência. Se o relacionamento segue o esquema da causa/efeito, temos *natureza;* se o nexo é de dever-ser (dado *A*, deve ser *B*), temos a *imputação*. Com palavras de Kelsen: "Die auf Grund der Norm vorgenommene Verknuepfung zwischen einem Seinstatbestande und einem Subjekte ist die Zurech nung. Sie ist eine ganze eigenartig, von der kausalen und teologischen voellig verschiedene und unabhaengig Verknuepfung von Elementen" (Kelsen, *Hauptprobleme der Staatsrechtslehre*, pág. 72).

Não somente a *unidade* do sistema, mas a *unicidade* do ponto de partida caracterizam o sistema do Direito positivo. E qualquer forma normativa de relacionar os elementos (fatos e condutas) será apenas mera *possibilidade lógica* se a forma normativa não pertencer a um sistema. E a pertinencialidade (*Zugehoerigkeit*) a um sistema existe se pudermos relacionar a forma normativa com as fontes de criação do Direito (costume, legislação, jurisprudência), e estas fontes técnicas (mal denominadas formais) se reconduzirem à fonte última, à última razão de validade, o fundamento de validade de toda norma: a norma fundamental. Se o jurista especializado toma a *Constituição positiva* como essa fonte, uma *Teoria da Ciência do Direito* revela a necessidade de uma *Constituição em sentido lógico-jurídico*, ou seja, o pressuposto gnoseológico da norma fundamental.

2. A unidade do sistema como unidade formal

As proposições normativas integrantes do sistema jurídico têm o mais variado conteúdo. São formas que se saturam com referências a fatos do mundo. A unidade do sistema jurídico é formal. Não provém da homogeneidade de uma *região de objetos*. Objetos de regiões diversas no sistema do Direito se encontram: um fato geográfico, como o curso de um rio; um fenômeno biológico, como a vida; outro psicológico, como a intenção dolosa; outro social, como o grupo parental, enfim, tudo, em princípio, pode ser suporte fáctico de um pressuposto normativo. Tudo pode ser, ainda que não tenha sido ou não deva ser. E o que foi *subpositum* de regra de Direito, o foi *mediante um ato de valoração, que preside à seleção dos fatos do mundo que passam a ser suportes objetivos de pressupostos.*

O que interliga proposições normativas tão variadas em conteúdo é o fundamento de validade que cada uma tem no todo. Ainda que, *como proposições,* não faltam as relações lógicas, que a estrutura interna de cada proposição, como a estrutura total do sistema tenham de seguir as possibilidades lógicas de construção e de transformação sintáticas pertinentes a todo universo de linguagem, o formal jurídico do sistema normativo está no fato de que as proposições não derivam umas das outras por um processo de inferência, em sentido estrito, quer dizer, com base no *conteúdo significativo* da proposição que funciona como postulado do sistema.

Na norma fundamental reside o fundamento limite de validade e dela, por inferência, não se podem sacar as proposições da Constituição positiva, ou as leis ordinárias ditadas com apoio nos preceitos da Constituição. É um tópico comum observado hoje que a decisão judicial vai além de uma mera dedução silogística (segundo o modo da silogística clássica: premissa maior universal, premissa menor individual e conclusão individual, tendo em conta a redução da proposição individual à universal: o predicado é afirmado do sujeito, tomado em toda a sua extensão), porquanto a norma individual da sentença ultrapassa o âmbito da premissa maior, contendo *conotação referencial nova.* A proposição jurídica individual da sentença judicial não deriva dedutivamente da norma fundamental, nem das normas constitucionais ou das leis substantivas e processuais da legislação ordinária. E, todavia, na decisão normativa de um caso está potencialmente presente todo o sistema. O juiz é órgão em virtude de normas e decide segundo o Direito substantivo e o Direito adjetivo aplicáveis.

3. O direito como sistema empírico

Se nos colocarmos num plano em que o Direito positivo seja objeto de conhecimento como sistema, independentemente dos conteúdos empíricos que enchem o sistema, como seus correlatos referenciais, estaremos fazendo *teoria formal do Direito.* E como o ser sistema é característica de totalidades formadas de proposições, tal teoria é *formal em sentido lógico.* A forma global de sistema é, antes de tudo, uma *forma sintática* que o Direito (evoluído racionalmente e vertido numa linguagem) adquire. Já observamos, não é um *sistema formal lógico* dedutivo. Se o fosse, não constariam, no seu vocabulário, *constantes factuais,* referentes ao mundo de fatos e condutas. Seria, antes, um sistema de linguagem com o *mínimo de interpretação,* para conferir-lhe a natureza de sistema lógico. E quando se o pusesse em relação com os universos de entidades, seria suscetível de *aplicação* aos universos diferenciados de entidades. Mas, claro, o sistema de proposições normativas já contém um *quantum de interpretação:* ser normativo. E dele não nos valemos para aplicar aos diferentes campos de objetos. O sistema jurídico carece de aplicabilidade à Física, à Geografia, à Sociologia. As suas proposições são proposições prescritivas sobre a conduta e não proposições quaisquer, aplicáveis aos astros, aos átomos, às células. Por isso, dizemos: o sistema jurídico é um *sistema empírico*, não *sistema formal lógico;* é um sistema sobre uma *região material.*

O que ele tem de sistema formal é a estrutura de linguagem, é a composição sintática interior, que não se vê sem sair do plano empírico. Só no plano de uma metalinguagem é que se fala da estrutura de linguagem que apresenta o Direito objeto. Falar sobre o Direito como sistema importa uma colocação em nível de metassistema. Em nível da linguagem do Direito positivo não é possível: *o Direito não usa a linguagem para falar sobre ele mesmo, como linguagem.* Se o fizesse, poria sua linguagem como *menção*, como objeto mencionado, acerca do qual discorreria. Seria um *discurso sobre o discurso*, um discurso de nível superior ao discurso objeto. Também a Ciência do Direito não se reduz a uma análise em nível de *metalinguagem formal* sobre o Direito positivo. Seria ela um sistema cognoscente sobre outro sistema prescritivo, mas tomando o *sistema objeto*, o do Direito positivo, em seu aspecto formal. Já vimos que o conhecimento dogmático não é um *metassistema formal* (formal e transcendental, na linguagem de Sander): abrange as significações normativas e seus correlatos, as condutas.

4. Dois níveis de sistema

O Direito como experiência, tomado na *totalidade integrada de sentido* (Reale), é um sistema prescritivo que insere dentro dessa experiência a teoria científica dogmática, que também é um sistema. São dois sistemas: um, cognoscitivo; outro, prescritivo. Separáveis por um corte abstrato no dado da experiência, *o sistema da Ciência do Direito incorpora-se ou insere-se no próprio Direito*, como fonte *material* sua. O conhecimento dogmático (especificadamente jurídico, que apanha os fatos *sub specie normae*) é um sistema sobre outro sistema, não coordenado, mas supraordenado: nesse aspecto, é um metassistema. Mas, como temos visto, não toma em conta, na linguagem do Direito positivo, a sua estrutura formal ou sintática, o abstrato formal, *isolável tematicamente pela reflexão lógica*, ou pela abstração ideatória que incide no logos (a formalização). Se o fizesse, resvalaria para o nível lógico, sendo, então, *metassistema formalizado.*

Tampouco a Ciência do Direito é um sistema de conhecimentos sobre o sistema do Direito positivo meramente reprodutivo dos conteúdos normativos das proposições constituintes desse sistema objeto. Um projeto de Constituição, de codificação, de lei, um texto normativo que carecem de vigência, representam *direito possível.* Não direito real, efetivo, positivo. Nenhuma fonte (normativa) positivou as proposições que estatuíam sobre condutas em suas possibilidades de interferência (Del Vecchio). O texto normativo que não chegou a ter vigência pode ser de interesse do conhecimento dogmático, mas por via indireta; não por si mesmo, e sim em função da realidade que pretendia normar, ou como dado explicativo para o Direito em vigência. Em rigor, todavia, o sistema da ciência jurídica orienta-se para o sistema do Direito *positivo.*

Retomando: se o sistema cognoscente da ciência jurídica visasse tão apenas à linguagem e seus conteúdos normativos, prescindindo da *positividade* – que vale para o sistema do Direito positivo, como a *verificabilidade* para o sistema de proposições descritivas ou teoréticas acerca do mundo – então a Ciência do Direito ostentaria o *status* de um metassistema ou *metalinguagem material.* Seria cognoscente de uma linguagem saturada de referências normativas a possíveis fatos do mundo, como a teoria da literatura o faz com um texto de Shakespeare: há uma exegese ou hermenêutica da estrutura e do conteúdo literário, mas independentemente do seu *valor de verdade.* Ou do *valor de eficacidade* que alguma proposição de dever-ser ele contenha. Sob o ponto de vista estético, passa a plano secundário a verificabilidade histórica dos fatos em cujo contexto situam-se um César ou um Henrique IV. A linguagem aqui é o sistema de símbolos portadores de significações que valem para um universo de formas, de formas do trágico, do sublime e do cômico, e onde as ocorrências e as pessoas são meras possibilidades na ordem dos fatos. Que haja uma confirmação empírica, ou que haja uma discordância com a realidade histórica, não acrescenta nem diminui o valor estético das produções artísticas. A busca da verdade subjacente à composição literária, se é um tema importante sob certos pontos de vista, representa um vetor de análise irrecusavelmente extraestético. Além do ângulo propriamente estético, há direções diversificadas na apreciação de uma obra de arte literária: semânticas, umas; psicológicas e sociológicas, outras. Gramaticais, outras, ainda.

Tem fundamento denominar-se sistema lógico tanto ao conhecimento jurídico dogmático quanto ao Direito positivo. Um e outro apresentam essa nota comum: são constituídos de linguagem, ainda que descritiva, uma, prescritiva, outra. A descritividade ou a prescritividade manifestam-se nessa forma sintática que é a proposição. E a *proposição* é uma entidade lógica: não se confunde com a oração (vinculada à sintaxe empírica deste ou daquele idioma) ou sentença, nem com o ato do sujeito que emite ou recebe a sentença, nem com o *state-of-affair*, quer ocorrente no sujeito ou a ele estranho – sempre transcendente gnosiologicamente. Ora, a proposição dista de ser um átomo. É algo compósito, consta de partes, e é um todo relativamente às partes. O apofântico ou o deôntico atômicos distam de ser simples ponência de objeto, como um conceito descritivo ou um conceito prescritivo. Simples ponência, *relativamente*, é o conceito. Pois, quer descritivo, quer normativo, em rigor são *formas proposicionais*, esquemas com um predicamento ou com um termo suscetível de acolher possíveis sujeitos que satisfazem à variável, que está explícita. Já a mera forma proposicional (ou *função proposicional*) contém o que contém uma proposição – uma estrutura, cujas partes são termos: termos no papel sintático de sujeitos ou de predicados.

Que o termo sujeito se encontre indeterminado, ou seja variável de sujeito (um S qualquer, um certo x), indica já que existe: é um marco aberto para possíveis valores, sacados de um universo de entidades: de coisas físicas e de condutas. Explicitado ou implícito, o termo sujeito existe, como variável que satisfaz a um predicado.

Coube a Frege observar que o conceito, se, do ponto de vista semântico, é uma representação abstrata de um objeto, sintaticamente é uma forma ou função enunciativa. Há estruturas tanto na emissão de um conceito, como "homem", quanto no conceito "locatário". Apenas, no primeiro, temos uma forma uniargumental (exemplo: "Sócrates é um homem"), no segundo, uma forma biargumental ("*A* é locatário de *B*"). Um representa a *apófanse predicativa* típica, aquela *Urform* que tanto relevo adquire na Lógica husserliana; o outro, representa a *forma relacional* em que se exprime o *logos* deôntico, em toda estrutura proposicional onde haja o functor dever-ser (permitido, proibido, obrigatório, ou, mais especificadamente, ter um direito, ou pretensão ou ação face a outrem que tem o dever, obrigação ou a exceção (Pontes de Miranda, *Tratado das Ações,* págs. 29-58, tomo I). Completando, então: há estruturas, quer na forma apofântica, quer na forma deôntica. Naquela uma variável de sujeito, na relacional normativa, duas variáveis de sujeito (o sujeito pretensor e o sujeito obrigado, o sujeito portador de um direito e o sujeito que cumpre o dever correspectivo ao direito daquele).

Os dois sistemas, o da Ciência do Direito e o do Direito positivo, por isso mesmo que contendo estruturas proposicionais, são formalizáveis. Tanto se formaliza uma proposição descritiva da ciência jurídica, quanto uma proposição normativa pertencente ao Direito positivo. Há estruturas interiores na proposição, como as proposições se interligam em estruturas. Não convivem meramente justapostas. Umas implicam outras, umas são partes de outras e todas ingressam numa forma mais abrangente, numa estrutura total: a do sistema. O sistema é a forma das formas, como Husserl anotou, (*Logique Formelle et Logique Transcendentale,* págs. 124-127), a *gesammte Form.* O que chamamos *ordenamento* jurídico, sintaticamente é o *sistema.* Sob esse ângulo formal, cabe dizer, com Pontes de Miranda: o Direito é um sistema lógico de proposições. Mas tanto o Direito ciência, como o Direito positivo.

5. O conceito de sistema em nível de objetos

No campo do Direito, o termo sistema se emprega em dois planos, como vimos: no da ciência e no do objeto. Com a particularidade: o Direito objeto contém, como capa essencial constituinte sua, as proposições, que são entes lógicos, cujo veículo expressional adequado é a linguagem. Sendo linguagem proposicional, as partes se inter-relacionam na forma superior de sistema, que é, formalmente, um conjunto. Um conjunto cujos elementos são entes lógicos, com seu critério de pertinencialidade ao conjunto. Dissemos: *o Direito mesmo, como ente, contém o logos como capa ontológica*. Então, a *forma de sistema* reside no Direito objeto, como reside na Ciência do Direito, porquanto o *logos proposicional* (e suas formas argumentais ou inferenciais) está presente nos dois planos.

Se assim ocorre no campo do Direito, plenamente justificando-se o emprego de sistema nesse campo – abrangente da ciência e do objeto da ciência – diferente é o que se dá quando denominamos sistemas campos de objetos físicos, biológicos, sociais (muito embora no social haja a permeabilidade da linguagem em toda a sua textura). Assim, falamos em sistema planetário, no corpo vivente como sistema, como o é uma célula, ou uma relação interindividual diática (com dois indivíduos em ação recíproca). O universo mesmo, em sua totalidade integrada, é um sistema.

Para logo se vê, o sistema reside: *i*) em haver partes de um todo, desde prótons, fótons, elétrons, constituindo a constelação energética do átomo, até os elementos de um conjunto lógico ou matemático; *ii*) num vínculo que interliga as partes, seja a variação funcional das partículas não viventes, até as múltiplas formas de interação humana, seja a *natureza* no sentido transcendental kantiano do que ocorre segundo leis causais, seja a *cultura* como síntese dialética de uma organização exterior da sociedade e dos fatores objetivos de sentido (Dielthey). Em suma, falamos de sistema onde se encontrem *elementos* e *relações* e uma forma dentro de cujo âmbito, elementos e relações se verifiquem. O conceito formal de todo (no sentido husserliano) corresponde ao sistema. Sistema implica ordem, isto é, uma ordenação das partes constituintes, relações entre as partes ou elementos. As relações não são *elementos* do sistema. Fixam, antes, sua forma de composição interior, sua modalidade de ser *estrutura*.

O que L. S. Stebbing (*A Modern Introduction to Logic*, págs. 196-209) menciona como imprescindível para a existência de um sistema, a *mutual compatibility* nas partes constituintes, é mais, tomando-se em rigor, uma nota essencial aos *sistemas proposicionais* que aos *sistemas reais ou empíricos* – o universo material como sistema, o sistema planetário solar, o átomo como sistema energético, o corpo vivente como sistema de órgãos e funções. Ali onde o sistema tenha por elemento algo lógico, depositado em linguagem, aí a relação de compatibilidade é uma condição necessária para a totalidade sistemática.

Considerando-se *em sentido estrito,* inexiste compatibilidade ou incompatibilidade entre fatos ou coisas constituintes de um sistema empírico. Os fatos ou as situações objetivas chegam a ter tais relações mediante as proposições que apreendem os dados que o mundo natural oferece. Compatíveis ou incompatíveis são as proposições *através das quais* os fatos do mundo ingressam na ordem do conhecimento. Por isso mesmo, em sentido estrito, o sistema existe onde as partes são proposições e entre elas há relações que as agrupam num todo consistente, interiormente coerente. A não ser que transponhamos – o que é uma interpretação metafísica do real – o *logos* para o objeto real. Quando o real é físico, uma coisa é o objeto; outra, a proposição dirigida a esse objeto.

Quando o real é social – o Direito, por exemplo – compõe-no, como integrante de sua ontologia, o *logos,* na forma de proposição normativa. Mas, ainda aqui, *não se confunde o proposicional constituinte do Direito positivo e o proposicional do conhecimento jurídico dogmático*. Nisso reside aquela particularidade assinalada por Kelsen, de que o conhecimento jurídico já se depara no objeto do conhecimento com uma autoexplicação, uma *Selbstdarstellung*. O objeto jurídico diz algo sobre si mesmo; esse auto saber é componente do dado. Também aqui reside o fundamento para se denominar sistema tanto a Ciência de Direito quanto o objeto desse conhecimento normativo: porque, já o vimos, em ambos os níveis está a linguagem e o dado lógico que é a proposição. A proposição, digamos, explicitando, é a *protoforma*, presente já na *função proposicional*, na *função formal* (com somente *variáveis lógicas* e *constantes lógicas*) e nas *variáveis proposicionais* e seus diversos modos combinatórios.

Quando Felix Kaufmann (*Logik und Rechtswissenschaft*, págs. 44-45) observa que podemos ir do âmbito de validade (*Geltungsbereich*) das leis físicas para os fatos físicos e, inversamente, dos fatos físicos para o complexo de leis dentro do qual se explicam, como podemos ir do âmbito de validade das normas para os fatos jurídicos (*juristische Tatsachen*) e, inversamente, destes para as normas que os regulam (com o que a ciência jurídica é tanto uma *Rechtswissenschaft von Saetze*, quanto uma *Lehre von Fakten*), não se pode passar por alto que, *nos fatos naturais, as proposições não são constituintes de seu ser, enquanto no Direito o são*. Por isso, a Ciência do Direito, enquanto capta esse *logos* (material, saturado do fáctico), é um *System von Saetze ueber Saetze*. E se, nos dados da percepção da ciência física (aproveitando uma observação de Kaufmann em sentido diferente ao que usa), já está presente "*eine Fuelle physikalischer Hypothesen*", de sorte que o fato natural puro, sem forma categorial, é, antes, uma construção limite, uma purificação metódica do dado, o que se não pode desconhecer é isto: *na ontologia do objeto natural não encontramos o logos proposicional, a linguagem integrando a constituição do ser natural.*

O sistema de proposições da ciência jurídica não se dirige aos fatos, acrescentemos, *sem a mediação das proposições jurídicas que qualificam os fatos.* Sem as proposições normativas do Direito positivo, nenhum fato do mundo pertence ao universo jurídico. Normas e fatos são *Form und Stoff* no ser integral do Direito.

6. A unidade do sistema na ciência e no direito

Não só o Direito positivo tende à forma limite de sistema, como também a ciência que o tem por objeto. Há, pois, um sistema sobre outro sistema: um *metassistema* e um *sistema objeto.* O que facilmente se compreende, tendo em conta que a linguagem é componente nos dois níveis de sistema. E o princípio de unidade no sistema do Direito positivo é *homólogo* ao princípio de unidade no conhecimento jurídico dogmático. No sistema do Direito positivo, será a Constituição (material ou formal), ou uma proposição situada em nível do Direito internacional (a que distribui as competências estatais): nos dois casos, uma proposição de Direito positivo, nacional ou de Direito das gentes. Ou se toma a tese da proposição básica *como postulado* (a norma fundamental kelseniana). Nesse caso, o que dá unidade à pluralidade de proposições normativas vigentes é a proposição situada em nível de metalinguagem ou de metassistema. A norma fundamental, como condição da possibilidade do conhecimento dogmático do Direito (sua *função gnoseológica*) é, sintaticamente, proposição situada *fora* do sistema de Direito positivo. Quando Kelsen diz, repetidamente, que não é norma posta (estatuída por uma autoridade ou pelo costume), mas *pressuposta,* podemos traduzir isso em termos de Lógica moderna: *a norma fundamental é uma proposição de metalinguagem;* não está ao lado das outras proposições do Direito positivo, não proveio de nenhuma fonte técnica; carece de conteúdo concreto e, *relativamente à matéria das normas positivas,* é forma condicionante delas (forma cognoscente, hipótese epistemológica). O sistema da ciência jurídica tem na norma fundamental a condição de conhecimento do objeto (o Direito positivo).

Mas, se a norma fundamental é a proposição que confere unidade ao sistema objeto (ela é a origem lógica, o *logische Anfangspunkt, starting-point* do desenvolvimento do Direito; sociologicamente, são os fatos que determinam ou suprimem as normas), de certo modo, essa unidade do objeto se comunica à ciência. A unidade da *região* é uma condição objetiva, como argumenta Husserl, da unidade da teoria ou sistema. Mas há a unidade da ciência, como teoria, que encontra seu fundamento nas estruturas formais, isto é, nas proposições e suas articulações no todo de um sistema.

Quando Stammler (*Theorie der Rechtswissenschaft*, pág. 221) vê o sistema como uma unidade exaustiva e articulada, "eine erschopfende geglidert Einheit", a caracterização se presta tanto ao metassistema que é a ciência jurídica, quanto ao sistema do Direito positivo. Mas inclina-se ele para a sistematicidade da ciência, quando tem em vista a ordenação do material empírico sob formas lógicas, procurando os conceitos fundamentais que recolhem a *mannigfaltiger Stoff* da experiência – a pluralidade de normas positivas. O conceito superior (*o ueber-begriff*) que confere a integridade ou completude do sistema é o conceito do Direito, a forma lógica pura (lógico aqui equivale ao *transcendental kantiano*, não às *formas sintáticas*, em sentido estrito). As formas puras não são generalizações do conteúdo existencial deste ou daquele direito histórico. Não valem como *partes gerais* de ciências jurídicas particulares, ou a título de *conceitos gerais* de uma teoria geral do Direito. São formas puras do pensamento jurídico, compondo a *teoria pura do Direito* (ob. cit., págs. 4-14). Mas, nem por isso, repetimos, as formas puras stammlerianas pertencem ao domínio da Lógica em sentido restrito. *São formas do objeto, ao mesmo tempo que condições de sua cognoscibilidade*, que desprezam a particularidade (*Besonderheit*) do material empírico (ob. cit., pág. 11).

Poderíamos dizer, com certa dose de excesso, que Stammler se preocupa mais com a *unidade do sistema ciência* do que com a *unidade do sistema objeto*, que em Kelsen recebe constante tratamento. Mas Kelsen move-se em dois planos: a norma fundamental é pressuposto *gnoseológico*, como é pressuposto *ontológico (ainda que essa vertente ontológica não seja a sua): com efeito, é tanto condição da cognoscibilidade do objeto, como um momento integrante do ser do objeto.*

Está na linha do pensamento kantiano, todo modo puro de conhecer (categorial) tem um fundamento no objeto. Se aplico o conceito fundamental de causalidade, ou o de imputabilidade (relação de dever-ser), é porque há um fundamento nas coisas, há índices objetivos nos dados da experiência. Em outros termos: a Lógica transcendental "would not abstract from all content of knowledge, but only from the empirical content", como interpreta Paton (H. J. Paton, *Kant's Metaphysic of Experience*, pág. 223, tomo I). Assim, a norma fundamental é tanto um pressuposto gnoseológico (lógico transcendental) quanto inevitavelmente um momento integrante de natureza ontológica. O lógico formal reside no caráter de proposição fundante de uma série de proposições normativas.

7. Sistema como categoria gnosiológica

Uma outra vertente do problema, relacionada com o que estamos considerando, encontra-se na teoria pura do Direito. Com efeito, diz Kelsen: Assim como o caos das sensações somente através do conhecimento ordenador da ciência se converte em cosmos, isto é, em natureza como um sistema unitário, assim também a pluralidade das normas gerais e individuais, postas pelos órgãos, ou seja, o material dado à Ciência do Direito, só através da ciência jurídica se transforma num sistema unitário isento de contradições, ou seja, numa ordem jurídica (Kelsen, *Théorie Pure du Droit,* págs. 98-99). Não se trata estritamente do ser sistema como forma lógica (típico ideal, não alcançada ainda) da ciência jurídica e do Direito positivo, isto é, do ser *sistema de proposições* – descritivas na primeira, prescritivas no segundo. Não se trata da função propriamente *reconstrutiva* do conhecimento jurídico, que já encontra no dado o ser sistema, nem também do *constitutivum* ontológico do Direito positivo. *O sistema é construído gnosiologicamente,* posição de Kelsen que está (sem o vigor de outrora) dentro dos lineamentos fundamentais do neokantismo.

Temos tomado o sistema como *forma sintática* de união de proposições dentro de um conjunto, quer na Ciência do Direito, quer no Direito positivo. O ângulo que Kelsen tem em conta ali é o sistema como produto categorial da função cognoscente: como método de síntese ou ordenação dos dados da experiência, onde o conhecimento não é *reconstitutivo* do objeto, mas *constitutivo,* e onde o *logos* meramente *formal* adquire projeção de um *logos transcendental.* A forma superior de síntese dos dados da experiência jurídica, o sistema, é epistemologicamente posta pelo sujeito cognoscente (pelo *sujeito transcendental* – o sujeito empírico individual munido de categorias e posto numa atitude pura ante o objeto.

É certo, o *positivismo crítico* kelseniano, com isso, não pode converter a ciência em *fonte técnica* de produção do sistema jurídico. A sistematização do Direito é inacabada e decorre de processo de racionalização do sistema da cultura. O conhecimento científico do Direito positivo *não produz normas jurídicas,* nem a totalização dessas normas na forma de sistema. A sistematização provém do legislador, no sentido amplo da palavra, ou das fontes normativamente indicadas no ordenamento para produzir regras de conduta na espécie de um todo de regras jurídicas.

O sistema, sendo *forma transcendental gnosiológica de síntese,* por outra parte, não se coloca *no interior* do ordenamento. Não está no nível da linguagem do Direito positivo, mas na *linguagem da Ciência do Direito* e na *linguagem da teoria da Ciência do Direito,* que, em léxico kantiano, é a lógica transcendental jurídica. Por isso, o sistema que se encontra no Direito positivo é uma imperfeita *construção normativa,* não uma *construção teorética ou epistemológica.* A sistematização num código, ou no todo do ordenamento (limite típico ideal) provém de *ato de vontade,* não de *ato de conhecimento,* para usar terminologia kelseniana. A tônica no ato voluntário não exclui, claro, o conteúdo de significação cognoscente, como o verificou fenomenologicamente Pfaender. Nem o conteúdo axiológico. O ato cognoscente é o ato depurado (metodicamente) dos elementos decisório e axiológico. É o ato de um sujeito purificado (sujeito transcendental), que põe entre parênteses muitos ingredientes de sua posição existencial (valores, ideologias etc.) ante os objetos.

8. Unicidade do sistema

Ainda nessa linha de considerações, cabe recolher a tese kelseniana do que poderíamos chamar, de um lado, a teoria do *pluralismo dos sistemas normativos* (estatais), de outro, a teoria da *unicidade de um sistema global.* Empiricamente, a evolução histórica do Direito vai conduzindo a um sistema de Direito internacional, correspondente a uma comunidade universal (a um Estado ecumênico ou mundial como conceito limite) das nações. Mas Kelsen sublinha que apenas existe *unidade cognoscitiva:* podemos conceber todas as normas jurídicas positivas como um *sistema unitário de normas* e, ainda, como um *sistema único,* como um todo fechado em si (Kelsen, *Théorie Pure du Droit,* págs. 430-432). Ainda aqui reinsistimos: o *fechamento* do sistema é tão só do ponto de vista do conhecimento específico (dogmático) levado a termo pela Ciência do Direito. Acrescentemos: o sistema jurídico é *sistema aberto,* em intercâmbio com os *subsistemas sociais* (econômicos, políticos, éticos), sacando seu conteúdo de referência desses subsistemas que entram no sistema Direito através dos esquemas hipotéticos, os *descritores* de fatos típicos, e dos esquemas consequenciais, onde se dá a *função prescritora* da norma de Direito.

A unidade de um sistema de normas é decorrente de um superior fundamento de validade desse sistema – a *Constituição positiva,* ou, em nível epistemológico, a *Constituição em sentido lógico jurídico,* ou seja, a norma fundamental. A *unicidade* decorre da possibilidade também gnosiológica de se poder conceber todo o material jurídico dado com *um só* sistema.

No pluralismo dos sistemas (estatais), cada sistema é sistema porque repousa num *único* fundamento de validade. O pluralismo de normas fundamentais corresponde a cada Estado, com sua morfologia política historicamente diversificada. Mas podemos, pela via empírica, ir a um fundamento normativo de caráter não pressuposto, como a norma fundamental ou Constituição *em sentido lógico jurídico,* mas a uma norma de Direito positivo, colocada no sistema do Direito internacional público geral, aquela que confere à *eficacidade* de uma situação concreta de poder a qualidade de *fato jurídico fundamental.* Mediante o Direito internacional, o poder *de facto* ingressa, assim, na órbita do poder *de jure.*

A *unidade* de cada sistema jurídico positivo e a *unicidade* do sistema global são *formas de síntese categoriais,* modos de relacionamento cognoscitivo dos dados da experiência. Em outros termos, que cada sistema positivo seja *uno* e que se possa logicamente pensar num *único* sistema, abrangente dos demais, procede da função teorética do sujeito cognoscente: das suas formas de síntese (categorias) que funcionam como pressupostos ou condições da experiência (não empíricas, mas apriorísticas).

Mas a teoria pura do Direito não pode passar por alto, ainda que o problema esteja em nível de uma teoria transcendental da experiência jurídica, que *o Direito positivo estatal já contém, como constituinte ontológico seu,* certo *quantum de unidade,* e que a mutação histórico-social do Direito leva a um certo *quantum de homogeneidade,* cujo termo limite conceptual é um único sistema de normas jurídicas positivas, à última forma de sistema, o sobressistema, ante o qual os sistemas jurídicos nacionais são, de certo modo, sistemas partes ou subconjuntos de um conjunto.

9. Conjuntos e subconjuntos

Em linguagem formal, temos conjuntos e subconjuntos. O sistema do Direito das gentes é conjunto, de que são subconjuntos os sistemas normativos estatais? A relação *Unter-und Ueberordnung*, ainda que não se esgote em pura relação lógico-formal, sendo conexão de delegação (Kelsen, *Das Problem der Souveraenitaet und die Theorie des Voelkerrechts,* págs. 111-114), tem seu ângulo formalizável. Um conjunto é membro de outro conjunto, ou está ele, em relação a si mesmo, em relação de includência (o conjunto *A* está incluído no conjunto *A*), ou ele se inclui como membro de um conjunto maior no qual figura como parte. Os sistemas jurídicos estatais estão neste caso: excluem-se entre si (por carecerem de *igualdade*) e incluem-se como partes ou membros do superconjunto que é o Direito internacional público. Não é por esse caminho que Kelsen poderia falar na unidade (gnosiológica) de um sistema de normas jurídicas positivas. A delegação feita pelo sistema de Direito internacional, distribuindo as competências estatais em âmbitos de validade temporal, espacial, pessoal e material, *não exaure o conteúdo* dos sistemas estatais, cada qual diverso um do outro. O que do sobressistema se desprende, por assim dizer, para conferir validade aos sistemas estatais (parciais) são algumas normas que estão para as normas produzidas pelos sistemas parciais como normas em branco ou regras quadros, meros marcos a preencher pela *vontade decisória* de cada unidade política. O conteúdo normativo diversificado dos sistemas parciais não deriva do sistema total.

Com diferença de grau, é o que se dá também no Direito público federal: da Constituição Federal não se obtém toda a diferenciação normativa das leis federais, das Constituições estatais e das leis estaduais. Há um *quantum de homogenia* coexistindo com um *quantum de heterogenia* numa estrutura federal de Estado (o princípio da *simetria* e princípio da *dissimetria* de Pontes de Miranda): o *quantum de simetria* não pode ir além de certo ponto sem o Estado federal desfazer-se em Estado unitário; o *quantum de dissimetria* não pode ir além de certo ponto sem o Estado federal desfazer-se numa pluralidade de Estados soberanos.

Com o apoio nos fatos, o que podemos dizer é que há apenas uma porção comum de normas de Direito internacional integrando os sistemas jurídicos parciais. Ora, se nem todos os membros (partes) de um sistema são membros de outro sistema tomado como superssistema, mas tão só alguns, a relação do Direito internacional público geral ante os sistemas jurídicos é a de um *conjunto interseção,* e não a *relação de includência.* O núcleo comum de normas, este forma um *subconjunto* do conjunto que é o Direito internacional: a parte comum que todas as ordens jurídicas positivas têm e que faz a sua *relação de pertinencialidade* (parcial) ao sistema total. Também, como o *conjunto interseção é subconjunto de qualquer dos conjuntos* que se interseccionam num segmento comum, *do ponto de vista lógico formal* há núcleos de recíproca pertinência nos sistemas parciais. *Do ponto de vista jurídico positivo,* os sistemas parciais (estatais) se excluem e só se interpenetram através das fontes normativas indicadas pela Constituição positiva de cada um. O ângulo lógico formal é *insuficiente* para dar conta da experiência jurídica.

10. O extralógico na relação entre sistemas

Nas relações entre sistemas normativos parciais e o sistema do Direito das gentes – relações de superordenação e de subordinação – para satisfazer ao *epistemological postulate* (Kelsen, *Principles of International Law,* págs. 424 e segs.) tanto se pode tomar um ou outro termo de referência: o sistema normativo estatal ou o sistema normativo de Direito internacional. Obtém-se pelas duas vias a construção unitária do universo jurídico. Ou o Direito estatal – tido por ponto de referência do conhecimento jurídico – é o fundamento de validade dos demais sistemas estatais e do Direito internacional, ou o Direito internacional é o fundamento de validade do pluralismo de sistemas normativos estatais (e de outros entes não estatais com personalidade internacional; Verdross, *Derecho International*, págs. 89-97). Mas qual dos dois *frame-of-reference* tomar? Qualquer um dos dois pontos de partida conduz à *unidade gnosiológica* de todo o Direito vigente (Kelsen, *Théorie Pure du Droit*, pág. 446), mas, *nem a Lógica, nem a epistemologia ofertam o critério de opção.* Logicamente, são duas construções *possíveis.* Logicamente, conduzem à *unidade* e à *unicidade* do sistema normativo do Direito positivo.

Isso porque *extralógico* é o critério de validade para fundamentar um sistema de normas. A categoria gnosiológica de unificação tanto pode ser a norma fundamental de determinado sistema de Direito estatal, quanto a norma fundamental (*absoluta,* diante das normas fundamentais *relativas,* as *relative basic norms*) do Direito internacional público, segundo a qual o comportamento uniforme dos Estados é fato gerador do Direito. Em outros termos: ou a fonte de validade dos sistemas estatais e do Direito internacional deriva da Constituição positiva e da *norma fundamental relativa do Estado,* termo de referência, ou o fundamento de validade de todos os sistemas estatais deriva do Direito internacional positivo, em cujo ápice está *a absolutamente última* norma fundamental de todo o universo jurídico. Temos, nas duas soluções, a construção gnosiologicamente una. Num caso, o monismo com o primado do Direito internacional; no outro, o Direito internacional é parte integrante do sistema de Direito estatal (vale porque a Constituição positiva convalida-o, mediante as fontes normativas postas pela própria Constituição). Então, todos os sistemas estatais são-no em referência à norma fundamental do Estado, tido por base. É o monismo como primado do direito estatal soberano.

Agora, qual das duas construções unitárias do Direito positivo escolher é um *problema axiológico* (e ideológico: as valorações em função de contextos sociais concretos), *que ultrapassa a potência da Lógica.* O desdobramento formal lógico do sistema começa com a aceitação do postulado. Um (não o único) postulado é o da norma fundamental, ora terminal num dado de Direito estatal, ora terminal no sistema de Direito internacional. *Para uma consideração sociológica do Direito, supérflua é a hipótese da norma fundamental:* o Direito exaure-se nos fatos. Para uma *posição eticista,* o suporte de validade reside num postulado ético-social. Ante o jusnaturalismo, a mera juridicidade não é Direito. Este retira sua força obrigatória do conteúdo congruente com os *postulados normativos do Direito natural.*

Sob um ângulo *sociocultural,* "Constituição é o conjunto das normas convencionais ou jurídicas que, repousando na estrutura econômico-social e ideológica da sociedade, determina de uma maneira fundamental e permanente o ordenamento do Estado" (Pinto Ferreira, *Da Constituição,* pág. 31; *Teoria Geral do Estado,* pág. 415, vol. I).

Capítulo IX

1. Consistência no sistema da Ciência do Direito

Quando se toma um sistema de proposições referentes a determinado universo de objetos, se o sistema é científico, deve ele apresentar: *i*) critérios que permitam decidir se uma dada proposição pertence ou não ao sistema; *ii*) coerência interna, isto é, compatibilidade entre os elementos proposicionais integrantes do sistema; *iii*) completude – o sistema contém uma proposição ou a contraditória (segundo R. Blanché, esse requisito metassistemático é "fondée sur le principe du tiers exclu"; Blanché, *L'Axiomatique,* pág. 42). Devemos, previamente, precisar se se trata do sistema ciência ou se do sistema Direito positivo.

Quando traduzimos o sistema da Ciência do Direito em nível formal, o sistema formalizado deve, como tipo ideal, apresentar esses três requisitos, como condição de sua cientificidade. Uma ciência jurídica que não disponha de critério que permita decidir se uma proposição pertence ou não ao seu sistema, fica à mercê de proposições provenientes de diversas origens: no seu campo acodem, em atropelo, proposições de conteúdo físico, biológico, psicológico, sociológico ou axiológico (filosófico).

Quando a teoria pura do Direito define o domínio do Direito como o normativo, põe uma região ontológica definida e só permite como pertinente a essa região proposição normativa. Em rigor, a pureza metódica está fundada na especificidade da região fenomenológica da normatividade: o normativo jurídico é irredutível ao puramente factual, seja físico, biológico, psicológico ou sociológico (com a reserva, que fizemos, de que o sociológico é factual relativamente à norma jurídica que o deixa fora de algum pressuposto; por constituição mesma, todo fato social é estruturado normativamente, seja norma do uso, do costume, da moral etc., antes de o ser por norma jurídica).

Quanto à consistência interna, a ciência jurídica tem-na como requisito essencial. Uma ciência que permite fundamentar quer uma proposição, quer sua contraditória, um sistema S que abriga tanto p como não-p, não pode pretender o valor verdade. A inconsistência impede formalmente (logicamente) a verdade sobre o universo de objetos antes de atingir esse universo. Antes de alcançar a proposição sintética, includente do objeto, já é uma proposição analítica necessariamente falsa. Quando quisermos testar se um pretendido sistema de ciência positiva do Direito é possível logicamente, antes de o ser gnosiologicamente (sintaticamente, antes de o ser semanticamente), podemos regredir ao nível da formalização e constatar que para qualquer interpretação que se confira às variáveis p e não-p, elas não podem pertencer a um só sistema, por sua recíproca impossibilidade ou mútua excludência. Concretizando: qualquer que seja a proposição jurídica, qualquer que seja o conteúdo de uma proposição descritiva do Direito positivo, ela e sua recíproca contraditória, dentro de um só sistema científico, destroem a estrutura formal de sistema, confirmando-se a impossibilidade da conjunção de enunciados contraditórios.

Tenhamos sempre presente, pois, que a formalização (a tradução de um sistema em nível de metassistema) pode recair quer no *sistema da Ciência do Direito positivo,* quer no *sistema do Direito positivo.* O que se disfarça, às vezes, na bivalência da expressão "sistema jurídico".

Se a Ciência do Direito aspira a ser ciência, e não uma ciência por assim dizer, ou um agregado de proposições sem fim cognoscitivo, mas com propósito ideológico, se pretende ser um sistema ou estrutura de proposições teoréticas sobre o Direito positivo, e não um amálgama de enunciados psicológicos, sociológicos, históricos, filosóficos, descritivos uns, prescritivos outros, tudo em impuro contubérnio metodológico, para falar como G. Simmel, diante da Sociologia de seu tempo, precisa: *i*) delimitação de seu campo de conhecimento; *ii*) unidade metodológica; *iii*) teoreticidade em sua finalidade; *iv*) sistema ou estrutura formal articulando as proposições constitutivas desse setor do conhecimento.

Ora, uma das condições formais para a montagem de proposições em forma de sistema é a referida não contraditoriedade entre as proposições. Se há conflito contraditório entre enunciados ou proposições, ambos não podem ser *verdadeiros.* A simultânea presença de valores de verdade contrapostos desmonta a forma teorética de sistema, pois tanto formalmente são inconciliáveis um valor e seu oposto simétrico, como o objeto não comporta ter e não ter uma propriedade. De um *objeto* qualquer não se pode declarar que tenha e não tenha, sob o mesmo ponto de vista, uma determinada *propriedade,* como de um *sujeito* qualquer não se pode dizer que lhe convenha e não lhe convenha, sob o mesmo ponto de vista, um determinado *predicamento.* A impossibilidade ontológica (ontologia, aqui, equivale à *teoria geral do objeto*) corresponde a impossibilidade sintática ou formal.

Em outros termos. Se tomarmos o que se chama ciência dogmática do Direito (a ciência dos juristas, em sentido estrito) e nos elevarmos à forma ou sistema formal que lhe corresponde e encontrarmos oposição contraditória entre suas proposições, somente por isso, previamente, saberemos que de sistema científico não se trata. Cabe afirmar com Bochensky Menne: "Sem ausência de contradição (Widerspruchsfreiheit) dissolver-se-ia em um Sistema a distinção entre expressões verdadeiras e falsas, e nenhuma ciência seria mais possível" (Bochensky Menne, *Grundriss der Logistik*, pág. 44).

2. Sistemas não isomórficos

Se dois sistemas, como o da Ciência do Direito e o do Direito positivo, diferem entre si apenas pelas significações concretas de seus termos, isto é, pelos universos de objetos aos quais se referem – no caso, as proposições do sistema da ciência denotam entidades que, também, são (em parte) proposições (regras ou normas de direito) – mas apresentam a mesma estrutura *formal-lógica*, diz-se serem *isomórficos*. *Têm a mesma forma lógica*. Por isso que são isomórficos, são *substituíveis* face ao sistema abstrato que os formaliza. Se o sistema formalizado *So* tem como substituintes *S'* e *S"*, estes são *modelos de So*. Modelos, no sentido de valerem como *interpretações concretas* possíveis de *So*. Modelos, pois, em acepção logística, nada têm a ver com *tipo ideal*, ou o sobretipo para o qual tende o sistema como para um término perfeito. Modelos são pontos de partida e de aferimento de todo sistema formal. Um sistema formal ou formalizado é a expressão abstrata, desinterpretada, desconcretizada, do dado que no caso está representado pelos sistemas de proposições dirigidos para *conhecer* ou *transformar* o mundo de objetos.

Sem os sistemas concretos das diversas ciências naturais ou culturais, sem os sistemas que a *experiência jurídica* oferta, não caberia elaborar um *sistema abstrato*. A destinação do processo de formalização é *imediatamente* atingir os sistemas de proposições e, com isso, *mediatamente* atingir os objetos das proposições. A separação do *logos* face à *práxis*, face ao ôntico, é tarefa metódica, apenas. Por isso, julgamos que uma teoria axiomatizada do Direito (Luigi Ferrajoli, *Teoria Assiomatizzata del Diritto*, págs. 15-17) há de conter não somente a *formalização da dogmática*, mas a formalização do próprio *sistema de normas*, que tomam a expressão de proposições normativas. Pensamos, assim, completar o excelente estudo de Ferrajoli. O que o autor denomina "teoria do Direito" abrangerá não apenas uma *teoria sintática* e uma *teoria semântica* da dogmática (Ciência do Direito), mas, ainda, uma teoria sintática e uma teoria semântica do sistema de proposições do Direito positivo. A denominação "teoria del Diritto" é bivalente, por causa da palavra Direito, que tanto significa "ciência", quanto "Direito positivo", tanto o sistema de conhecimentos quanto o objeto desse sistema de conhecimentos, que também se estrutura em forma de sistema.

Mas, por isso mesmo que não se confundem sistemas de normas válidas e eficazes com o sistema de proposições que têm estas normas por objeto de conhecimento, é de verificar se são sistemas isomórficos. Ainda se o forem, não se confundem *os dois planos de linguagem*, a linguagem da ciência jurídica com a linguagem do Direito positivo. Consequentemente, não se confundem a formalização da linguagem científica (*L'*) com a formalização da linguagem do direito positivo (*L''*). São estratos ou capas distinguíveis na análise regressiva que busca a linguagem formal (*Lo*), possivelmente abrangente de todas as linguagens-objeto.

Estas considerações, aparentemente tão distantes da faina do jurista e da realidade, são altamente importantes *para evitar que se injete no Direito positivo o que é característica da Ciência do Direito ou se confira à Ciência do Direito o que pertence ao plano da Lógica do Direito*. Evita o *cientificismo*, num caso; o *logicismo*, no outro.

3. Pluralismo das dogmáticas ou ciências positivas

Como observa Felix Somló (*Juristische Grundlehre,* págs. 2-10), a dogmática ou ciência positiva do Direito, sendo a exposição sistemática de um sistema jurídico positivo, é ciência de conteúdo, e ainda que se eleve ao confronto comparativo dos sistemas positivos, está relacionada com um dado histórico (o Direito suíço, inglês etc.). Não chega a ser ciência geral. Assim tantos sistemas jurídicos, tantas dogmáticas. Mesmo que se ponham em evidência proposições comuns a todas as dogmáticas, qual um feixe de conceitos universais frente à particularidade de cada Direito historicamente vigente, como um todo sistemático, a dogmática é uma ciência individualizadora (uma *individualisierende Wissenschaft,* que se propõe a tomar as ordens jurídicas "para compreendê-las em sua individualidade", conforme anota Radbruch, *Rechtsphilosophie,* pág. 221).

A pluralidade de ciências jurídicas não reside apenas no ponto de vista que adotam diante do *conteúdo* do Direito (*Rechtsinhalt*): história do Direito, política do Direito e ciência do Direito ou jurisprudência científica, como o mostra Somló. Reside também no interior, da própria jurisprudência dogmática, que é a exposição sistemática do conteúdo das normas de Direito (*die systematische Darstellung des Inhaltes von Rechtsnormen*). Se cada sistema de normas, existencialmente dado, requer uma exposição sistemática, conceptualmente distinta do ponto de vista histórico ou deontológico, há plurais dogmáticas para a variedade de sistemas positivos. Ou a dogmática seria uma *ciência cultural individualizadora* (Radbruch), caso em que se perguntaria em que se distingue da história do Direito. A tese de Rickert de que a ciência natural é generalizadora e a ciência cultural individualizadora, por envolver valores (o que realiza valores adquire interesse ou relevância científica *pela concreção individual com que alcança realizar valores*) não pode ser aceita em termos de uma disjuntiva excludente, como o demonstrou E. Garcia Maynez (*Lógica del Concepto Jurídico,* págs. 47-57).

Agora, ao ângulo que nos interessa. Se houver tantas dogmáticas quantos sistemas positivos de normas, o eventual conflito contraditório entre as ciências será aparente. Cada uma valerá em função do sistema positivo que interpreta e sistematiza. Inexistirá um só ponto objetivo de referência: os objetos são diversos e contradição só poderia ocorrer *no interior* de uma mesma ciência dogmática (ocorreriam *contradições intrassistemáticas,* não *contradições intersistemáticas*).

Se, apesar da diversificação de sistemas historicamente existentes, houver ciência jurídica una e, ainda, *uma só* ciência (*unidade,* mais *unicidade*), então eventuais contradições ocorreriam no interior *de uma só* ciência. Parece-nos que a solução se encontra por esta via. O que faz de cada exposição dogmática de um sistema jurídico historicamente dado ser ciência e uma mesma ciência é a presença de um sistema de *conceitos e proposições universais* que, relativamente à matéria empiricamente dada, funcionam como "conceitos fundamentais", conceitos estes explicitáveis, postos em evidência através da *teoria geral do Direito* (que Somló denominou *teoria fundamental do Direito,* distinguindo-a da *allgemeine Rechtslehre,* ob. cit., págs. 8-10, fundando-se na diferença entre *conceitos fundamentais* e *conceitos gerais*). Conceitos como sujeito de Direito, relação jurídica, fato jurídico, hipótese normativa, consequência normativa, sanção, fonte (normativa) do Direito etc., são componentes necessários em qualquer exposição dogmática de um dado positivo. Não são meras generalizações empíricas do material instável e múltiplo da experiência jurídica, como o conceito de Direito subjetivo público carecente de objeto no caso de fase jusprivatista ou pré-estatal do Direito. Sujeito de Direito, todavia, onde haja norma jurídica, necessariamente existe, como titular ativo ou passivo *de uma relação da vida que se tornou relação jurídica* (Betti), ou decorrente de posição que o homem toma dentro de uma situação jurídica, ou de situação da vida que a norma fez situação jurídica.

4. A não contradição e os sistemas científicos empíricos

Um sistema formal requer a coerência formal entre suas proposições. Se houver, dentro dele, demonstráveis ou verdadeiras uma proposição e sua contraditória, torna-se inconsistente e requer a revisão das proposições que funcionam como postulados. Em *sistemas empíricos* de conhecimentos, sejam ciências naturais, sejam ciências da cultura, a consistência formal é um *prius* lógico, *para alcançar o objeto do conhecimento*. Se a ciência dogmática do Direito é ou aspira ser ciência, tem de satisfazer a forma de sistema: de um todo isento de contradições. Exprime-se em linguagem apofântica, que é necessariamente suscetível de valor de verdade, positivo ou negativo. Não em linguagem não apofântica: de perguntas, de imperativos ou ordens, de enunciados deontológicos (do que deveria ser para ser Direito justo). Por isso, não é compatível, no domínio de um só sistema, inserir *proposições descritivas* (declarativas, teoréticas) com *proposições prescritivas* (normativas, deontológicas), ou investigar o dado como *de lege lata* e, ao mesmo tempo, propor, segundo um juízo de valor extrassistemático (fora ou transcendente ao sistema de Direito positivo), o pertinente ao *de lege ferenda*. Pontes de Miranda diz acertadamente: o que ficou fora da incidência de regra jurídica é objeto de julgamento da política, da moral ou do cientista, "*e nenhuma influência pode ter na dogmática jurídica*" (Pontes de Miranda, *Tratado de Direito Privado*, pág. 21, tomo I).

Observe-se. Se a Ciência do Direito for um complexo de enunciados declarativos e prescritivos, faltar-lhe-á *um só* critério para decidir o valor desses enunciados. O enunciado declarativo (descritivo, teorético) pode ser verdadeiro ou falso, consoante a confirmação ou não confirmação pelo objeto da experiência; o enunciado prescritivo, nem verdadeiro, nem falso, mas válido ou não válido, eficaz ou não eficaz, justo ou injusto. *Por isso mesmo, não pode haver contradição entre um e outro, entre* "*A* é *B*" e "*A não deve ser B*". O oposto contraditório de "*A* é *B*" é "*A* não é *B*". Ante proposições descritivas, posso prefixar as cláusulas "É verdade que" ou "É falso que", cláusulas que as tornam *reciprocamente contraditórias.* Ante uma proposição prescritiva, como "*A* deve ser *B*" ou "*A* não deve ser *B*" descabem tais cláusulas. Então, entre as proposições da Ciência do Direito que descrevem proposições prescritivas (sobre proposições descritivas que incidem em proposições prescritivas, v. Jerzy Wroblewski, "Normativity of legal science", pág. 64, em *Études de Logique Juridique*) e as proposições deontológicas da Política, da moral, do Direito natural, que estatuem em forma de dever-ser, *inexiste a possibilidade formal-lógica de contradição, pois inexiste um mesmo critério de aferimento:* há dois, um de *valor veritativo* (*truth-value, Wahrheitswert*), outro, que poder-se-ia denominar fundamento de validade (uma norma vale se tem seu fundamento de validade em outra norma que determina a sua criação). Retomando o que afirmamos: *o sistema da ciência jurídica requer consistência interna como condição formal do ser sistema, mais, sua adequação (verdade material ou gnosiológica) à experiência em que se dá o sistema do Direito positivo.* Adequação somente viável mediante *proposições descritivas ou teoréticas.*

5. Contradição no sistema do direito positivo

Já vimos que, na ciência jurídica, o sistema reside na articulação consistente de proposições teoréticas, na presença de uma estrutura formal global que interliga as partes – as proposições, na composição de um todo unitário, endereçado a um domínio homogêneo –, as normas jurídicas positivas e os fatos do mundo, na medida em que tais normas os convertem em substratos de pressupostos ou de consequências (elementos constituintes da proposição normativa). Mas também temos visto que o sistema é uma *forma do objeto,* além de ser *forma na ciência desse objeto.* Naturalmente, falamos numa forma típica ideal, num modelo típico de ciência jurídica e num modelo típico de Direito positivo. Quando Radbruch afirma que "O ideal (inacessível) da sistemática jurídica é a construção (isenta de contradições) da ordem jurídica total...". (Radbruch, *Introducción a la Ciencia del Derecho,* pág. 254) ainda, "que o resultado da ciência jurídica não pode ser um sistema jurídico unitário, mas sistemas jurídicos fragmentários, insuficientes, incompletos", está-se percebendo a contraposição entre a ciência segundo um *sobretipo ideal* e a *ciência efetivamente dada na história,* entre o sistema jurídico positivo ideal e os sistemas jurídicos positivos, existencialmente vinculados às circunstâncias concretas. O ideal de sistematização é o termo final do processo histórico de racionalização. Por isso, somente como perspectiva formal lógica é que tomamos o problema do sistema. Como a forma lógica perfeita, que Aristóteles via na estrutura apofântica (*S* é *P*) e Husserl, desenvolvendo-a, alcança a forma de sistema, ou a forma das formas, como a forma total limite.

Agora, o que a experiência manifesta é a existência de *contradições entre as proposições normativas.* Contradições entre normas de um mesmo nível, entre leis constitucionais, entre leis ordinárias, entre regulamentos e entre outros atos normativos. Contradições só elimináveis pelo princípio *extralógico* da norma de nível mais elevado sobre a norma de nível inferior, ou pelo critério, também extralógico, da sucessão temporal (norma de mesmo nível revoga norma anteriormente ditada); da norma geral que admite a contraposição contraditória de uma norma especial, estatuindo para todos os casos compreendidos num conjunto, menos para alguns que se excetuam, mas que pertencem ao conjunto.

Se o sistema de Direito positivo fosse *sistema científico,* necessariamente seguiria a lei lógica de não contradição. Mas não é sistema científico. Sendo um sistema homogêneo de proposições prescritivas, não pode conter necessariamente a lei lógica, que é teorética, *ao lado das demais normas positivas.* Assim como um sistema teorético ou descritivo de objetos não pode abrigar proposição descritiva e proposições prescritivas, *juízos de ser* e *juízos de dever-ser,* assim o Direito positivo não pode acolher normas e leis teoréticas. Pode, sim, converter as leis lógicas em normas. Quer dizer, *mudando o estatuto dessas leis teoréticas para a forma de prescrições de conduta:* o juiz, o legislador, o intérprete que não é órgão de Estado, *devem suprimir* a *contradição* entre normas do mesmo sistema positivo. Neste caso, a *lei lógica* seria fundamento da norma. Do lado do objeto, teríamos a *impossibilidade de aplicação* ao mesmo caso de normas incompatíveis.

6. Leis lógicas e regras

Um sistema de normas jurídicas é um sistema de linguagem, com conotação normativa, referente, denotativamente, a um segmento do mundo de fatos. Como linguagem, é suporte de significações. Como linguagem significativa, está sujeita às leis formais das significações, ou dos símbolos abstratos, portadores de *categorias de significações* que, por serem abstratas, são significações quaisquer sobre objetos quaisquer. Apenas, essa indeterminação conotativa e denotativa é aparentemente sem objeto. Há um setor do universo de significações (normas) e um setor do universo total, que é o universo de objetos especificados por normas, que limitam essa abstrata indeterminação.

Mas, desde que as normas (significações) têm por suporte linguagem (*linguagem não apofântica*, mas *linguagem deôntica*), inserem-se dentro das leis lógicas. A linguagem do Direito positivo procura evitar o *sem-sentido*. O legislador, ou o juiz ao emitir norma individual, evitam atropelar categorias de significação (ou categorias de símbolos) que deem construções sem sentido, ou categorias sintáticas que levem às estruturas eivadas de contrassentido, *pois nem uma nem outra são possíveis de efetivação ou cumprimento na ordem dos fatos*. Então, a Lógica está no interior mesmo do sistema de proposições do Direito positivo. Mas, qual o *status* da Lógica no interior do sistema de normas? Se há uma homogeneidade estrutural no universo normativo, as leis lógicas são, também, normas?

Se as leis lógicas fundamentais, como a lei de não contradição, a lei de exclusão de terceiro, fossem normas, então seriam reconduzíveis à *fonte formal última* de todas as normas do sistema. Proviriam, assim, as leis lógicas, da norma fundamental. Se proviessem, teriam, como toda norma, uma *fonte técnica ou normativa:* as leis lógicas, como normas, decorreriam de normas, e, em último termo, da norma que é originária, postulada. Poderiam derivar da Constituição formal, ou da Constituição material, ou da Constituição, *em sentido lógico jurídico* (a norma fundamental). É certo, na história da Lógica, é ela muitas vezes concebida como uma arte, ou instrumento para um fim (obtenção da verdade), o meio a seguir se se quer alcançar algo. Essa Lógica, como canônica da pesquisa e demonstração da verdade, formula-se normativamente: *é a sua dimensão pragmática.* Mas Husserl mostrou, agudamente, que se os chamados *princípios lógicos* forem normas, pressuporão outras *proposições teoréticas* em que se fundarem. Seriam as *leis* psicológicas do julgar e do raciocinar que serviriam de fundamento às *normas lógicas.* Com o que se subtrairia à Lógica sua autonomia, sua teoreticidade. Demais, sendo as leis psicológicas meras relações probabilitárias, indutivas expressões de relações de fato, a Lógica equivaleria a uma teoria *empiricamente* obtida. Privaria o *domínio das formas lógicas* da absolutidade, da analiticidade ou aprioridade que ostenta.

Se as leis lógicas fossem normas, ao lado das normas jurídicas, procedentes de fontes normativas, seriam suscetíveis de serem ab-rogadas por normas de Direito positivo. Enquanto não, seriam normas válidas, vinculantes, providas de reparação sancionadora em caso de inobservância, com a *estrutura sintática* de toda norma de Direito positivo.

Empregamos como equivalentes em significação as denominações "normas jurídicas", "regras de Direito", "preceitos jurídicos". Assim, quando dizemos que as leis lógicas, que estão *no interior* do sistema jurídico (ordenamento positivo), não são proposições do mesmo *status* das regras jurídicas (apenas versando sobre matéria lógica), opomos a lei como forma apofântica, *descritiva,* à regra como forma deôntica, *prescritiva.* As leis lógicas estão estruturando o sistema jurídico no que este tem de linguagem: a linguagem do Direito positivo evita o *sem sentido* ("o devedor está obrigado a um por consequente"), e o *contrassentido* ("a pessoa não deve ser sujeito de direito"). O que não impossibilita o Direito positivo, em muitos casos, de *converter em conteúdo de regra jurídica uma lei lógica.* Assim, na interpretação das normas, o sistema prescreve que se deve ou não deve usar o argumento analógico, que é um processo inferencial mediato.

O sistema jurídico toma posição diante de uma lei lógica, em função de valorações implícitas ou explícitas do sistema mesmo. Pode permitir que duas proposições normativas contraditórias sejam válidas, ou determinar que, no caso de contradição, dê-se anulação recíproca, ou se prefira a norma de maior nível na escala normativa, ou a norma mais justa ou oportuna para a solução do conflito.

7. As leis lógicas como metalinguagem

O Direito positivo usa linguagem que nem sempre coincide em seus conteúdos de significação, com o sentido da linguagem da ciência dogmática do Direito – o conceito legal de posse nem sempre é o mesmo conceito científico de posse ("A ciência jurídica não pode limitar-se à precipitação dos preceitos de Direito em conceitos jurídicos...", Pontes de Miranda, *Systema de Sciencia Positiva do Direito,* pág. 356, tomo I). A Lógica é uma linguagem sobre essa linguagem legal, sabemos. Como o é uma linguagem sobre a linguagem da ciência dogmática do Direito. É uma linguagem formalizada. De sobrenível. Então, temos que *as leis lógicas são leis formuladas em nível de metalinguagem.* Ocupando nível distinto do nível da linguagem do Direito positivo, das proposições normativas desse Direito evidentemente se distinguem.

Completemos agora o que já dissemos: a Lógica, sistema formal, ou sistema de linguagem formalizada, pressupõe símbolos abstratos e primitivos; cânones prescritivos que digam que formações e que transformações (dedutivas) são possíveis ou legítimas com os símbolos (uns, operadores ou constantes, outros, variáveis: de sujeito, de predicado, de proposição). Pois bem. Tais cânones são *regras,* as regras da combinatória abstrata dos símbolos. *Como regras, são prévias ao sistema da Lógica.* Neste sentido, precisamente neste sentido, as regras lógicas do cálculo são metalógicas. Seu tópico é fora do sistema, não no interior dele. Manifestamente, as regras lógicas, como cânones deônticos sobre o cálculo abstrato, que é a Lógica, *não se confundem com as leis lógicas usadas como regras jurídicas, ou a título de conteúdo de regras jurídicas, inseridas no interior do ordenamento jurídico.*

O que antecede é importante para a compreensão do que passamos a comentar.

8. Um aspecto do logicismo

Sem levar em conta a distinção entre leis lógicas e regras ou normas jurídicas que se fundam em leis lógicas, ou as põem como conteúdo de normas, incorre-se em desacerto na teoria do Direito. As leis lógicas são proposições *descritivas;* as regras, por definição, são *prescritivas.* O que fenomenologicamente a experiência do Direito me oferece é a existência do Direito como complexo de proposições, como estrutura articulada de linguagem que, por isso mesmo que é linguagem *significativa,* é apta a compor-se em forma de sistema. Mas de um sistema em que se encontram tanto a observância das leis lógicas como a inobservância das relações que tais leis teoréticas fixam. O Direito *é* um sistema com contradições.

Outro problema é que o Direito *não deva* conter contradições: ali, uma questão fenomenológico-descritiva; aqui, uma questão deontológica (que o Direito deva ser um sistema isento de contradições atende ao requisito de racionalidade, de realização da justiça, até mesmo à exigência política de viabilidade no mundo social da conduta humana). Por isso, parece-nos excessiva a conclusão da excelente análise de Schreiber, quando afirma: "A lógica do Direito não é apenas um domínio fecundo da investigação dos fundamentos do Direito, mas também (sondern) as leis da Lógica são partes constitucionais do ordenamento jurídico. Uma proposição jurídica que abandone (verstoesst) as leis da Lógica é inconstitucional" (Rupert Schreiber, *Logik des Rechts*, pág. 96).

Neste ponto, Kelsen parece com apoio mais firme na experiência. Irrecusável é a possibilidade, na ordem dos fatos, que se nos oferece: a possibilidade de conflitos contraditórios entre normas. Possibilidade fundada no fato de que há vários focos de irradiação normativa (fontes), de que as normas são emitidas em tempos diversos, por titulares de órgãos também diversos e ante circunstâncias que mudam. Mais, que o *sistema jurídico não é um sistema científico, nem sistema formal, nem sistema real* (*empírico*). Um sistema científico, este não tolera a inconstância, a incompatibilidade contraditória entre seus enunciados. A contraditoriedade arruina-lhe a estrutura. Ainda que Kelsen rechace a existência de contradições lógicas entre *normas* – que as há entre *enunciados descritivos* – não pode desatender à experiência. Há conflitos, não digamos os de *forma procedimental,* mas os de natureza *material* entre normas: umas permitem, outras vedam a mesma conduta nas mesmas *condições de aplicação,* como diria Von Wright. São conflitos, não somente os *ratione formae* – relativos ao processo de feitura das normas – que não são conflitos propriamente lógicos, mas os conflitos *ratione materiae.* Estes, quando os há, "have an alternative character", pois "The Constitution entitles the legislator to create statutes also in another way also with another content" (Kelsen, *General Theory of Law and State,* pág. 156). E, no final, lá está o *corte decisório do problema, por via extralógica*: "It is the will of the Constitution that this statute (o inconstitucional) shall be also valid" (ob. cit., pág. 157). Estamos lidando com hipóteses de inconstitucionalidade ou de ilegalidade *que incorram em contraditoriedade,* está-se vendo.

9. Contraditoriedade entre normas

Detenhamo-nos ainda um pouco mais na contradição entre proposições normativas, sob o aspecto formal. E sempre tomando Kelsen como ponto referencial da discussão. Conforme observamos, inexiste contradição lógica entre um enunciado (*statement*) que descreve um *actual state-of-affairs* e outro que estatui o dever-ser, isto é, entre "*A* é *B*" e "*A* não deve ser *B*". Entre um enunciado que descreve uma conduta como de fato é e outro que estipula como deve ser, ou entre um enunciado apofântico e outro enunciado deôntico, com os mesmos termos sujeito e predicado, diferindo pela presença da constante lógica *não* (e mais pelo *é* e pelo "deve ser" como operadores intraproposicionais). Não sendo contraditórios "*A* é *B*" e "*A* não deve ser *B*", são compatíveis, observa Kelsen (*General Theory of Law and State*, pág. 41). Há, sim, contradição "between two statements which both assert an 'is'...". Kelsen está certo. A lei de não contradição exprime uma relação de incompossibilidade *entre enunciados do mesmo tipo sintático,* ou que contenham valores veritativos (verdade/falsidade) ou que contenham as propriedades jurídicas da validade e da não validade. Entre proposições apofânticas, ou entre proposições deônticas, não entre proposições apofânticas e proposições deônticas. Com isso, por outra parte, arrima-se o fundamento pelo qual um comportamento efetivo (*actual behaviour*) relatado em um enunciado descritivo, em nada afeta o valor jurídico do enunciado prescritivo. Tanto o enunciado apofântico que descreve a conduta real desviante da conduta devida, como o enunciado que prescreve a conduta, podem ser, simultaneamente, verdadeiro, aquele, válido, este. Verdade/falsidade, validade/não validade são valores de enunciados (ou proposições) entre os quais não pode haver conflito contraditório.

Isso não exclui a possível combinação de proposições descritivas (as da ciência jurídica) com as proposições prescritivas do Direito positivo. Assim, enuncio: "de acordo com o sistema *S*, é válida a norma *N*". Obtenho, então, um composto lógico formado de um *normative-statement* com uma *norma* (Von Wright, *Norm and Action,* págs. 105-106). Mas, se o enunciado normativo e a norma diferem pelos valores (valores apofânticos, naquele, valores deônticos, neste) não podem ser combinados para dar lugar a *funções de verdade* ou *funções veritativas.* As leis sintáticas do cálculo proposicional não o permitem. A norma, no caso, tem o papel de um *state-of-affairs,* de uma situação objetiva, da qual se afirma ou se nega que existe (é válida ou não válida). Dizendo com Von Wright: "*the truth-ground of a normative-statement is the existence of a norm*". Cada uma das proposições constituintes tem seu específico *ontological status* por substrato objetivo e tem seus valores próprios. Por isso mesmo, não há a possível contradição lógica entre o enunciado ou proposição descritiva com a proposição normativa, objeto. São duas proposições entre as quais o termo formal *não,* inscrito, não as converte em reciprocamente excludentes. A existência da norma é um fato e a proposição descritiva da norma é verdadeira ou falsa, conforme a norma exista ou não exista. O que é verdadeira ou falsa é a Proposição descritiva sobre a *proposição-norma,* não a norma mesma, como norma.

É impossível, aprioristicamente, excluir a contradição normativa no interior de um sistema de Direito positivo. É um fato que os sistemas de normas jurídicas contêm contradições. É certo, normas explicitadas ou implícitas do sistema provêm os métodos para eliminar as antinomias, mas não é certo que se eliminem todas as antinomias. Muitas proposições são tidas como compatíveis entre si, até que uma interpretação jurisprudencial revela inconciliabilidade entre preceitos tidos por harmônicos. E nada juridicamente no interior do sistema impede que haja mutação interpretativa dos órgãos judiciais. Cada conceito jurídico ou cada enunciado normativo tem um *campo de irradiação semântica:* as estruturas e as partes lógicas das estruturas ingressam dentro de complexos de significações e nunca uma significação está isolada. Existe em função de uma constelação de outras significações, entre as quais relações de compatibilidade ou de incompatibilidade formais se verificam.

Há duas vias para eliminar as contradições normativas: uma, dada pelo próprio sistema jurídico; outra, pela ciência jurídica. Se um sistema de normas acha-se constituído em estratos ou níveis proposicionais e se, por *critérios extralógicos*, se confere aos níveis diferentes valias, se, em outros termos, o sistema está construído hierarquicamente, então, a proposição de maior nível elimina a correspondente contraditória de menor nível. Quando do mesmo nível, um *critério extralógico de sucessão temporal* manda que a proposição normativa posterior revogue a anterior. A eliminação da contraditoriedade se dá, pois, via extralógica. Que a norma constitucional prevaleça sobre a norma ordinária, que a lei formal prevaleça sobre o regulamento, que as leis constitucionais e legais prevaleçam sobre os atos administrativos ou os atos negociais, não advém de um *critério lógico-formal*. Provém do sistema, *da vontade constituinte do sistema, das decisões como atos de vontade que estratificam o universo de normas:* umas são mais valiosas que outras, ou são constituintes necessários do sistema. É um prevalecimento *axiológico* ou *ontológico*. Agora, uma vez conferido esse prevalecimento, começa a *relação lógica* de coordenação ou de subordinação, a posição de uma proposição ser implicante, outra implicada, a relação de fundamento de validade (uma proposição normativa ser fundante da validade de outra).

A outra via para eliminar o contraditório no interior de um sistema positivo de normas é feita pela ciência. Conhecer cientificamente é reduzir à unidade a multiplicidade de dados da experiência. E a unidade é redução a um princípio ordenador, o que requer a coerência interna nos enunciados através dos quais se recolhem os dados. A causalidade é um princípio ordenador no universo dos fatos naturais. O homólogo princípio ordenador no universo do Direito seria, segundo Kelsen, o *conceito de relação imputacional*. A norma fundamental de um sistema é princípio de unidade e forma do nexo ou do relacionamento que se faz entre os dados.

Kelsen, em várias passagens de sua obra admirável, reconhece que são contraditórias as formas "*A* deve ser *B*" e

"*A* não deve ser *B*". Em rigor, é uma forma composta (o correspondente a uma *função veritativa*): uma forma lógica contendo conectivos ou constantes e variáveis, resultando no que Husserl denominou um *contrassentido analítico*. Apesar dessa contraposição lógico-formal, Kelsen recusa-lhe a aplicação da lei de não contradição. Como representam estruturas formalizadas de qualquer proposição normativa do Direito (simplificadamente, pois a proposição jurídica é hipotética ou implicacional; não categórica) e carecem de valor de verdade (verdade/falsidade), resulta, na teoria pura, que a lei de não contradição lhes é estranha. A lei lógica aplica-se à forma "*A* é *B*" e "*A* não é *B*": às proposições *descritivas*, e não às proposições *prescritivas*. Carece de sentido próprio dizer de uma norma que é verdadeira ou é falsa, consoante a conformidade ou a desconformidade da conduta efetiva com a norma. Não se lhe aplica, acrescentemos, nem o critério de *verificação empírica* dos *enunciados descritivos* de realidades, nem o critério lógico da *consistência* dos *enunciados formais*.

Observe-se atentamente. Apesar disso, a Ciência do Direito, consoante Kelsen, não admite contradições normativas no interior do sistema do Direito positivo. Ora, contradições existem. Diz Ramon Capella: "Que várias normas sejam contraditórias entre si é um fato que não exclui sua própria natureza e que pode dar-se no mundo" (Capella, *El Derecho como Lenguaje*, pág. 64).

Kelsen parece partir da hipótese de que, se a ciência jurídica aceitar as contradições normativas no Direito positivo, não poderá constituir-se como um sistema de conhecimento autoconsistente. A incoerência ou a inconsistência do sistema normativo do Direito positivo transferir-se-ia para a Ciência do Direito. Em outros termos: a inconsistência, que está no objeto do conhecimento, transita ao conhecimento do objeto. Todavia, o que a ciência faz é tomar o dado e descrevê-lo em proposições teoréticas. O dado é o sistema *S*, que, admitamos, contém *N* e não-*N*. Sobre o *sistema-objeto* fala o *sistema da ciência*, mediante proposições descritivas. Estas, explícita ou implicitamente, se compõem de cláusula "de acordo com o sistema *S*" (em conformidade com, ou consoante o sistema de Direito positivo). Agora, não incorrerá em contradição afirmar: "de acordo com o sistema *S*, são válidas (ou existentes no sistema) as normas *N* e não-*N*". O que a proposição afirma é a existência de *normas simultaneamente válidas, mas contraditórias. As* duas normas em conflito se convertem em conteúdo objetivo de um só juízo de existência. Esse conteúdo objetivo, correlato ontológico do juízo como estrutura de significação (A. Pfaender, *Lógica,* págs. 41-43), tem o mesmo *status* de objeto da proposição que sobre ele se faz: é, fenomenologicamente, objeto ideal-lógico. Haveria contradição se a ciência jurídica afirmasse que "de acordo com o sistema *S* a norma *N* é válida *e* de acordo com o sistema *S* a norma *N* não é válida". Teríamos duas proposições, pertencentes ao sistema da Ciência do Direito, reciprocamente excludentes. Em linguagem formal: *p* e não-*p* são contraditórias porque reciprocamente se excluem, ou cada uma é a simétrica contraditória da outra. *Pertencendo ao mesmo sistema científico S,* introduzem inconsistência, o que o inabilita de logo, a ser verdadeiro *empiricamente.*

10. Unidade gnosiológica e unidade empírica do direito

Quando Kelsen assevera que uma ciência normativa não pode admitir contradição entre normas que pertencem ao mesmo sistema ("Die normative Erkenntnis dultet keinen Widerspruch zwischen zwei Normen desselben Systems", *Reine Rechtslehre,* pág. 89) está transportando a consistência ou não contradição, que é *condição formal da unidade gnosiológica do conhecimento científico* do Direito, para o próprio Direito positivo. Deixando de parte a análise kelseniana sobre as contradições do Direito positivo, que são apenas aparentes (*sham*) para essa análise, tenhamos em conta o seguinte: é possível um sistema de normas jurídicas abrigar contradições. Não podemos, aprioristicamente, dizer que seja impossível. É um fato que há conflitos contraditórios. Com efeito. É suficiente pensar que os ordenamentos não se constroem como sistemas de proposições científicas; que as normas, formuladas em proposições, provieram de situações sociais diversas, de fontes normativas distintas; que a racionalização na manifestação do Direito é uma etapa amadurecida nas altas culturas; que nas culturas primitivas tais normas, com outras normas não jurídicas, formam uma congérie de normas onde o sistema jurídico não se destaca como relativamente autônomo, como um sistema autorregulador de sua estrutura interna etc., basta pensar nisso para se perceber que nenhum sistema de normas, como sistema, é autoconsistente, isento de incompatibilidades de significação, internamente coerente de sentido.

Se as há, as contradições normativas, *então a ciência jurídica, não as admitindo, está-se colocando em função diversa da cognoscente ou descritiva.* Toma a posição de emitente de proposições prescritivas: não pode admitir, não tolera, não suporta (*duldet*). Por isso, desfaz o contraditório, ou refaz o sistema. *Mas, então, temos a ciência jurídica como fonte do Direito*, tese plenamente *anti-kelseniana.* Firmado na lei lógica da não contradição, o jurista científico emite a norma da não contraditoriedade, pois, se há normas conflitantes, na espécie da antinomia contraditória, *eliminar uma das duas conflitantes só é possível através de normas. Normas são eliminadas por normas, proposições prescritivas por proposições prescritivas.* E, com isso, se dissolve a dualidade norma de direito (*Rechtsnorm*) proposição de direito (*Rechtssatz*), aquela dualidade que, sob outros aspectos, deu margem à polêmica com Sander. Nessa polêmica, distinguiram-se, de um lado, os juízos do Direito (*Urteile des Rechts*), de outro, os juízos da ciência jurídica (*Urteile der Rechtswissenschaft*): uns, objeto do conhecimento, outros, enunciados cognoscentes do objeto (Kelsen, *Rechtswissenschaft und Recht,* págs. 5 e segs., pág. 126).

Em termos atuais, trata-se de níveis de linguagem: a *linguagem do Direito-objeto* e a *linguagem da Ciência do Direito.* E, ainda, de um outro nível de linguagem: a *linguagem lógica,* onde se encontra a lei de não contradição. A lei lógica *declara* que duas normas contraditórias não podem ser ambas válidas (nem ambas falsas, segundo a *lei de terceiro excluso*). Mas, como lei, é enunciado teorético, cujo valor de verdade é independente da conformidade ou não conformidade do Direito positivo a essa lei. Como lei lógica, é analiticamente verdadeira, muito embora fale sobre proposições que carecem de *valores veritativos* (a norma jurídica nem verdadeira nem falsa é). Fala sobre proposições que têm *valores deônticos* (validade/não validade das proposições normativas). Como *lei* lógica, mostrando a incompossibilidade de normas reciprocamente contraditórias, não é *norma*. É forma apofântica, descritiva ou declarativa, teorética: não prescritiva. Por isso, ainda que fale acerca de enunciados sem valor veritativo, ela mesma, como lei lógica, é verdadeira, na modalidade do *necessariamente* verdadeiro.

Temos aqui uma diferença entre a lei de não contradição sobre proposições descritivas nos *sistemas científicos*, e a lei de não contradição sobre proposições normativas nos *sistemas normativos*, como o do Direito positivo. Um sistema científico que infringe lei lógica é, formalmente (analiticamente), falso, *antes* de alcançar o objeto de conhecimento. A inconsistência interior desagrega o sistema cognoscente. Mas um sistema normativo, como o do Direito positivo, infringente da lei de não contradição sobre proposições normativas, continua a ser válido. A incompatibilidade interna não compromete sua existência, *que repousa na validade e na eficácia global dele*, sistema, face à realidade que juridicamente qualifica. Duas normas conflitantes, *N* e não-*N*, existem *qua* normas, isto é, continuam válidas, até que o próprio sistema, mediante outra norma (uma norma de interpretação) ou mediante critério normativamente estabelecido (a norma de maior nível prevalece sobre a de menor nível que com ela se contradiga) cancele a validade. Por isso mesmo, o *que é logicamente impossível, a validade conjunta de normas contraditórias, é empiricamente existente*. Um sistema *S* não se desagrega juridicamente por conter normas de *valores simétricos* (opostos contraditoriamente), *N* e não-*N*, que conservam a relação de pertinência e, *eo ipso*, são juridicamente válidas, fazendo parte do todo que é o ordenamento positivo.

Outro aspecto da questão, que deixa intacto o problema posto, reside no fato de as normas contraditórias não serem *aplicáveis simultaneamente*. A resistência provém do objeto: a mesma conduta não pode estar simultaneamente normada em oposição contraditória. Mas a *inaplicabilidade* a um mesmo objeto – a conduta – de preceitos contraditoriamente excludentes é uma questão de fato, decorrente de uma *impossibilidade factual, existencial*. O órgão aplicador – juiz, autoridade administrativa – ou as partes numa relação negocial, tendem a optar por um dos termos da alternativa. No que toca aos órgãos aplicadores, estes não têm por que ab-rogar a norma em conflito, ou ambas, mutuamente colidentes, se o sistema não o estabelecer normativamente. Continuam elas a existir, isto é, são válidas as leis ordinárias contraditórias, pela forma procedimental de sua produção ou pelo conteúdo, com as normas constitucionais; os regulamentos contraditoriamente colidentes com as leis; as sentenças *contra legem*, enquanto não desfeitas por outras sentenças. Adquirem validade definitiva, com eficácia de coisa julgada, as sentenças ainda que firmem normas individuais contrapostas às normas gerais que se lhes superpõem.

Capítulo X

SUMÁRIO: 1. Aspectos da completude do sistema jurídico – 2. Tipificação do fáctico – 3. Substrato sociológico da completude do sistema jurídico – 4. Um ângulo analítico da completude. Nota sobre a teoria kelseniana da completude – 5. Esquematização seletiva do fáctico – 6. Duas vias para ir à completude do sistema – 7. Posição de Eugen Ehrlich – 8. Pontos de vista genético e sistemático – 9. A necessidade da construção.

1. Aspectos da completude do sistema jurídico

A completude e a consistência (*completeness, completezza, Vollkommenheit*) são propriedades formais de um sistema. Um sistema *S* tem *elementos* e *relações constituintes*. Os elementos de um sistema proposicional são as proposições, que têm de satisfazer à consistência no interior do conjunto para pertencerem ao sistema. A consistência (compatibilidade formal) repousa na lei de não contradição: dois enunciados contraditórios, *p* e não-*p*, não podem ser ambos verdadeiros no interior do mesmo sistema. Se a consistência funda-se na lei de não contradição, a completude repousa na lei de exclusão de terceiro, ou seja: dois enunciados contraditórios não podem ser ambos falsos dentro do sistema (Robert Blanché, L'Axiomatique, pág. 42). Entende-se, tais enunciados opostos contraditoriamente são "...formulées correctement dans les termes du système...", como sublinha R. Blanché. É preciso que tais enunciados, porque construídos com elementos do sistema – seu vocabulário e suas regras de formação e de transformação – mantenham com ele relação de pertinencialidade.

Transportando isso para um sistema S, cujo modelo seja um determinado ordenamento jurídico, duas proposições deônticas são inconsistentes se contraditórias e construídas pelas regras de construção do sistema. E não de outro. Proposição deôntica do Direito das gentes, ou de outro sistema jurídico estatal, que conflite contraditoriamente com proposição de um sistema dado como referência, carece dessa inconsistência.

Essa a completude que poderíamos denominar *sintática*. Formalmente, o sistema está saturado, pleno, sem hiatos e sem antinomias. Mas o sistema jurídico é sistema para uma "... réalization dans te monde des choses...", mais que qualquer sistema formal de que cogita Blanché. Ora, essa relação entre o sistema deôntico (entenda-se, sempre, deôntico-jurídico) e a realidade é relação semântica. Diversa da relação entre os símbolos do sistema, que é *relação sintática,* é a relação do sistema com um respectivo modelo.

Modelo é o dado da experiência, mediante o qual interpreto as *fórmulas* do sistema formal: em outros termos, os dados concretos com os quais substituo as *variáveis lógicas* com *constantes fácticas*. Assim, em lugar de falar, na *linguagem formal, em* "*O* (*p*)", enuncio uma norma jurídica com significação concreta e de caráter obrigatório. Valho-me da *linguagem técnica do Direito objeto* (ou da Ciência do Direito, em nível de metalinguagem) e digo: "Nos contratos onerosos, pelos quais se transfere o domínio, posse ou uso, será obrigado o alienante a resguardar o adquirente dos riscos da evicção..." (Código Civil brasileiro de 1916, art. 1.107).

É problema controvertido decidir se o sistema deôntico, face a uma dada realidade social que lhe serve de modelo, é ou não completo. É a completude semântica. Em outras palavras: qualquer que seja a conduta (ação ou omissão) dada na realidade, encontra essa conduta norma primária ou norma secundária em que se alojar? Admitindo-se sua tripartição deôntica, o sistema seria suficiente ante qualquer possibilidade fáctica de conduta?

2. Tipificação do fáctico

Para constatar a completude sintática, observa-se o ser bastante-por-si formal do sistema, sem dele sair, para medi-lo face a outro sistema de referência. Já a completude semântica é uma propriedade relacional, decorrente da posição que o sistema tem face um *modelo*, que é a realidade social, termo de referência normativo do sistema. O sistema normativo de Direito positivo é-o em direção da realidade social da conduta humana. Ora, o universo da conduta humana é série interligada de ações e omissões no contexto do espaço físico e do espaço social: é uma série quantitativamente indeterminável e qualitativamente inexaustiva. Há multiplicidade extensiva e intensiva no mundo social da conduta.

Partindo disso, compreende-se que nem tudo desse universo poderá estar como termo de referência do sistema normativo. Agora, se na conduta fizermos corte abstrato entre o que é *conteúdo* da conduta e o que é forma, isto é, o modo de inter-relacionamento de uns homens com outros homens, corte operado sistematicamente e com inexcedível agudeza por um Simmel (com o fim metodológico de conferir suporte autônomo à Sociologia), compreenderemos melhor que sentido tem dizer que o sistema de proposições normativas de um dado Direito positivo nunca alcança abranger a multiplicidade quantitativa e qualitativa da realidade social. O Direito positivo, dos possíveis conteúdos (fatos, fins, valores), seleciona somente alguns, isso mesmo segundo o *processo tipificador* (que não é característica apenas do Direito penal ou do Direito tributário, onde se requer mais certeza e precisão nos tipos). Os conteúdos, sem os quais a conduta, como forma de interação, inexistiria, são incontáveis e mutáveis. O fluxo do acontecer histórico elimina uns e acrescenta outros, com escassa ou às vezes nenhuma margem de previsibilidade. Mal o Direito é posto para responder a um estado de coisas e, muitas vezes, já fica inadequado. Sociologicamente, o ritmo da mudança é mais acelerado em outros subsistemas sociais que no subsistema Direito.

O Direito deixa ingressar dentro do sistema de proposições normativas os fins tipificados que enchem de concreção as formas de conduta. O meu fim individual, a motivação que é só minha, realiza-se através dos tipos objetivados e impessoais de conteúdos de conduta que o sistema do Direito apresenta. Quando Kelsen observa que a essência do Direito não reside nos fins (nos conteúdos religiosos, morais, estéticos, políticos), mas nos meios de se conseguirem os fins, podemos entender tais meios como as formas de os indivíduos se inter-relacionarem, ou seja, as condutas como modos de "interferência intersubjetiva". Em rigor, o Direito não elimina os conteúdos finalísticos, mas, tipifica-os. Sem fins a alcançar não se poriam os negócios jurídicos, ou os atos administrativos. Há fins juridicamente relevantes (existentes para o Direito) e fins juridicamente irrelevantes (existentes facticamente, mas inexistentes para o Direito). O Direito tipifica os conteúdos das condutas, como tipifica as condutas mesmas. Insere aqueles e estas nas modalidades deônticas do obrigatório, do proibido e do permitido, repartindo-as com o sinal positivo da licitude e com o sinal negativo da ilicitude.

3. Substrato sociológico da completude do sistema jurídico

De vários lados se tem atacado a tese da completude do Direito. O sociólogo vê larga porção de realidade social excedente ao sistema racionalizado de proposições normativas e o descompasso inevitável entre o sistema e a realidade. Quem se propõe a fazer política do Direito comprovará o hiato entre o Direito que é e o Direito que deveria ser, para ser mais justo. Somente, tomando essas duas atitudes vemos que, para ambas, o Direito positivo está aquém de um ponto de referência, factual, num caso; deontológico, no outro. Nas duas perspectivas, o sistema do Direito positivo é insuficiente.

Nada mais legítimo que investigar o subsolo de processos sociais, que estão a sustentar a *teoria* da completude do ordenamento jurídico. Não é em qualquer época que surge a teoria da completude, mas na fase de racionalização do processo social, através de normas jurídicas provenientes do centro de poder, que é o Estado. Sobretudo a partir do Direito legislado. Toma sua expressão maior no Estado de Direito, onde não é qualquer juridicidade positiva que legitima o poder, mas o Direito de certo conteúdo e produzido segundo certo método: o Direito advindo do poder legislativo, como órgão representante do povo-órgão ou da nação, sem desvio dos direitos e garantias fundamentais do homem e do cidadão, direitos e garantias concebidos como preconstitucionais ou supraconstitucionais (a legalidade constitucional de que fala Hauriou é grau imediato, produto da operação constituinte e do poder constituinte, que sobre si encontra as normas-limites da Declaração dos Direitos, 1789; M. Hauriou, *Précis de Droit Constitutionnel,* págs. 246-256).

Que o ordenamento seja completo, exaustivo da realidade social subjacente, importa: a) em excluir qualquer direito além do Direito estatal, elaborado, sobretudo, por órgão legislativo independente, isto é, importa em expulsar do sistema qualquer outra *fonte* de normas; b) na atitude racionalista que vê na legislação (e seu produto mais expressivo, a codificação) um método programado de ação social; c) na ideologia conservadora segundo a qual o movimento social se faz dentro das vias pré-traçadas pelas normas, ou que a mudança social é tão lenta que o ordenamento tem sempre resposta solucionadora aos casos ocorrentes e que o controle normativo da evolução evita a revolução. Poderíamos, nisso, dizer com G. Gurvitch, seguindo teses de Max Weber e de E. Ehrlich (Georges Gurvitch, *Sociology of Law,* págs. 148-156), que é um postulado político intimamente vinculado ao estatismo, ao racionalismo normativo que, no final de contas, deságua na "hypertrophic centralization of the State".

Nada mais procedente que essa investigação do substrato sociológico da completude do ordenamento jurídico. Mas esse ângulo de investigação não exclui os ângulos sintático e semântico. O ângulo sintático provém da *formalização* de uma entidade que é *sistema de enunciados proposicionais*. O ângulo semântico deixa fora de consideração a gênese empírica dos ordenamentos, e em que postulados políticos, sociais, ideológicos, assenta. É análise abstrata da relação entre um sistema qualquer *S* (no caso, composto de enunciados deônticos) e o *state-of-reference*, correlato fenomenológico desse sistema.

4. Um ângulo analítico da completude

Não se trata, pois, de buscar a genealogia histórica ou sociológica dos fatos que, em certa época, relativamente saturam os sistemas jurídicos positivos, de tal sorte que o sistema venha a cobrir a realidade quase sem hiatos normativos, sem fissuras normativas, sem espaços juridicamente vazios. O problema se põe para um sistema qualquer, que contenha uma ou várias normas. Em rigor, sistema normativo *unitário* (conjunto *de uma só* proposição deôntica) é impossível se o modo deôntico for (o da única proposição normativa), por exemplo, o do proibido. Retomando argumentos de Bobbio (*Teoria dell'Ordinamento Giuridico*, págs. 25-30) e desenvolvendo-os: sistema normativo cuja única proposição tudo exaustivamente proibisse, não só impossibilitaria a existência humana, como coexistência, que requer um mínimo de permissibilidade lícita, como seria um *contrassentido deôntico:* dada a estrutura relacional do functor deôntico, se numa relação há o vedar ou proibir conduta, na *relação conversa,* necessariamente, dá-se o permitir. Se a algum sujeito se veda conduta *C'*, a outro, correspectivamente, se confere conduta *C"*, de caráter permissivo. Inversamente, se se permite ação ou omissão a alguém, proíbe-se outrem de impedir o permissivo concedido. Norma única de proibição, como *hipótese-limite,* é impossível, pela *estrutura relacional do operador* deôntico.

Nem é viável a proibição a si mesmo, como *autonomia,* nem a proibição total aos outros, como *heteronomia.* O *nomos* jurídico carece de *reflexibilidade* – ninguém pode *juridicamente* obrigar-se a si mesmo, proibir-se a si mesmo, ou permitir-se a si mesmo: é o aspecto formal da alteridade. Carece ainda de *simetria:* se *S'* está obrigado a fazer ou a omitir conduta *C'*, *S''* tem o direito, facultamento ou permissão jurídica de exigir a prestação positiva ou negativa a que se obrigou o termo referente *S'*. A variável relacional *R* tem os valores *R'*, *R''*, *R'''*, cujos *conversos* são assimétricos. Então, generalizando: é impossível logicamente sistema normativo-jurídico de uma só norma, fosse ela só proibitiva, só obrigatória ou só permissiva, porque, dada a constituição relacional da norma jurídica, sempre há pelo menos duas proposições normativas de valores deônticos recíprocos e, por isso, mutuamente implicando-se. Norma que tudo proibisse, ou tudo permitisse, ou tudo obrigasse, iria de encontro ao modo deôntico de relacionar condutas no universo do Direito. Ao lado da *impossibilidade ontológica* de normar unilateral e exaustivamente toda conduta possível, está a *impossibilidade lógica* de estatuir-se um relaciona 1 deôntico, sem, *eo ipso,* dar-se a ponência do relacional converso, coimplicado porque complemento necessário do outro.

Assim, dada a tripartição deôntica do universo da conduta juridicamente regulada, a conduta alojar-se-ia num dos três segmentos. A tripartição é mutuamente excludente e conjuntamente exaustiva. Uma mesma conduta, pois, nem tem simultaneamente os três modos deônticos, nem pode se inserir num quarto modo: o princípio da não incompatibilidade evita o contrassentido; o princípio de um quarto excluído impediria que a conduta se precipitasse no vácuo do juridicamente não qualificado, isto é, confere a *fermeture* ao sistema, a plenitude logicamente hermética, de que fala a teoria egológica. O modo permissivo é o modo limite.

Sob o ponto de vista sintático e semântico do sistema de proposições normativas do Direito, a conduta que não estiver proibida, ou não for obrigatória, é permitida. Quarta possibilidade não se dá. Sintaticamente, os modais deônticos são *irredutíveis*, mas *interdefiníveis*, mobilizando-se o operador de negação. Assim, o *proibido* é equivalente ao *obrigatório não fazer*, ou ao *não permitido fazer*: em símbolos, $V(p) \equiv O$ (não-p) $\equiv$ não-$P(p)$. Partindo-se de um modal, ou de V, ou de O, ou de P, obtém-se três equivalências proposicionais mediante o functor *não* incidindo noutro *functor deôntico*, ou no *argumento proposicional* (encerrado dentro dos parênteses). Semanticamente, em face da situação objetiva, correlato fenomenologicamente objetivo do sistema de proposições, toda ocorrência (ou incorrência) de conduta está "prevista", está deonticamente modalizada, pelas razões já expostas. Como o modal deôntico é *operador relacional* (o deôntico D é uma *variável relacional* R, com os valores R', R'', e R''', correspondentes aos *modos deônticos* especificados) se uma conduta qualquer não cai nas áreas do proibido ou do obrigatório, e sim na faixa do permitido, a permissão, em sentido jurídico, é relacional: se se permite a um sujeito, obriga-se outro sujeito a uma conduta que possibilite o exercício da conduta permitida ao primeiro. Agora, a mera permissão jurídica bilateral de fazer ou não fazer nem sempre satisfaz às exigências da vida social. Há a permissão com a correlativa obrigação de outrem de não impedir, mas *sem funcionar como fato gerador* (como gostam de denominar os tributaristas) *de consequências normativas, reclamadas pela realidade social, pela mudança econômica e social,* "demanded by new relations" (Ehrlich). Ou, então, os atos permitidos são o *conjunto complemento,* descontados do universo deôntico o conjunto de atos proibidos mais o conjunto de atos obrigatórios, ou seja: os x tais que não pertencem ao conjunto A, que não pertencem ao conjunto B, mas pertencem ao conjunto C, *dentro do universo* (de condutas) U.

5. Esquematização seletiva do fáctico

Por outro lado, é exato afirmar que nem tudo da realidade física ou social entra no quadro esquemático da *hipótese* da proposição normativa, que a multiplicidade intensiva e extensiva do real requer a operação conceptual normativa, forçosamente simplificadora, inevitavelmente abstrata, pelo processo de esquematização ou tipificação do fáctico. A hipótese ou o pressuposto é a via aberta à entrada do fáctico no interior do universo do Direito. Fato da natureza ou fato de conduta entram se há pressupostos ou hipóteses que os recolham, e entram na medida em que o sistema o estabelece. O tipo, que está na hipótese, é o conjunto de fatos que satisfazem a predicação, isto é, a conotação seletivamente construída. Por isso, o *fato jurídico* pode ou não coincidir com o *suporte fáctico total.* Com frequência, não se superpõem.

O fato natural insere-se *tão só* na hipótese. O fato de conduta, este, justamente porque vai ser modelado deonticamente, pode estar na hipótese e *só ele* está na tese ou consequência da proposição normativa do Direito. Se entra para compor o fato jurídico, delineado na hipótese da proposição, é recolhido *descritivamente.* A hipótese é um *descritor,* ainda que o dado ou conteúdo da descrição seja fato *já* normativamente modelado. "Se o vendedor aliena coisa com vício oculto..." nesta hipótese, descreve-se algo que é prescritivo, porção do mundo jurídico. Por sua vez, noutra norma, em lugar de hipótese descritiva, toma o posto de prescritor: se alguém aliena coisa sua mediante a contraprestação do preço, deve ter a qualificação de vendedor.

O tópico sintático do descritor ou de prescritor é, sob esse ponto de vista, relativo. Como relativos são os tópicos de hipótese e tese: o que é hipótese numa proposição, é tese noutra, e reciprocamente. Assim, os elos da cadeia de proposições normativas vão-se constituindo, terminando no nível superior com uma hipótese que não pode mais ser tese – uma norma constitucional básica positiva, dentro da Constituição formal, ou a norma fundamental como hipótese gnosiológica no sentido kelseniano – e na última tese ou consequência, no nível inferior, que não mais pode ocupar o lugar de pressuposto de ulterior proposição normativa. Esses níveis terminais mostram que, nem regressivamente, nem progressivamente, o processo vai *ad infinitum.* Também sob esse aspecto, há uma *finitude lógica* do sistema deôntico do Direito positivo, sistema que tanto se abre para abranger a realidade, como depois, encerra-se no interior de si mesmo, construindo normas novas segundo sua dialética interna (segundo as regras de construção que representam a sintaxe do sistema).

6. Duas vias para ir à completude do sistema

Podemos conceber a integridade de um sistema de normas de Direito seguindo dois caminhos. Pelo primeiro, o sistema está completo, porque nem tudo entrou em sua órbita e nem tudo entra porque seletivamente o sistema separou o jurídico do não jurídico: o não jurídico não é a porção *complementar* de um mesmo universo – assim como o antijurídico é complemento do jurídico, a ilicitude é o complemento da licitude. O não jurídico é o juridicamente inexistente, o que não interessou ao mundo das normas. Então, por essa via, o sistema está completo com a porção de fatos naturais e fatos de conduta que encontram asilo nas hipóteses e nas teses da estrutura da proposição deôntica. Seguindo-se esse itinerário, sobram vastas porções de realidade "juridicamente indiferentes", "juridicamente irrelevantes": quer dizer, *deonticamente neutras.*

Tomando-se o outro caminho, podemos conceber a completude de um sistema de normas de Direito do seguinte modo: fatos naturais, há os que existem, mas não contam em qualquer uma das hipóteses, como não contam em nenhuma das teses das normas positivas do sistema – assim o fruto ressequido que cai da árvore, na praça pública, com o vento que agita a folhagem está, ou não tem, necessariamente, que estar previsto como fato produtor de consequências jurídicas. Sob esse ângulo, muito da vida humana, *como fato da natureza,* pode ou não estar normativamente qualificado. Então, tomando-se como termo de referência o mundo dos fatos naturais, o sistema do Direito positivo inevitavelmente incompleto é. Mas, que ocorre se se faz termo de referência o homem como sujeito que se projeta em conduta, o homem na inter-humanidade que é a existência social? Ocorrerá que qualquer conduta sua (que é um fato relacional de sentido, de sujeito para sujeito), ou está alojada num pressuposto (numa hipótese factual de realização possível), ou, então, numa consequência?

Essa pretensão de exaustividade com que o sistema abrangeria qualquer conduta possível, sendo completo, porque nenhuma conduta restaria deonticamente neutra, decorreria do ser mesmo do deôntico, da estrutura lógica e ontológica do Direito. O universo da conduta, que é ocorrência tempoespacial, está, face a um sistema de normas, com seu âmbito de validade temporal e espacial, *suficientemente repartido* em conduta obrigatória, em conduta proibida ou vedada e em conduta permitida (na dúplice modalidade da permissão unilateral e da permissão bilateral: na primeira, só fazer, ou só omitir; na segunda, permissão de fazer e omitir).

Quando dizemos, pois, que nem tudo do real é juridicamente relevante, há que se entender: nem todos os fatos meramente naturais estão qualificados num termo da proposição jurídica, na hipótese da proposição primária, ou da proposição secundária.

Mas, não dar-se-ia o caso de que nem todos os fatos de conduta estão inseridos numa órbita de validade, necessariamente em qualquer desses lugares sintáticos de pressupostos ou hipóteses, e teses ou consequências, figurando numa ou noutra parte da proposição jurídica completa? Vê-se o contraponto dessa necessidade ontológica de regrar exaustivamente a conduta na completude como *categoria* ou suposto gnosiológico do Direito (Cossio, *La Plenitud del Ordenamiento Jurídico*, págs. 154-190).

7. Posição de Eugen Ehrlich

Parece tão manifesto que o sistema do Direito positivo é incompleto em face da realidade complexa, que não pode prever todos os fatos do momento ou historicamente supervenientes, que o legislador (no sentido amplo) é um emitente de normas contextualmente situado e limitado, parece tão irrecusavelmente certo tudo isso que a teoria da completude do ordenamento jurídico resultaria numa exacerbação de logicismo, na tentativa vã de equiparar os sistemas de normas, factualmente vinculadas, aos sistemas formais, empiricamente independentes e interiormente sem *gaps*, sem hiatos ou vazios proposicionais.

Em face disso, e de outras considerações, prosseguindo na mesma linha, em busca dos estratos históricos e sociológicos, em comparação com os quais as proposições normativas gerais são apenas precipitados conceptuais, obtidos por abstração, dos fatos e das relações sociais concretas, é que se entende a posição de Eugen Ehrlich (*Principles of the Sociology of Law*, págs. 172-179, 430-435) e sua frase áspera de desdém: "...The 'Geschlossenheit des Rechtssystems' never was anything but purely theoretical pedantry" (ob. cit., pág. 430, texto da tradução inglesa).

O problema que põe Ehrlich é o seguinte: dada uma codificação prefixando os tipos de associação, ou de contratos, ou de manifestação de vontade producentes de efeitos juridicamente preestabelecidos, se há de inferir, de acordo com os sistemas jurídicos racionalizados, que *outros* tipos, que a vida social e econômica exija para enriquecer a morfologia ou a tipologia legal, estão vedados (ob. cit., págs. 126-129). Dizendo no teor da Sociologia atual: para o racionalismo da ciência dos juristas, o Direito é tão só *social control*, que enclausura as relações sociais, e não também fator de *social change*; é a estática no fluxo do suceder social, ficando um contraforte rígido à mutação; não, porém, componente do processo, lento ou rápido, acelerando até o processo, como instrumento do desenvolvimento.

O problema não pode ser posto sem um quadro de referência: no início de uma codificação, geralmente a ciência jurídica, as decisões judiciais e os atos administrativos, se alojam "within the framework of the code". O que se passar de novo, de imprevisto, está "outside of the legal sphere": o que não está tipificado (seguindo o uso da linguagem deste trabalho) no pressuposto ou hipótese de norma, o que não está comandado (*commanded*), está proibido. Mas a vida social, a sociedade ("o Direito da sociedade") irrompe criando formas novas, reformando ou transformando os tipos que o Estado criou na legislação. E então surgem, vamos dizer, *de facto*, sociedades mercantis que não cabem nos tipos ou modelos oficiais, contratos coletivos de trabalho que descabem nos módulos vigentes da locação de serviços, cartéis e trustes decorrentes de incremento acelerado da economia e que não encontram previsão legislativa. Veja-se: ora a vontade do órgão estatal *explicitamente proíbe* outros tipos de atos, ora simplesmente omite qualquer menção a outras novas modalidades de as vontades se vincularem juridicamente (existe, é certo, a área dos negócios jurídicos *atípicos*, mas dentro de limites que a legislação, ou o sistema, ou os princípios do sistema suportam).

Também, a maior ou menor rigidez da tipologia legal depende do sistema jurídico: se o do Direito legislado continental europeu, se o do *common low* europeu, se o do *common low* anglo-americano. Este é o segundo quadro de referência para situar o problema acima representado, o *frame-of-reference* em que se se acham localizados a Ciência do Direito (dogmática) e os juízes e os Tribunais.

8. Pontos de vista genético e sistemático

O conhecimento dogmático insere-se no interior do sistema jurídico total. A ciência jurídica não é um setor ilhado, como se fora propriedade dos teóricos do Direito. Está permeando a atividade dos advogados e dos juízes, como saber teorético, projetando-se em saber instrumental visando a conhecer para, no final, aplicar normas. Tão assim é que, com ênfase, a teoria egológica vê no juiz o cânone cognoscente do Direito: quando interpretamos com finalidade só teórica, ou em função da prática, nós nos colocamos na posição do juiz que toma a norma para dissolver a possível contenciosidade processual do caso concreto. A proposição normativa mais geral e abstrata, ainda que de conteúdo especificado, comporta-se como forma lógica cuja variável está quantificada universalmente a fim de que dela, por substituição, se tirem as incontáveis proposições individuais normativas, estas, sim, recobrindo (ainda que não exaustivamente) a concrescência dos casos da vida, a individuação que é característica do existencial (R. Schreiber, *Logik des Rechts*, págs. 71-72).

O sociólogo pode e deve investigar em profundidade a fim de surpreender a fase histórica em que no processo de diferenciação das normas de conduta interindividual se destacam as normas do Direito. Há uma investigação vertical das camadas normativas, e dentro do Direito mesmo, sociologicamente, é necessário separar verticalmente as capas diversas de que ele se constituiu. Ehrlich pode falar do Direito da sociedade (*gesellschaftliches Recht*) e do pluralismo disperso de fontes de criação de normas; pode distinguir o Direito pré-estatal ou paraestatal, o Direito das proposições abstratas e o Direito das normas concretas de decisão (*Entscheidung Normen*). Mas há a etapa em que o processo sociológico de integração política traz a unificação do Direito (H. Herler, *Staatslehre*, págs. 228/246): o pluralismo das *fontes materiais* conflui para a unicidade da *fonte formal* – metaforicamente, a "vontade do Estado".

Então, nessa fase histórica, qualquer que seja a fonte da norma bilateral de conduta – a normalidade habitual do comportamento coletivo, o costume, as formações espontâneas de associação, o juiz *ad hoc* que decide o caso concreto, a vontade normativa das microssociedades, ou da macrossociedade (sociedade global) – qualquer que seja a origem efetiva das normas, todas elas giram circunvergindo para um centro – o

Estado, do qual recebem convalidamento e exigibilidade coercitiva, convertendo-se naquela vontade autárquica, vinculante e inviolável (no sentido stammleriano). Os ordenamentos parcelares integram-se num ordenamento total, cuja expressão formal (relativamente tardia na evolução e correspondendo a alto grau de racionalidade do processo sociológico) é a estrutura de sistema.

Somente a partir desse instante é que se pode fazer análise dogmática ou análise formal do sistema. A unidade de sistema isto é, a confluência de todas as proposições normativas para um centro comum de validade, é condição sob a qual se constitui esse produto objetivo que é a ciência dogmática do Direito. Com multiplicidade de ordenamentos, díspares quanto ao seu inicial ponto referencial de convalidamento, conflitantes na órbita de um mesmo espaço, incidentes contraditoriamente sobre os sujeitos e sobre as possíveis condutas desses sujeitos, torna-se inviável a Ciência do Direito. Será uma situação de fato, objeto do conhecimento sociológico do direito.

A Sociologia do Direito não se arrima no pressuposto gnosiológico da forma unitária do ordenamento, não requer, gnosiologicamente, a hipótese da norma fundamental. Na Idade Média Alta, houve focos diversos e discordantes de irradiação normativa, dispersão de centros de poder criador de normas jurídicas: somente com o surgimento do Estado dá-se a aglutinação. A hipótese da norma fundamental kelseniana não é somente a *condição da possibilidade do Direito* como sistema inter-relacionado de normas com um último foco de validade: é, ainda, a *condição da possibilidade da Ciência do Direito em sentido estrito.* Em sentido estrito, pelo seu objeto de conhecimento e por sua *forma de sistema* ou *forma de teoria* (Husserl). O que se passou *antes,* aloja-se, por assim dizer, na *proto-história* da ciência dos juristas, desdobrando-se durante todo um longo caminho até alcançar propriamente a história da ciência jurídica (esta de que nos fala P. Koschaker, *Europa y el Derecho Romano,* págs. 247 e segs.).

Assim, tem-se de manter metodologicamente separados os dois pontos de vista sob os quais cabe abordar um objeto. Quando se diz, por exemplo, que a essência do homem é a liberdade e a racionalidade, vê-se o homem sob perspectiva ética ou antropofilosófica, sem desconhecer quão lento e difícil foi ao homem abrir caminho para alcançar essa essência: houve longa, longuíssima fase, em que mal se distinguiu do animal, movendo-se numa quase-história que, aos olhos de um Hegel, era o estágio do *espírito objetivo* numa zona de transição ainda indistinta, de passagem da natureza para a cultura. Quando se investiga a sintaxe lógica de uma linguagem empiricamente dada – assim, a linguagem escrita do Direito – não se desconhece que a linguagem já cristalizada em formas gráficas e fônicas, articulada como um sistema de símbolos para a comunicação do saber sobre as coisas, tem atrás de si longa e obscura proto-história, a partir do gesto e do som vocal monossilábico, modalidade mais simples de o homem comunicar-se no contorno físico e social. E mesmo sem retroceder à pré-história, podemos estudar faseologicamente a linguagem como expressão sensível e intuitiva até alcançar o nível superior da linguagem como expressão conceptual (E. Cassirer, *The Philosophy of Symbolic Forms*, págs. 177-302, tomo 1).

A tese, pois, de que o ordenamento jurídico positivo é um sistema (tendencialmente sistema, indo para a forma-limite de sistema, ainda que sem o alcançar) de proposições deônticas, inter-relacionadas não contraditoriamente e (relativamente) suficiente para abranger uma seção da realidade físico-social, bem consciente de seus limites, coloca-se na perspectiva sistemática. Não deve negar a História e a Sociologia dos ordenamentos; apenas os coloque fora de foco, tão só metodologicamente e para fins de aplicação do Direito. A origem e a evolução sócio-histórica dos ordenamentos são problemas postos entre parênteses metódicos. *Deixam de ser temáticos, em sentido fenomenológico, enquanto se trabalha na teoria formal do ordenamento como sistema e enquanto se faz dogmática,* que é o conhecimento do sujeito colocado *no interior* do ordenamento, *como este está dado,* num corte na sucessão temporal que prossegue ininterruptamente, onde vai se modificando e, até, destruindo-se.

9. A necessidade da construção

A Ciência do Direito não pode explicar como a norma de decisão criada pelo juiz, para julgar o caso inédito, tenha validade, sem existir a proposição normativa geral supraordenada; que ela contenha até o germe ("...contains the germ of a legal proposition", Ehrlich, ob. cit., pág. 174) se não fizer a *construction:* ir ao sistema global e subsumir a norma individual de decisão inovadora, dentro do sistema. Pressuposto dessa construção é que o sistema confira competência ao juiz para criar norma individual sem relação lógica de subalternação a uma proposição normativa geral. Se o juiz julga sem lei, e mesmo contra a lei (lei em sentido amplo), inovando para atender às necessidades emergentes, explícita ou implicitamente o sistema habilitou o juiz. Assim, como, juridicamente, vale a decisão individual insuscetível de revisão, porque o sistema convalida a decisão. Sem essa construção jurídico-dogmática, a decisão judicial inovadora ficaria como fato inserindo-se na hipótese de outra norma que o tomasse como pressuposto de ilicitude: convertendo-se num caso de antijuricidade, fato, pois, jurídico. Ou, para o sistema, não produziria "efeitos", o que é ainda juridicizar (negativamente) o fato.

O sistema é o conceito-limite, ante o social e o político. Por isso, como diz Celso Antônio Bandeira de Mello, "... é necessário procurar, na vida social, as finalidades que devem ser havidas como pertinentes ao Estado e – em face disto – *qualificá-las como públicas através de regime jurídico público*". "O plano em que se coloca o legislador é pré-jurídico, ou seja, *anterior à norma* que ele mesmo fixará, motivado por considerações políticas, morais, filosóficas, sociológicas etc. O plano do jurista é *posterior à norma,* seu objeto de estudo" (Celso Antônio Bandeira de Mello, *Natureza e Regime Jurídico das Autarquias*, pág. 287).

Capítulo XI

SUMÁRIO: 1. A permissão bilateral – 2. Do espaço juridicamente vazio – 3. O que não significa a completude – 4. Pontos de vista estático e dinâmico – 5. Os aspectos lógico e axiológico do tema – 6. Completude nos níveis de linguagem – 7. Completude lógica e completude jurídica – 8. Fechamento e completude.

1. A permissão bilateral

Toda *permissão unilateral* de fazer o que está obrigado, ou de omitir o que está proibido, é uma conduta permitida fundada num dos modos deônticos. Se se obrigasse e, ao mesmo tempo, não se permitisse, ou se proibisse e ao mesmo tempo se negasse a permissão de omitir o proibido, teríamos antinomias deônticas e impossibilidades fácticas de a conduta se realizar. Obrigar equivale a *negar* a permissão de *não fazer:* *O* (*p*) ≡ não-*P* (não-*P*). Proibir equivale a negar permissão de fazer: V (p) ≡ não-P (p). O que conflita com esses dois modos deônticos é a permissão bilateral de fazer ou omitir. É o modo deôntico "P (p) e P (não-p)", modo que, para distinguir simbolicamente da permissão unilateral, fundada num dos dois outros modos deônticos, isto é, de P, dá-se o símbolo de F. Então, conflitante será: O (p) e P (não-p); como V (p) e P (p): quer dizer, obrigar uma conduta e permitir sua omissão, ou proibir uma conduta e permitir sua comissão.

O modal deôntico de fazer ou não fazer ora insere-se dentro de tipos previamente dados pelo ordenamento, ora permanece como liberdade jurídica, isto é, como permissão aos sujeitos para optarem por vários conteúdos, contanto que tais conteúdos se mantenham dentro da órbita de valores tutelados pelo ordenamento. É permitido constituir sociedade comercial, optando os sujeitos por qualquer dos tipos consagrados pelo Código Comercial brasileiro (e leis subsequentes ao Código de 1850). Fora dos tipos de sociedades comerciais, outros não há. Não são exemplificativos os que a lei menciona: são taxativos, em *numerus clausus*. Proíbe-se, fora destes, qualquer outro. A permissão está na opção por qualquer um dos tipos. É permitido casar-se ou não. Se o quiser-se, tem-se à disposição o tipo, com vínculo indissolúvel e com os regimes de bens também enquadrados em tipos: separação, comunhão total, comunhão parcial etc.

Quando se diz que o que não está proibido, nem está obrigatório, está permitido, a zona restante do permitido abrange essa área do permitido dentro dos tipos normativos e o permitido como liberdade de fazer ou omitir, isto é, permissivo digamos *multilateral*. O permissivo é *multilateral quanto aos possíveis conteúdos da conduta,* mas bilateral porque reduz-se à dual possibilidade de fazer ou de omitir. Dizendo em linguagem de *teoria formal dos conjuntos:* o conjunto dos atos permitidos bilateralmente é o conjunto-complemento formado pelas condutas que não pertencem ao conjunto dos atos proibidos, e não pertencem ao conjunto dos atos obrigatórios. Esse conjunto-complemento, por isso que é bilateral (fazer/omitir), difere do que é permitido omitir *fundado* numa proibição, e o que é permitido fazer *fundado* numa obrigação. Abrange o conjunto de condutas às quais livremente se faculta quer a ação, quer a omissão.

Podemos entender também por *liberdade jurídica* a faculdade de optar entre o exercício e o não exercício de um direito subjetivo (E. Garcia Maynez, *Introducción a la Lógica Jurídica*, pág. 208). É um modo deôntico de permissão bilateral *fundado ou dependente de um direito subjetivo de exercício potestativo.*

2. Do espaço juridicamente vazio

Pode-se dizer que a conduta *juridicamente regulada* é obrigatória, ou proibida, ou potestativa: no primeiro caso, o Direito exige sua execução e veda sua omissão; no segundo, o Direito exige sua omissão e veda sua comissão; no terceiro caso, o Direito autoriza tanto sua omissão quanto sua execução. Vê-se que os atos que nem estão proibidos, nem estão ordenados, estão necessariamente permitidos, no sentido da permissão bilateral de fazer ou omitir, da permissão como modo deôntico *não fundado* nos modos deônticos da proibição e da obrigação. Evidentemente, essa área reservada aos sujeitos como possibilidade normativa de fazer ou omitir tudo o que não está proibido, nem está obrigado, *é um espaço juridicamente qualificado.* Pois não se trata da simples possibilidade factual de agir, do mero arbítrio de tomar qualquer comportamento, numa zona em que norma jurídica alguma alcança.

Quando Santi Romano ("Osservazioni sulla completezza dell'ordinamento statale", *in Lo Stato Moderno e la sua Crise,* págs. 178-180) observa que, se uma ação não cai nas três hipóteses do *imposta, vietata, ou permessa,* fica no setor do juridicamente irrelevante, não como *liberdade jurídica,* mas como *libertà di fatto,* implicitamente está distinguindo a permissão como modo deôntico e a permissão como modalidade, digamos, *factual,* à margem do Direito. Também tal setor seria indiferente à dualidade exaustiva da licitude e ilicitude. Ante o fato inquestionável de que a conduta "juridicamente neutra" possa vir a ser objeto de pronunciamento judicial, Santi Romano diz que a exclusão do juridicamente irrelevante será objeto de um "juízo jurídico negativo".

Ora, o juiz, ao julgar uma dada ação ou omissão, necessariamente tem de declarar que, se não está proibida, nem é obrigatória, está permitida. E não há conduta permitida sem ser *relacional,* como toda conduta. Se é relacional, se é *intersubjetiva,* há sempre a possibilidade fáctica de o sujeito a quem se permite ser impedido face a outro sujeito de realizar a conduta permitida. Poder-se-ia pensar que a permissão estivesse regrada por *norma não jurídica,* caso em que ter-se-ia juridicamente a *anomia,* como mera *possibilidade factual* de conduta. Mas ocorre que o ordenamento não fica indiferente à forma relacional (intersubjetiva) de conduta. O ordenamento, expressa ou tacitamente, confere faculdade de fazer ou omitir tudo o que suas normas não proíbem ou não ordenam (E. Garcia Maynez, ob. cit., pág. 202). Se temos a permissão de fazer ou omitir o que não se proíbe ou ordena, é que *norma jurídica existe*, expressa ou tácita, que nos concede a permissão, como direito, e impõe aos demais sujeitos o dever (jurídico) de não impedir a conduta permitida.

Não é poder discricionário de nenhum legislador repartir as possíveis condutas nas três modalidades deônticas, incluindo alguma num outro quarto modo. *Sub specie juris*, conduta aloja-se num dos três modos deônticos. Está na textura mesma da conduta (como relação de homem a homem, ou de sujeito a sujeito) ela *potencialmente* inserir-se na tripartição modal referida.

3. O que não significa a completude

A completude é aqui considerada tão somente sob o ponto de vista sintático e semântico. Sintaticamente, um sistema *S* é completo quando duas proposições deônticas, construídas de acordo com as normas de construção de sistema, contraditórias sendo, *não podem ambas carecer de validade no sistema.* A consistência reside no fato de *não poderem ser ambas válidas no sistema* (de fato, os sistemas jurídicos positivos contêm contradições normativas, solucionadas ou não por outras normas do sistema). Semanticamente, o sistema *S* é completo, considerado não em si mesmo, mas em relação com o objeto de referência, ou seja, no caso, o *universo-da-conduta humana*, delimitado no tempo e no espaço. Repartindo esse universo em três modalidades deônticas, toda ocorrência de conduta alojar-se-á num dos três modais: obrigatório, proibido e permitido. Parte-se do suposto de sua recíproca irredutibilidade. A interdefinibilidade – definir um modal deôntico mediante outro – é mera operação sintática (com uso da *negação functoral*, se a negação afeta um dos functores *V*, *O* ou *P*, ou da *negação proposicional*, se afeta a proposição inscrita entre parênteses, sem excluir a *negação nominal* – a que afeta nomes de classe de ação a classe dos atos proibidos e a classe dos atos não proibidos: *A* e não-*A*).

Essa completude sintática e semântica não indica que um sistema *S*, composto de proposições de Direito positivo, seja perfeito. Esta seria uma conotação *axiológica*. Nem insuscetível de alteração, porque, uma vez posto, vale, é aplicável sempre, sem acréscimo ou sem supressão de normas. Nem que qualquer que seja o caso que se apresente, já encontra nas normas legisladas – constitucionais, legislativo-ordinárias, regulamentares – sua respectiva previsão genérica: tipificada na *hipótese* ou tipificada na *tese* das normas. Do ponto de vista extralógico, da dogmática ou Ciência do direito em sentido estrito, um sistema jurídico positivo é completável, por recursos normativos do próprio sistema. Mas essa completabilidade, que tem ângulos sociológicos, políticos, filosóficos, tem também o ângulo dogmático. Juridicamente não se preenche lacuna normativa mediante *fonte material*, quer dizer, extrapolando do sistema para ir aos dados sociais, à livre investigação científica do Direito (Geny), ao Direito da sociedade (Ehrlich), ou ao Direito natural. Cabe distinguir, com Alf Ross, o conceito jurídico e o conceito político de lacuna (Alf Ross, *Theorie der Rechsquellen*, págs. 347-348). Juridicamente a *Urteilsfaellung als Konkretisation innerhalb des Rahmens des Gesetzes* é da substância mesma do ato jurisdicional ante a indeterminação (*Ubestimmentheit*) das normas gerais (ob. cit., pág. 344).

Antes de tudo, pensemos que o sistema jurídico não consta apenas de proposições gerais, estabelecendo conjuntos ou classes dentro dos quais os casos concretos, sem mais, se encontrassem pela relação de pertencialidade. Se assim fosse, bastaria a inferência dedutiva para tirar do geral o singular do caso. O Direito consta de proposições gerais e de proposições individuais. As situações de fato concretas não se inserem apenas nas proposições gerais, mas também nas proposições individuais. E proposições individuais são postas em cláusulas contratuais, nos tratados internacionais, em atos de administração ou em sentenças judiciais. As proposições gerais fixam o denominador comum, ao qual a concreção dos casos acrescenta outros aspectos que enriquecem a porção conotativa da proposição normativa individual. Se o caso concreto a julgar na controvérsia não se aloja inteiramente em norma geral, por conter um *novum* inesperado e imprevisível, como o juiz não pode deixar de julgar, emite norma individual, fundado em algum tipo de argumento, ou saca princípio geral implícito no sistema e aplica-o no construir a norma individual.

Sob o ponto de vista dinâmico, o Direito, como um todo, consta de normas constitucionais, de normas legislativas ordinárias, de normas do costume, de normas regulamentares, de normas individuais dos contratos, dos atos administrativos e dos julgamentos e sentenças dos juízes e Tribunais. Não existe estaticamente no texto e no contexto escrito: existe como observância espontânea (das normas primárias) e como aplicação contenciosa (das normas secundárias). Não é a escritura inerte no documento constitucional, nos códigos, nos atos legislativos (em sentido amplo). É sua realização. A proposição normativa geral só é Direito positivo porque passa ao plano da concreção, ao nível da efetividade ou eficacidade, que é o mundo dos fatos concretos. A realização do Direito, como proposição geral, é sua individualização, que enriquece o núcleo conotativo do abstrato com os componentes do concreto. Há enriquecimento intensivo (conotacional) para abranger a concreteza do caso, que se aloja na amplitude extensional do abstrato.

Justamente essa direção para a concrescência da vida faz com que o Direito, como totalidade, abranja o processo crescente de criação de normas. Não são leis meramente lógicas, postas *ab extra* do sistema, que comandam a interpretação e a integração dos dados normativos. São normas, no interior do sistema, que pautam o emprego da inferência por analogia, o argumento a *contrario sensu* (Engisch, *Einfuehrung in das Juristische Denken,* págs. 36-40). Se fossem, as chamadas regras de hermenêutica, meras regras *doutrinárias,* sem força cogente para o aplicador do Direito, não se explicaria como elas estão *no* sistema (sobre o caráter normativo do art. 5º da Lei de Introdução ao Código Civil brasileiro [atual Lei de Introdução às normas do Direito Brasileiro], v. Alípio Silveira, *Hermenêutica no Direito Brasileiro*, págs. 48-63, vol. I). Stolfi observa com razão que, se o intérprete não é livre para aplicar o tipo de argumento, seguindo apenas as leis lógicas, é que elas são normas de Direito (Giuseppe Stolfi, *Teoria del Negozio Giuridico*, págs. 241-243). Dizemos: *é através de normas* que se emprega ou não o raciocínio por analogia. No Direito penal e no Direito tributário, geralmente se impede, por motivos *extralógicos* (valoração incluída no princípio da legalidade).

Agora, se o juiz tem o *dever jurídico* – não o dever moral apenas – de julgar qualquer caso, ainda que seja para declarar que o caso não é fato jurídico ao qual corresponde *fattispecie* abstrato relacionado como pressuposto de conduta proibida ou conduta obrigatória, só resta a via de declará-lo permitido, o que é um *juízo jurídico.* O "juízo jurídico negativo" de Santi Romano é jurídico, não *ajurídico*, ou *extrajurídico* (factual, ético-político, axiológico). O juízo jurídico negativo *é proposição deôntico-jurídica individual, que pertence ao sistema jurídico,* como totalidade dinâmica, como um todo em movimento. O juízo jurídico negativo não é a negação do caráter jurídico do juízo. É a declaração judicial de um permissivo débil: o que não está proibido, está permitido, para tomar um tipo de permissão, que distingue Von Wright: "An act will be said to be permitted in the weak sense if it is not forbidden; and it will be said to be permitted in the strong sense if it is not forbidden but subject to norm" (G. H. Von Wright, *Norm and Action, a Logic Enquiry,* pág. 86). – A sujeição à norma, todavia, existe sempre, se a permissão é modo deôntico-jurídico. Ocorre é que essa relação normativa nem sempre está expressa. As mais das vezes é implícita.

4. Pontos de vista estático e dinâmico

Se considerarmos o ordenamento como se estivesse em repouso, enquanto a realidade social flui, em incessante alteração, criando novas relações inter-humanas, se tomarmos do ordenamento só as normas gerais, em contraste com a individualidade do real, que confere à realidade social sua multiplicidade qualitativa e quantitativa – a concreção dos fatos é inesgotável e sua ocorrência não tem término na sucessão do tempo – então o sistema de normas é frustrada tentativa de corresponder ao sistema social. Todavia, essa visão estática não dá na efetiva estrutura do ordenamento.

Com efeito. Se a concreção do fato não encontra norma genérica em que se aloje, nem por isso o órgão jurisdicional deixa de julgar, isto é, de emitir o dever-ser para a situação individual, ou julgar arbitrariamente, sem norma fundante da decisão. O órgão judicante ou julga com base em regra geral, criando norma individual dentro do quadro da regra geral, ou julga – se tem o dever jurídico de julgar – sem regra geral prévia. Mas cria, ele próprio, essa norma geral que fundamenta sua sentença. Se o Direito regra a sua própria produção de normas, através de outras normas – normas procedimentais e de fundo – o órgão judicante participa nessa produção normativa. E o faz mediante norma do sistema. O juiz tem a qualificação normativa de juiz no sistema em que cumpre sua função específica. Quer dizer: *o juiz, criando a norma geral e a norma individual para o caso, sem norma geral de conteúdo especificado para o caso "sub judice", é o próprio ordenamento autocompondo-se, autointegrando-se, ou autocompletando-se.* O ordenamento distribui competência ao juiz, qualifica-o como órgão, e habilita-o para construir a regra *ad hoc*. Como o habilita a sacar da regra individual o princípio geral que pode ser aplicado a casos semelhantes. A semelhança que funda o recurso à analogia não é algo meramente factual: é o dado de fato juridicamente qualificado como semelhante. Qualificado pelo juiz, através da via processual. O que há como núcleo generalizável da norma individual (da sentença) alcança esse grau em virtude do próprio ordenamento. No sistema anglo-saxônio, é a regra contida no *stare-decisis*: o precedente, não é sentença que se exauriu para o caso concreto. É, sim, generalização da norma individual, ou a explicitação do genérico potencialmente contido na norma individual do órgão que julga (Julio Cueto Rua, *El "Common Law", su Estructura Normativa*, págs. 121-143).

Nos ordenamentos de "Direito escrito", também, existe norma geral que habilita o órgão julgador a criar norma com validade *erga omnes* (assim no Direito trabalhista brasileiro). Tal regra está explícita ou implícita. Sem essa norma de habilitação, juridicamente o órgão julgador estaria indo *contra* ou *praeter legem,* inconstitucionalmente desfazendo a repartição de competência dentro da qual esse órgão juridicamente existe. Mas o ato jurisdicional, mesmo o vertido sobre o caso, é, tipicamente, *um ato de realização do Direito pela individualização da lei* (Seabra Fagundes, *O Controle dos Atos Administrativos pelo Poder Judiciário,* pág. 26).

O conceito de completude não é um conceito que exprima o estático do ordenamento. Mesmo havendo o legislador previsto o caso mediante norma geral, sua aplicação contenciosa ou não contenciosa é um processo de individualização. O que enche os poros inevitáveis no esquema abstrato da norma geral é o ato judicial, continuando o processo de produção normativa. Sob o ponto de vista estático, o Direito aparece posto, sobretudo na Constituição, nas leis e regulamentos (recorde-se o critério da generalidade da lei e seu fundo ideológico-político), e a função jurisdicional consistindo em aplicar o que já está normativamente preestabelecido pelo legislador. A divisão constitucional de poderes impede que julgar importe em "legislar", para o caso concreto; muito menos com normas para a classe (ou conjunto) de casos, dentro da qual o caso novo passa a ser um elemento entre outros. Tão só em aparência o ordenamento é algo já feito e concluso; é, porém, algo se fazendo: as normas gerais não são completas, mas estruturas cujos quadros normativos vão-se completando, com outras normas integradoras (a Constituição com as leis, as leis com os regulamentos), entre as quais (normas integradoras ou completantes) se acham as normas individuais do ato sentencial. Somente nisso Kelsen pode dizer: quando o juiz não encontra regra geral que aplique, "...he does not fill a gap of actually valid law and individual norm to which no general norm corresponds" (Kelsen, *General Theory of Law and State,* pág. 147).

Se o órgão julgador inova algo, mesmo quando aplica norma geral preexistente, se cria, habilitado pelo próprio ordenamento, norma individual para o caso, sem arrimo em norma *substantiva* geral prévia (nunca sem *norma geral adjetiva* e sem *norma de competência:* é juiz em virtude de norma de competência e atua com normas processuais), então o Direito, como todo, como totalidade, por assim dizer, em movimento, em rigor é incompleto, mas potencialmente integrável, tem completabilidade.

5. Os aspectos lógico e axiológico do tema

Reunindo as proposições normativas includentes (as proibitivas e as obrigatórias), resta "...the negative rule that nobody must be forced to observe conduct to which he is not obliged by law" (Kelsen, ob. cit., pág. 147), que é a proposição normativa *excludente*, compreendendo a *classe-complemento* das permitidas. Kelsen aproxima-se de Von Wright, quando este distingue duas classes de atos permitidos. Em sentido forte (*strong sense*), o permitido não é a mera ausência de proibição, mas a existência de norma permissiva; no sentido fraco (*weak sense*), o permitido é o meramente não proibido. Essa não sujeição à norma seria o *permitido juridicamente indiferente*, a conduta permitida, relativamente ao ordenamento como mera questão de fato? Mas, ocorre que, logicamente, a tripartição deôntica do universo da conduta face a um sistema é exaustiva; ontologicamente (o que requer dado extralógico) a conduta, sendo relação intersubjetiva, é deonticamente qualificável. Mesmo, a permissão é conduta relacional, fato que só acontece em alteridade. A um sujeito isolado, sem outro sujeito a quem se imponha o dever jurídico de não impedir a conduta permitida, descabe permitir (como obrigar, ou proibir). Um modal deôntico-jurídico qualquer é relacional. É um *relacional não reflexivo* e requer um converso assimétrico. Demais, ninguém dá a si mesmo permissão, obrigação ou proibição. O Direito é heterônomo e não autônomo. Dada a estrutura lógica da relacionalidade, se se permite a um sujeito, proibe-se correspectivamente a outro sujeito turbar o exercício lícito da permissão concedida. O que não quer dizer que o *rapporto intersoggettivo, per se stesso,* seja jurídico; sem norma qualificadora desse *rapporto intersoggettivo*, constituído de ação (ou omissão) impedível, há apenas possibilidade no dado de fato ante a norma. Quer dizer: a intersubjetividade, a impedibilidade, não são *ainda* direito. *São* mera relação social (Bobbio, *Teoria della Norma Giuridica,* págs. 23-26; 30-34), de múltiplos conteúdos: econômico, moral, religioso, cultural.

Um universo de conduta, dado no tempo e no espaço, historicamente concreto, busca conceptualmente no sistema de proposições jurídicas a sua previsão normativa. Por isso, afirma Kelsen que é sempre "logically possible to apply the legal order" aos casos ocorrentes. A concepção *racionalista* do ordenamento jurídico – segundo a qual nas normas *gerais* está o Direito – mais a tese *política* de que o juiz tão apenas *aplica* o Direito existente, que o legislador, e só ele, faz, fica perplexa para explicar como sem manifesta regra geral prévia, que sirva de *premissa maior* ao silogismo judicial, pode sair a sentença como enunciado normativo concludente. Mas, a premissa maior do argumento inferencial-silogístico está no sistema: em normas implícitas – logicamente implicadas nas normas explícitas; em normas fundamentais (os "princípios" do Direito vigente) postas no interior do sistema, ou advindas de fontes externas, recebidas por normas de reenvio pertencentes ao sistema, ou pela margem inevitável de criação normativa que as regras gerais, ainda as mais pormenorizadas, sempre deixam ao órgão aplicador: o juiz, em qualquer caso, preenchendo os quadros (*Rahmen*) da regra geral saturando, para o caso, os interstícios que a tessitura normativa deixa, *está continuando o processo de autocriação do Direito, que não findou com a ponência das normas abstratas.* O Direito regra o processo de sua criação, com os dados de fato sociais, políticos, econômicos, que a *circunstância concreta* lhe oferta. E, no encher esses claros, o juiz *apoia-se em premissa maior:* em regra geral do sistema que o autoriza a estender o julgado (seu núcleo normativo, não circunscrito ao caso, em sua unicidade) aos casos novos; em regra geral de Direito processual ou de Direito de organização que o habilita criar norma individual ou, até norma geral (ato normativo do órgão judicante com validade *erga omnes);* em regra abstrata costumeira (sistema anglo-saxônio) ou regra abstrata legislada; em norma geral de outro sistema jurídico (do Direito das gentes), que penetra no sistema normativo estatal mediante *fonte formal* que a Constituição indica etc. (sobre esse último tópico do problema, v. German J. Bidart Campos, *Derecho Constitucional*, págs. 67-71, 276-292, vol. I).

A *reconstrução formal* da sentença judicial como argumento inferencial-dedutivo (na espécie silogística) é um *posterius.* Na criação da norma individual completante do sistema, que veda a lacuna no ordenamento como um todo (lacunas na lei, lacunas no costume, lacunas nos regulamentos, são lacunas do *sistema,* dentro do qual o órgão julgador participa do processo de criação de normas), o *formal lógico é apenas um lado do ato judicial.* Outro é o *axiológico.* Os dados de fato, os valores e os atos de valoração compõem a integridade do ato judicial. Nossa insistência sobre o aspecto lógico-formal é somente *temática.* O que impele o juiz a buscar ou elaborar a premissa maior não é ato puramente lógico. É tomada de posição valorativa: das premissas aplicáveis, escolhe a mais justa, mais conveniente e oportuna para o caso concreto. Há valoração das normas a aplicar, de vez que um dado caso entra em diversas *hipóteses.*

Recaséns Siches vem analisando com vigor essa exacerbação logicista em várias obras suas (*Nueva Filosofia de la Interpretación*, págs. 225-238; *Experiencia Jurídica, Naturaleza de la Cosa y Lógica "Razonable"*, págs. 501-509).

6. Completude nos níveis de linguagem

Temos dedicado as análises à completude do Direito, tão só na medida em que esse problema importa para a modalidade deôntica de regular juridicamente as condutas. O problema dogmático-jurídico exige outras análises, aqui postas de lado, por economia metodológica.

Quando falamos em completude do Direito, estamos forçosamente incidindo sobre a linguagem, que é um dos constituintes do Direito. Recordando que há níveis de linguagem, envolvidos nesse problema: *i*) a *linguagem do Direito positivo; ii*) a *linguagem da Ciência do Direito* (aparte as linguagens de *outras ciências jurídicas,* as não dogmáticas) e *iii*) *a linguagem formalizada da lógica do Direito,* que é formalização da linguagem do Direito positivo e formalização da linguagem da Ciência do Direito. O nível *i* é da *linguagem objeto;* o nível *ii* é o nível da *metalinguagem material* (a linguagem em que se fala acerca da linguagem do Direito positivo) e o nível *iii* é o da *metalinguagem* lógica. Simbolicamente: *L', L''* e *L'''*. Somente *L''' é linguagem formal,* que tem por *modelos L'* e *L''*. Quer dizer: a linguagem *L'''* é *interpretável* como linguagem formalizada *jurídica*. Seu modelo existencial, digamos, é o universo do Direito, no que o Direito positivo e a Ciência do Direito apresentam de linguagem: sistema de símbolos para fixar referências deônticas sobre objetos, situações e relações, e meio de comunicação (funções semântica e pragmática, respectivamente). Generalizando: dada sempre a possibilidade de *mais uma* linguagem em que se fala sobre outra linguagem, dada a linguagem *L'*, põe-se a possibilidade de *Ln+i*. Alterando o simbolismo de Roger Martin (*Logique Contemporaine et Formalization*, pág. 50): se *L é* linguagem-objeto, *M*

(*L*), é sua metalinguagem, que comporta, por sua vez, outra linguagem de nível superior *M* (*M* (*L*)) e em *superposition de métalangues: M* (*M* (*M*(*L*))). Como se vê, essa superposição de capas de linguagem vale para a linguagem formalizada da Lógica. A linguagem formal requer um mínimo de interpretação para ser linguagem (Church), ou um *minimum conotacional significativo* (para dizê-lo com Husserl), que tem o que podemos denominar de *modelo mínimo* – o objeto em geral, algo, uma entidade qualquer. O ser *x* um objeto qualquer. Agora, todo símbolo de uma linguagem formal dará lugar a *um nome* (do símbolo dessa linguagem) pertencente à correspondente *sobrelinguagem* (Roger Martin, ob. cit., pág. 24).

Ora, o *modelo* da linguagem do Direito positivo, isto é, o universo não vazio de entidades ao qual as proposições deônticas se referem, é o *universo da conduta humana*. A completude semântica é a relação entre o sistema de linguagem do Direito positivo *L*, e o universo da conduta *U*. Dir-se-á, nesse sentido, semanticamente completo o Direito, *como linguagem*, se qualquer fato de conduta do universo de sua referência ou denotação estiver previsto na proposição normativa pertencente à linguagem do Direito positivo. A *completude semântica* é a que mais de perto toca ao jurista. A *completude sintática* põe-se em evidência quando se formaliza o sistema de linguagem do Direito. Implicitamente, o jurista ingressa no problema quando põe o problema: se é consistente (sem contradições ou sem antinomias) o Direito positivo, e *se, dada uma norma e sua contraditória, uma pelo menos pertence ao sistema.* Mas, qual o critério, incluído no sistema, para decidir se uma dada norma pertence ou não ao sistema?

7. Completude lógica e completude jurídica

O jurista não tem ante si *sistema formal* cujas proposições por via dedutivo-inferencial de definições, postulados e axiomas tenham sido obtidas. O Direito, produto histórico, só tardiamente alcança a racionalização *que o aproxima* à unidade e à coerência *de sistema*. O pressuposto sociológico desse grau de sistematicidade é a estrutura *estatal* de poder. As proposições normativas foram postas no curso secular de formação do Estado moderno, provindas de várias fontes: costumes, precedentes judiciais, Direito romano (recepção), Direito escrito etc., e onde focos de poder diversos tinham poder normativo e decisório: cidades-livres, Sacro-Império, príncipes, igrejas nacionais (Werner Naef, *Staat und Staatsgedanke*, págs. 33-37), tudo atropelando-se, porque, atrás da multiplicidade de normas conflitantes, estavam os centros de poder emitentes de normas. O Direito, como sistema, pressupõe a unidade sociológica de povo ou nação, a unidade de *imperium* sobre um espaço físico, a unicidade de poder de decisão sobre pessoas e sobre o território e a unicidade do foco irradiador de normas: a unicidade de centro de convalidamento de todas as normas, quaisquer que fossem as *fontes materiais* – a *fonte formal* é a vontade estatal, una e única, num determinado âmbito de validade (o *Geltungsgebiet* é a forma, racionalizada normativamente, desse substrato sociológico).

Duas normas contraditórias, *N* e não-*N*, podem não pertencer a determinado sistema *S*. A proposição de que sociedade anônima deve compor-se, no mínimo, de sete sócios e sua contraditória, bem pode não ter sido cogitada pelo legislador numa economia sem grandes mercados, sem necessidade de formação de capital concentrado. Mas, se o sistema instituiu norma com tal conteúdo, seguindo as regras do processo de feitura de normas – as regras do processo legislativo, por exemplo, por se tratar de lei ordinária – então, ou tal norma, ou sua contraditória, logicamente pertencerão ao sistema. Logicamente, há *inconsistência* se ambas pertencerem. Mas é fato que os sistemas positivos contêm preceitos contradicentes, ambos válidos. Kelsen o reconhece e escapa (insatisfatoriamente) pela via voluntarista: o *sistema quer a alternativa contraditória*, que o ato judicial, por livre decisão sua, opta: uma ou outra se aplica ao caso concreto; não ambas. Mas a *inaplicabilidade simultânea* deixa intata a *validade* das proposições contraditórias.

Se o sistema de proposições jurídicas positivas fosse um sistema dedutivo, aplicar-se-ia tranquilamente o que diz Tarski (*Introduction to Logic and the Methodology of Deductive Sciences*, pág. 136): a *consistência* nos dirá que duas proposições contraditórias não podem ser *ambas válidas* (lei de não contradição); a *completude* nos dirá que duas proposições contraditórias não podem ser *ambas* não válidas (substituindo validade e não validade pelos valores verdade/falsidade): aplicação da lei lógica do terceiro-excluído.

O Direito é *sistema empírico* posto para ser realizado, passando do abstrato para o concreto das relações inter-humanas: a individuação ou a concrescência dos "casos" é um dos aspectos da *positivação* do Direito. Positiva-se também quando norma, *através de ato* (legislativo, regulamentar), dá lugar a outra norma. É realização, ainda que os conteúdos normativos dos dois processos se verifiquem em planos diversos. A concreção dá-se no *ato* intercalar das normas gerais, ou das normas individuais.

Enquanto a completude puramente lógica é *completude sintática*, satisfeita se havendo duas proposições contraditórias, uma delas é necessariamente válida (pela lei de exclusão de terceiro), a *completude jurídica* é de ordem semântica. E ontológica. Há a *completude semântica* se um sistema *S*, face ao universo da conduta humana (tempo-espacialmente determinado), tem para qualquer conduta uma proposição normativa. Em outros termos: se não se dá o caso de ocorrer *pelo menos uma* conduta desse universo que não se encontre quer no *descritor* (da norma primária), quer no *prescritor* (da norma secundária). A completude que interessa ao jurista é, pois, a completude semântica, o que não exclui, como vimos, o problema do Direito positivo como linguagem, que se *formaliza* de outra linguagem de nível superior. Mas esse problema é lógico, não jurídico-dogmático (das ciências jurídicas dogmáticas especializadas ou da teoria geral do Direito).

8. Fechamento e completude

Tomemos, por analogia, a potenciação xn, sendo x número natural e n expoente inteiro e positivo. Qualquer que seja o valor da base e qualquer que seja o valor do expoente, com a limitação acima referida, o resultado da operação é sempre um número natural. Há fechamento para a operação potenciar, dentro do universo dos números naturais. Com o sistema de proposições jurídicas ocorre algo de análogo. Qualquer proposição normativa provém da proposição normativa, com a interpolação de *ato* cujo *sentido objetivo* (Kelsen) é norma. Proposição normativa vem de proposição normativa, não de proposição factual. Um fato é constitutivo ou desconstitutivo de norma, porque está qualificado por outra norma do sistema como fato constitutivo ou desconstitutivo. O jurista como jurista colocado no *interior do sistema*, que o *interpreta* para aplicar, tem de pressupor uma *última* proposição normativa que qualifique o *primeiro fato* constituinte de norma (o *Grundfaktum* ou o *Urfaktum*), que será *a hipótese limite do fechamento normativo do sistema do Direito positivo:* a norma fundamental. Se não se encontra a norma fundamental ao lado das normas positivas é porque seu tópico está, como pressuposto, na linguagem da Ciência do Direito: relativamente à linguagem do Direito positivo, é proposição de metalinguagem (material), que pode ser formalizada no nível da metalinguagem lógica. Em rigor, a norma fundamental, como pressuposto gnosiológico, localiza-se na metalinguagem da Filosofia da Ciência do Direito (na Lógica e na epistemologia).

O fechamento tão só exprime a continuidade normativa, a sucessividade dos níveis de proposições deônticas do sistema. Tão apenas exprime que dever-ser provém de dever-ser. Não que seja *completo* por sua referência ao universo-da-conduta humana. O fechamento deixa aberta a possibilidade de pelo menos uma conduta desse universo de referência nem estar vedada, nem obrigada, nem permitida; nem se achar prevista na norma primária, nem na norma secundária. Empiricamente é a Sociologia; filosoficamente, é a Ontologia da conduta, que dá a solução, positiva, ou negativa. Não a Lógica.

O fechamento também não importa afirmar que o processo de autoprodução normativa nada tenha a ver com os fatos sociais. Os fatos são intercalares de norma a norma. Os fatos são jurígenos, em virtude de normas que lhes atribuem efeitos normativos. Observância, criação, aplicação de normas, são fatos sociais qualificados deonticamente. Como último critério de qualificação deôntica, *para reconstruir gnosiologicamente o sistema jurídico positivo,* formula-se a proposição normativa fundamental.

Capítulo XII

SUMÁRIO: 1. O dever jurisdicional de julgar – 2. Sistema empírico descritivo e sistema empírico prescritivo – 3. Insuficiência do argumento por analogia – 4. A valoração no argumento por analogia – 5. Reconstrução formal do argumento por analogia – 6. O argumento *a contrario sensu* – 7. Indecidibilidade ante os casos omissos.

1. O dever jurisdicional de julgar

Dizemos como hipótese inicial: dado um sistema normativo-jurídico *S*, válido para um universo de conduta, ele é completo ou suficiente se para qualquer conduta (relação interpessoal ou intersubjetiva) *C* existe norma *N* que a qualifique, em qualquer modal deôntico. Não importa qual a fonte formal da norma *N*: se legislação, costume ou jurisprudência (ou norma proveniente de fonte situada fora do sistema, que o sistema faz ingressar, convalidando-a através de fonte formal sua: tratado internacional, ou lei, costume, sentença de outro sistema estatal). A completude, também, não é propriedade estática, que o sistema já tenha: num sistema dinâmico, existe axiologicamente, é completabilidade, é possibilidade aberta de responder com norma a fato natural que se tornou relevante e ao fato da conduta, cuja estrutura relacional exige que se indiquem quais as direções proibidas, as obrigatórias e as permitidas.

O ato jurisdicional que tira regra nova para o caso *sub judice*, que elabora o dever-ser concreto para a situação concreta, nem sempre encontra no sistema a regra geral, onde o fato individual está previsto como fato-espécie. Se o juiz deixar de julgar, alegando inexistência de norma para o caso, o sistema será, para o caso, incompleto. O sistema vai se completando através da decisão jurisdicional integrativa. Por isso, não se tem de dar como pressuposto para o dever de julgar a existência de norma geral prévia, dentro da qual o caso já se inclua, como o individual dentro da extensão do conceito genérico. O juiz não tem o indeclinável dever de julgar porque o sistema já é completo, mas o sistema é completável, se o juiz deve julgar qualquer conflito de interesses que chegue processualmente ao seu conhecimento.

A decisão é ato que qualifica deonticamente a situação controvertida. O ato jurisdicional não se constitui como uma proposição declarativa (descritiva ou teorética), mas como proposição prescritiva. Uma controvérsia pede decisão, que se verte em norma. O juiz nem pronuncia juízo de realidade, nem puro juízo de valor. O existencial do fato e o critério de valor entram como componentes do juízo normativo. E esse juízo normativo não é de ordem moral, ou religiosa, ou atinente à etiqueta, ou aos usos e costumes. É especificamente jurídico.

Se tomarmos, então, lacuna como ausência de qualquer norma, geral ou individual, para se aplicar a uma situação concreta, ali onde existe obrigação judicial de julgar, não se pode, em rigor, falar de lacuna normativa. Observa Paul Fouriers ("Les Lacunes du Droit", págs. 59-61, in Études de Logique Juridique vol. II) que são duas coisas diferentes, a completude e a obrigação judicial de julgar, que não se implicam. Essa obrigação é satisfeita com uma sentença qualquer (une sentence quelconque) emitida. Pensamos: o dever de julgar confere a completabilidade ao sistema; não é a completude condição do dever de julgar. Em outros termos: existe a completude porque existe o dever de julgar. Esse dever genérico deriva do Direito. Depende do Direito positivo a extensão da competência distribuída aos órgãos jurisdicionais: é o Direito positivo que determina que o juiz deve julgar sobretudo o que se lhe tenha requerido e somente sobre o que se requereu; que não incorra no vício de *extra petita* (Ugo Rocco, Tratado de Derecho Procesal Civil, parte geral, págs. 247-249, vol. 2º). A omissão de julgar não se harmoniza, em tese, com o ordenamento jurídico dentro do qual o juiz é juiz. Ser juiz é uma qualificação deôntica. E se é juiz para julgar, impõe a certeza nas relações humanas. Com uma sentença qualquer, de que fala Paul Fouriers, o juiz não se exime de sentenciar (sentenciar em sentido amplo, ato terminal do processo jurisdicional, ou o ato que preliminarmente corta a relação litigiosa em sua fase inicial; é um julgamento, uma decisão, dotada de validade, como um dos processos de "positivação do Direito" (M. Reale).

2. Sistema empírico descritivo e sistema empírico prescritivo

Sistema empírico de conhecimentos não é esgotante da realidade à qual se dirige. A experiência, vira Kant, é infinita. A realidade é concreta, o sistema abstrato. Nunca podemos chegar à última proposição, a não ser em conjunto finito e determinável de fatos, que necessariamente confirme o enunciado geral da lei ou do conceito empírico. Mesmo se considerarmos os conceitos puros ou categorias (espaço, tempo, causalidade, imputabilidade) como protoformas lógicas nas quais se alojam os dados de fato da experiência, o real mesmo, em sua concreção existencial, não cabe, todo ele, dentro das formas lógicas de ordenação do conhecimento. Em torno de um núcleo essencial de conceitos fundamentais, constroem-se sempre mais e mais novos conceitos, para dar conta da riqueza inesgotável do real.

Um sistema de normas jurídicas é sistema empírico. Não cognoscente, mas prescribente, ou deonticamente qualificante de uma porção de dados de fato selecionados da realidade. Ainda que provenha da realidade social e a ela se destine, pode, por seu caráter prescritivo, qualificar um conjunto de fatos (positiva ou negativamente) e desqualificar outro conjunto – os fatos da realidade que não interessam ao sistema. O sistema de normas jurídicas assim o faz. Tomo a ideia de Conte, um dos mais agudos filósofos-juristas que vem tratando do tema (Amedeo G. Conte, "Décision, complétude, clóture. A propos des lacunes en droit", págs. 9-14, *in Études de Logique Juridique*, vol. I).

Observa Conte que o caráter prescritivo da linguagem do Direito faz dela a condição *a priori* da experiência. A proposição *descritiva* é verdadeira se o fato lhe corresponde; depende, pois, da experiência. Ao contrário, é a proposição prescritiva que condiciona a experiência. Um fato da experiência é delito se existe proposição prescritiva que ponha um fato da ordem existencial como antijurídico, penalmente punível. Se não existir linguagem prescritiva que qualifique deonticamente certos fatos, inexistirá delito, ou qualquer conduta como proibida, obrigatória ou permitida.

Consequência do que antecede. Um sistema empírico de conhecimento é incompleto face à realidade objeto desse sistema. *Em princípio,* porém, um sistema *S* normativo, como o do Direito, é possivelmente abrangente da realidade ou do universo *U* de fatos de conduta. Dada a essência normativa, *S* pode qualificar aprioristicamente, digamos, tal universo. Determinar, também, antes de toda experiência, que *somente* o conjunto *A* de fatos são fatos do universo normativo. A pertinencialidade ao universo do Direito é posta previamente: são fatos de *U* os fatos que satisfaçam à conotação tal ou qual. *A predefinição de pertinencialidade ao universo é possível porque é deôntica. O sistema predefine que fato é fato jurídico, que conduta é proibida, obrigatória ou permitida.* Essa predefinibilidade não se choca com o suporte genético (histórico ou sociológico) em que todo sistema jurídico positivo assenta. Nem resultará numa concepção estática do sistema. O sistema amplia ou restringe seu domínio de validade, na sua órbita de incidência acompanhando o ritmo do processo social, trazendo para dentro de si mesmo o que é matéria meramente social, convertendo-a em Direito. Ora juridiciza, ora desjuridiciza, na terminologia de Pontes de Miranda.

3. Insuficiência do argumento por analogia

Repetimos: há lacunas no sistema de proposições do Direito positivo se um estado de coisas (ocorrências naturais ou condutas) não encontra previsão no pressuposto ou hipótese de qualquer de suas normas integrantes, como caso concreto do tipo predefinido.

Graças à simplificação, deixamos de aludir à inexistência de *consequências normativas* para o fato empírico que verifica o esquema delineado no fato espécie: o fato jurídico *F* é ligado às consequências *C'* e *C"*, não porém a *C'"*. Quando se afirma que um dado de fato não foi previsto pelo sistema, pensa-se, de preferência, na falta de hipótese típica dentro da qual o fato se inclui como seu correspondente existencial concreto. Todavia, analogicamente, é possível ajuntar a consequência *C'"* a um fato *F"*, pela similitude com um fato *F'*, ao qual tal consequência está vinculada. A consequência *C'"* relacionada ao fato *F'* é estendida ao fato *F"*, pela analogia, juridicamente comprovada, encontrada entre esses fatos. Em suma, pode haver analogia de pressupostos e analogia de consequências.

Formalmente a analogia não é inferência concludente. Reduzida à sua pura estrutura formal, o processo *inferencial-dedutivo* com que opera o juiz ao sentenciar é o seguinte: "todo *A* deve ser *B*/ ora, *x* é um *A*/ logo, *x* deve ser *B*". Por outro lado, se a operação judicial seguisse a via *inferencial-indutiva,* partiria de enunciados normativos protocolares (individuais) para alcançar o enunciado normativo geral. Seria "este *A*, deve ser *B*/.../ logo, todo *A* deve ser *B*". Ora, tal é impossível. Sentenciar não é generalizar, mas alcançar proposição normativa individual, incidente com validade sobre o caso concreto. Mencionamos o procedimento inferencial-indutivo (generalizador) somente para mostrar que a ele se não reduz o processo analógico.

Na inferência por analogia inexiste, revestindo-a na forma de dedução, *premissa maior* sempre geral ou universal e *premissa menor*, um de cujos termos se encontre incluído ou excluído em termo da premissa maior, para que a conclusão decorra necessariamente. Podemos partir de enunciado geral, mas na premissa menor debilita-se a relação formal. Assim, temos o esquema: "Todo *A* é *B* / ora, *x* é semelhante a *A* / logo, *x* é (provavelmente) *B*". O "ser semelhante a" é *propriedade relacional* que não encontra tradução formal adequada. A semelhança é uma *comunidade conotativa parcial:* dois termos *x* e *y* são semelhantes se têm conotação comum *M* e conotação diferencial *N*. Se carecessem da conotação comum *M*, seriam termos diferentes. Se coincidissem em conotação, seriam termos equivalentes ou equissignificativos. Agora, formalmente não podemos transitar da fração conotativa comum, eliminando a fração não comum, para fazer a subsunção ou includência silogística. Não há passagem formal do *enunciado predicativo* "*A* é *B*" para o *enunciado relacional* "*x* é semelhante a *B*", que fica como enunciado na conclusão. O que nos autoriza, pois, a retermos a conotação *M* comum e a desprezarmos a conotação diferencial provém de *critério extralógico.*

Ainda que diferente do silogismo *em sentido estrito* (como forma dedutiva de concludência necessária), pode-se falar num silogismo *per analogiam.* É tipo de inferência mediata (requer mais de uma premissa) de concludência meramente possível. Quanto ao *modo alético,* a conclusão na inferência por analogia, é simplesmente possível.

O problema não se altera quando lidamos com inferências mediatas de estruturas descritivas como seus constituintes, ou de estruturas prescritivas como suas proposições. São inferências por analogia: *i*) "todo *A* é *B* / ora, *x* é semelhante a *A* / logo, *x* é (possivelmente) *B*"; *ii*) "todo *A* deve ser *B* / ora, *x* é semelhante a *A* / logo, *x* deve ser *B*". Apenas o *modo* da conclusão, num silogismo jurídico normativo, é alterado. A conclusão, que é a decisão, ou a sentença, como ato terminal de aplicação da norma, adquire validade necessária no específico modal deôntico da necessidade – a obrigatoriedade.

Entra em jogo aqui fator *extralógico:* a determinação de certeza nas relações jurídicas. A *práxis* jurídica é no sentido de estabelecer um *certum* nas inter-relações humanas (Tercio Sampaio Ferraz Jr., *Direito, Retórica e Comunicação*, págs. 16-30, Teófilo Cavalcanti Filho, O *problema da segurança no Direito*, págs. 162/163). Assim, o modal deôntico da obrigatoriedade, que é a contrapartida dessa necessidade de certeza, insere-se na forma do argumento por analogia. Pois não se compadece com o caráter do ato de aplicação da norma jurídica, por órgão que põe termo a uma controvérsia concreta, emitir juízo de probabilidade sobre a realidade da conduta. Declarar, num ato jurisdicional, que "*A* possivelmente deve reparar o dano causado por ato ilícito seu", não é *sentenciar*, ou estatuir, com pretensão de validade, o *certum* no conflito de condutas. É emitir um *juízo de realidade* sobre a possível ocorrência de conduta diante de um dever-ser. Deixa de ser ato jurisdicional. É ato de conhecimento, sob o controle da verificação empírica, para ser verdadeiro. O ato sentencial (em sentido amplo) não pretende ser epistemologicamente verdadeiro, mas juridicamente válido.

4. A valoração no argumento por analogia

O *suporte* do argumento por analogia, quando se trata de enunciados *descritivos*, reside em relações objetivas de (presumida ou real) causalidade. Fatos que têm uma propriedade *M* em comum, no que são semelhantes, têm possivelmente outra propriedade *N*, que se supõe relacionada a *M*. O suporte do argumento por analogia, no universo do Direito, é *juízo de valor*. Uma semelhança objetiva não é levada ao nível do Direito sem valoração. A similitude factual, só por si mesma, não entra no mundo do Direito. Faz-se indispensável juízo de valor sobre a relevância do semelhante. E nem sempre a semelhança é factual, mas juridicamente construída.

Quando estendemos o âmbito de incidência de uma norma jurídica, passando dos *casos previstos* para os *casos não previstos,* fazemos a *seleção valorativa* da norma que vai exercer o papel de premissa maior (tomando o argumento como silogismo *num sentido amplo*). Depois, para construirmos a premissa menor, onde se afirma a semelhança, tomamos posição valorativa. Valoramos a semelhança como relevante, separamos certas notas como essenciais e pomos entre parênteses as notas dessemelhantes.

Há valoração no ato seletivo da premissa maior, cujo pressuposto ou hipótese prefixa a situação objetiva genérica de possível ocorrência na realidade, pressuposto ou hipótese que descreva fato semelhante com o fato concreto *deonticamente qualificado* na premissa menor do argumento. Assim, também, há valoração na qualificação do caso concreto que, por não ser "caso previsto", mantém com este similitude juridicamente relevante.

Em rigor, a premissa menor não se esgota numa simples ponência valorativa do caso concreto participante da conotação parcial comum (ou está no âmbito extensional do conceito que sintaticamente exerce o papel de termo médio – o termo *M* com o qual *S* tem relação de semelhança). Se temos em conta que a norma jurídica vem a terminar numa possível aplicação jurisdicional (no emprego da sanção ante possível descumprimento da consequência pelo sujeito-obrigado), o ser recolhido em premissa menor e tido por semelhante ao "caso regulado" envolve ato materialmente de jurisdição. No esquema "todo *M* deve ser *P* / ora, *S* é semelhante a *M* / por conseguinte, *S* deve ser *P*", a aparência da estrutura predicativa apofântica não exprime a real estrutura da premissa menor. *Naturalliter,* "*S* não é semelhante a *M*". E, se o for factualmente, é necessário ser comprovado *no interior* do sistema do Direito positivo: mediante o órgão competente e na forma processual admitida, com os meios de prova estabelecidos.

Uma coisa é a *prova formal* (que garante a relação de consequência, dadas tais e tais premissas), outra é a *prova empírica* (através da qual se verifica a verdade ou não verdade de enunciados *descritivos*) e outra a *prova processual,* que visa a criar a convicção que orienta a decisão judicial. Maior ou menor que seja a liberdade de apreciação dos "meios de prova" nos autos (problema de cada Direito positivo) por parte do magistrado, o certo é que, no universo do Direito, a prova empírica das ciências não jurídicas entra, ou não entra, ou entra modificada, pois a prova é instrumento processual, regrado por normas processuais, que dizem a quem cabe o ônus da prova dos fatos, que meios de prova são admissíveis, e os efeitos normativos das provas admitidas (José Frederico Marques, *Instituições de Direito Processual Civil,* págs. 360-364, vol. III). As provas empíricas dos fatos não ingressam no processo só porque sejam provas empíricas, mas porque o sistema normativo as admite e deixa ao órgão judicante valorá-las juridicamente (Enrico Redenti, *Derecho Procesal Civil,* págs. 269-271, vol. I).

Enfim, a premissa menor "*S* é semelhante a *M*" (o caso novo é semelhante ao caso regulado *M*) ou é uma proposição normativa, disfarçada gramaticalmente, ocultando uma proposição prescritiva, ou é um fragmento de epiquerema, cuja cláusula explicativa está elíptica: "*S* é semelhante a *M* porque juridicamente assim o estabeleceu o órgão judicante". Poder-se-ia, também, exprimir o mesmo dizendo que *a proposição que descreve o tema,* na linguagem de Alf Ross, tem o prefixo elíptico "dever-ser" (juridicamente, deve ser "*S* é semelhante a *M*").

5. Reconstrução formal do argumento por analogia

Efetivamente, o argumento por analogia não se deixa reconstruir formalmente, isto é, não toma uma *forma lógica* concludente. Não confundamos o argumento inferencial de relação analógica, que é concludente, com o argumento que os juristas usam com a denominação de argumento por analogia. É forma lógica válida esta: "*A* é semelhante a *B* / ora, *x* é semelhante a *A* / logo, *x* é semelhante a *B*". A estrutura apofântica relacional é tão válida formalmente quanto a estrutura deôntica relacional. O argumento dos juristas não é uma estrutura relacional pura, revestida silogisticamente.

Ulrich Klug (*Juristische Logik,* págs. 97-129, especialmente págs. 124-129) procura resolver o problema da seguinte maneira. Os casos juridicamente previstos constituem a classe, digamos, *A*; os casos não juridicamente previstos formam a classe *B*. Como são semelhantes, então temos uma classe *C*, dentro da qual estão incluídas as classes *A* e *B*. Sem essa sobreclasse, que delimita o círculo de semelhança, não poderíamos ter um termo médio comum. O termo médio não é *A*, mas a classe dos objetos semelhantes a *A*, ou "os x tais que são semelhantes a *A*", para dizer na linguagem matemática da teoria dos conjuntos. Assim, o termo medial, que serve de ponte de ligação entre os extremos, é uma classe *C*.

E. Garcia Maynez (*Lógica del Raciocinio Jurídico,* págs. 35-60) segue também uma via de explicação que se pode resumir assim: os casos imprevistos e semelhantes aos juridicamente regulados subsumem-se como membros de uma classe includente, que os abrange. Essa classe includente constitui-se de *norma implícita* (positiva) que se encontra *no* sistema de Direito positivo, cujo pressuposto ou hipótese tem como subclasses os casos regulados e os não regulados, e cujo dispositivo (parte da norma onde se prefixam as consequências normativas) é o mesmo. Por isso, observa Maynez, no raciocínio por analogia é inexato dizer que se aplica a norma *N* a um caso nela não contemplado (*N* é a norma especificada, explícita). O que se aplica é a norma *implícita,* em cujo pressuposto sotopõem-se os fatos regulados expressamente e os não regulados, mas considerados semelhantes à classe dos regulados (ponto de vista, em substância, o mesmo, o de Alberto Trabucchi, *Istituzioni di Diritto Civile,* págs. 46-48, sem a formalização lógica dada por Maynez).

Acrescentemos: se os casos previstos e os casos não previstos formam a classe *A* e a classe *B,* como subclasses de *C* (predefinida na hipótese da norma implícita do sistema), cessa aquela dificuldade de formalização da relação de semelhança com que se defrontou Klug. A semelhança é uma relação de pertinencialidade a uma classe ou conjunto, decorrente do fato de os objetos, não sendo iguais, conterem conotação parcial comum. Dizer "os x e y tais que pertencem à classe M" repousa na determinação conotacional de M (os x e y são M porque têm em comum as notas m e n).

A particularidade, em formulação de linguagem, reside, também, na circunstância de o argumento analógico ser de estrutura mista: na premissa maior, um enunciado predicativo (de *predicado monádico*, isto é, o predicado que se pode dizer de um sujeito S); na premissa menor, um enunciado relacional (com *predicado diático*, isto é, que se diz de *dois* termos, S' e S'').

6. O argumento a *contrário sensu*

O que pretende o jurista ao empregar o chamado argumento em sentido contrário é partir do fato de que se uma norma jurídica inclui uma determinada conduta num modo deôntico, *ipso facto*, excluiu de seu âmbito de validade qualquer outra conduta. Ou seja, uma conduta C estando proibida, qualquer conduta não-C está não proibida (≡ permitida). Explicitando ainda: se uma conduta qualquer x, por pertencer à classe A, está vedada, outra conduta y, que não pertença à classe A, está permitida. Tendo-se em conta os diversos modais: se x está proibido, então não-x está permitido; se x está permitido, então não-x está proibido; se x está obrigatoriamente exigido, então não-x está facultado (permitido fazer ou omitir).

Ante os "casos não previstos" (não juridicamente e expressamente regulados), o jurista tem duas vias: ou os incluir no âmbito de validade de normas existentes, considerando a semelhança do já regulado com o não regulado, porém análogo, ou os excluir, considerando que o sistema regra diversamente o diverso, ainda que contenha similitude. *Qual das duas vias seguir, exige uma tomada de posição axiológica: depende da valoração da similitude e da valoração de diversidade.*

É fundamental ter-se em conta a forma de a norma jurídica regrar a classe de condutas. A *norma jurídica* exprime-se em proposição implicacional: dado um fato *F*, então deve ser a consequência *C*. Recordando: a relação de implicação é lógico-formal. O *substrato* dessa implicação é relação meio/fim, causa/efeito, ou qualquer outra. Esse substrato é *extralógico*, encontra-se no mundo de situações objetivas que representa a circunstância a que se vincula o sistema de proposições. Pode ocorrer que vários fatos, *F'*, *F''*, *F'''*, impliquem a mesma consequência *C*, ou que *um e somente um* fato *F* implique *C*. Formalmente, tudo depende do modal *D*, que incide na relação de implicação (fórmula já analisada: $D\ (p \rightarrow q)$, sendo p a proposição descritiva de fato de possível ocorrência e q a proposição relacional prescritiva – que Maynez bem analisou – *S' R S''*. A força ou alcance do modal traduz o suporte fáctico da vontade do órgão criador de normas.

Ora, nem sempre a norma jurídica, por sua expressão proposicional, indica que a implicação é *intensiva*. Quando – para simplificar o simbolismo – *A* implica *C* e, reciprocamente, *C* implica *A*, quando existe *coimplicação* (o que se revela pelo quantificador "se e somente se") podemos obter, por processo meramente formal, as seguintes proposições. Da proposição original dada, se e somente se *A*, então *C*, obtemos a *recíproca* – se *C*, então *A*; a *contrária* – se não-*A*, então não-*C*. Obtém-se, ainda, validamente, a *contrarrecíproca* – se não-*C*, então não-*A*. Estas quatro proposições – a contar com a proposição original dada – são "proposições conjugadas" (Alfred Tarski, *Introduction to Logic*, pág. 44).

Klug observa que, se a implicação é *intensiva* (Ulrich Klug, *Juristische Logik*, págs. 27-42) o argumento *a contrario* é válido. Se é apenas *extensional*, formalmente uma única implicação se obtém da proposição original: a *contrarrecíproca*.

Se não for o caso de implicação *intensiva*, denominada implicação formal (enquanto a implicação *extensiva* denomina-se *implicação material*), cairemos em dois desacertos, do seguinte modo. Partindo de uma implicação construímos a *inferência* seguinte: se *A*, então *C* / ora, não é *A* / logo, não é *C*. Essa inferência incorre na *falácia do antecedente* (uso indevido do *modus tollendo tollens*): suprimindo-se o antecedente, suprime-se o consequente. Outro desacerto consiste em partir de uma implicação extensiva e construir a inferência seguinte: se *A*, então *C* / ora, é *C* / logo, é *A*. Essa inferência incorre na *falácia do consequente* (uso indevido do *modus ponendo ponens*), ou seja, *afirmar-se o* consequente, e, com isso, afirmar-se o antecedente. A única inferência legítima é esta, na implicação material: se *A*, então *C* / ora, não é *C* / logo, não é *A*. O modo *tollendo tollens* é sempre formalmente válido, quer a implicação seja intencional, quer seja extensional, pois, em qualquer caso, negando-se a consequência, nega-se o antecedente (sobre a relação entre as duas implicações, entre a *strict implication* e a *material implication*, Lewis and Langford, *Symbolic Logic*, pág. 137).

No domínio das proposições jurídicas, o mais frequente é a forma da implicação extensional, de antecedentes não exclusivos. Assim, abreviadamente, seja a norma (primária): se se dá a compra e venda, deve ser a entrega da coisa – os sujeitos, termos da relação, estão implícitos. Formalmente, *antes de se consultar a experiência*, é incorreto formular a *recíproca:* se deve ser a entrega da coisa, então se dá a compra e venda. Demais, a espécie negocial compra e venda não é, no Direito positivo, a única hipótese para se condicionar a entrega de coisa. Não é antecedente *necessário*, mas tão só *suficiente* para a consequência. Outros antecedentes negociais: a locação, a doação, o comodato, o mútuo. É que estes quatro antecedentes (há outros), *A'*, *A''*, *A'''*, *A''''*, implicam a mesma consequência *C*, cada um *bastante por si* para implicar *C*. Por isso, o não se dar *A'*, ou o não se dar *A''*, ou *A'''*, não implica não-*C*. Agora, o não se verificar a consequência *C* importa em que nenhum dos antecedentes se verificou.

O jurista procede, no uso do argumento *a contrario sensu*, precisamente utilizando-se de uma implicação dada entre uma *hipótese normativa* e uma *consequência normativa* para obter a implicação *contrária* da implicação original. Ou seja, de "se *A* então *C*", conclui que "se não-*A*, então não-*C*". Explicitando a inferência: se *A*, então *C* ora, (dá-se, ocorre) não-*A* / logo, não--*C*. Carece de validade lógica essa relação consequencial.

Se o argumento em questão é utilizado no Direito e não se funda em estrutura lógica correta, temos que concluir que pertence à classe daquelas *argumentations quasi-logiques* anotadas por Perelman e L. Olbrechts-Tyteca (*Traité de l'Argumentation*, págs. 259-161, 235). Intercepta o lógico-puro critérios práticos de solução das relações sociais: a valoração incluída na exegese de que o legislador regrou a hipótese *A* com a consequência *C*, mas quis excluir (por inconveniente, injusto) de todo caso que não se inclua em *A* essa consequência *C*.

7. Indecidibilidade ante os casos omissos

Num sistema de Direito positivo, podemos distinguir três classes de normas: *i*) as *normas particulares includentes; ii*) a *norma geral includente; iii*) a *norma geral excludente*. Esta é uma distinção feita (com sua habitual precisão) por Bobbio (*Teoria dell'Ordinamento Giuridico*, págs. 148-157).

Diz-se particular-includente a norma cujo âmbito de validade pode ser geral, específico, ou individual: o particular reside no conteúdo normativo especificado ou determinado, que pode ser o gênero, a espécie ou o indivíduo. A norma jurídica com *uniqueness of reference*, como a norma jurídica geral, são normas particulares includentes. Este é um aditamento que creio apropriado fazer à análise de Bobbio (com base em Ralph M. Eaton, *General Logic*, págs. 306-312).

Os casos não abrangidos explícita ou implicitamente pelas normas jurídicas particulares, os casos não regulados especificadamente, podem cair em duas órbitas diferentes. Ou no âmbito de validade de uma norma geral (includente), que os toma para sua órbita, considerando que são semelhantes aos casos regulados, ou no âmbito de validade de uma norma geral (excludente), que os remete para fora da incidência da norma particular.

Agora, enquanto a norma includente regula os casos não previstos em analogia com os casos previstos, a norma excludente pode levar a duas soluções: *a*) regra os casos não explícita ou implicitamente (se o omisso incluir-se no implícito, a *interpretação extensiva* basta) abrangidos pelas normas particulares em sentido oposto; *b*) exclui tais casos de qualquer normação, devolvendo-os a um espaço juridicamente vazio.

Creio, assim, ser conveniente aduzir à análise de Bobbio este ponto: a norma geral excludente não remete necessariamente o caso não previsto pela norma particular includente a uma norma de sentido deôntico oposto (se a includente regra como proibidos, a excludente regra como juridicamente permitidos os casos não incluídos na proibição). Logicamente, tão só logicamente, bem pode a norma geral exclusiva *desqualificar deonticamente* os casos juridicamente não determinados pelas normas particulares específicas (especificadamente proibindo, obrigando ou permitindo).

Vê-se que, na aplicação da norma geral includente, usa-se o argumento por analogia. Na aplicação da norma geral excludente, usa-se o argumento *a contrario sensu.* Agora, os casos não regulados (não abrangidos pelas normas particulares includentes) podem ser incluídos quer na norma geral includente, quer na norma geral-excludente. Comentando essa tese, conclui: "...una lacuna esiste e consiste nel fatto che l'ordinamento ha lasciato indeciso quale delle due soluzioni sia quella voluta" (Bobbio, op. cit., pág. 154). *Então, se assim é, a lacuna não consistiria propriamente na carência de norma para o caso concreto sobreveniente, mas na falta de um critério para escolha ante as duas normas gerais, a includente e a excludente, a ser aplicada.* Ante um caso dado dispondo das normas *N'* e *N"*, o intérprete encontra-se diante da "mancanza di un criterio per la scelta". Nisso está a lacuna normativa, segundo a tese comentada.

Capítulo XIII

SUMÁRIO: 1. Os dois níveis de linguagem – 2. Argumento a contrario e completude – 3. Formalização da norma geral-excludente – 4. Kelsen e a norma geral negativa – 5. Permissão positiva e permissão negativa – 6. Caráter deôntico da proposição negativa – 7. O juízo jurídico negativo – 8. A licitude na norma geral negativa – 9. Alguns aspectos do modo permissivo – 10. Conflitos insolúveis – 11. Função mínima da norma completante – 12. Obrigatoriedade, facultatividade e norma geral negativa – 13. Inexistência de norma proibitiva – 14. Multivocidade do dever-ser em Kelsen.

1. Os dois níveis de linguagem

Tenhamos em conta que o argumento jurídico *a contrario* pode situar-se em dois planos diferentes: em *nível lógico,* como forma implicacional de uma proposição composta (se *p*, então *q*) base da forma inferencial dedutiva (se *p*, então q / ora, não-p / logo, não-q); em nível de Direito positivo – como conteúdo de regra de Direito positivo, ou regra de interpretação que estipula para o intérprete e aplicador que deve ser utilizada a inferência nos sentidos indicados (ainda que se pondo de lado a carência de fundamentação lógica).

No primeiro caso, a implicação situa-se em nível de metalinguagem, isto é, num nível de linguagem sobre a linguagem do Direito positivo, falando acerca de algo que ocorre no

Direito positivo. No segundo caso, a implicação é usada no Direito positivo, adquire a prescritividade sobre o comportamento do intérprete e aplicador do Direito, que não tinha como estrutura lógica. Aqui, coloca-se no nível da linguagem-objeto; ali, no nível da metalinguagem.

Essa distinção, evidentemente, não é afetada pelo fato de o argumento jurídico fundado numa implicação ser logicamente insuficiente. Logicamente insuficiente se a implicação não tem caráter recíproco, isto é (sem receio de repetir-me), se não for o caso de "se e somente se A, então C", implicação que Ulrich Klug denominou intensiva.

Da mesma maneira, há de se distinguir a inferência por analogia quando se coloca em plano de *metalinguagem formal* – como forma mediata de partir de premissa maior, intercalar premissa menor (onde a relação não é de subsunção de um termo no termo médio idêntico, mas numa insegura relação de semelhança de um quarto termo com o médio), e, por outro lado, quando se coloca *em nível da linguagem do Direito positivo*. Neste segundo caso, a analogia é conteúdo de norma: *deve ser* a analogia, ou o intérprete *deve* (ou *não deve*) usar a analogia para abranger os casos nem explícita nem implicitamente regulados.

2. Argumento *a contrário* e completude

Bem certo é que, partindo-se de uma norma (ou de várias), logicamente não se pode concluir por contrariedade, fundando-se em implicação meramente extensiva. Da norma proibitiva "é proibido trazer cães ao teatro" não se pode obter, por argumento *a contrario,* "não é proibido trazer animais não caninos". Ou, como não proibido é equivalente, por definição, a *permitido,* concluir que "é permitido trazer animais não caninos ao teatro". Não se pode concluir, porque os possíveis antecedentes da consequência *C* (*A', A", A'", ...An*) não estão esgotados. A exaustividade dos antecedentes existe se a própria norma contém a indicação. Na cláusula "se e somente se" acha-se a função de excludência de outros antecedentes, conferindo, por isso, à estrutura o caráter de implicação recíproca ou coimplicação.

Assim, do ponto de vista lógico, o art. 6º da antiga Introdução ao Código Civil (brasileiro), quando dispunha que "A lei que abre exceção a regras gerais ...só abrange os casos que especifica" era excedente como regra de hermenêutica que tinha por conteúdo lei lógica. Nem sempre lei lógica precisa norma para estar no interior do sistema.

Assim também supérflua seria a regra de interpretação incluída no corpo do Direito positivo que determinasse: "O órgão aplicador (órgão administrativo, órgão judicial) deve considerar uma proposição jurídica dada como implicando ela mesma". Ou seja, *regra* de interpretação fundada em lei lógica, com eficácia de norma jurídica prescrevendo o logicamente necessário (a tautologia formal "*p* implica *p*").

A norma jurídica exceptiva só abrange os antecedentes que especifica, não outros, delineando conjunto-unimembre ou conjunto-multimembre de sujeitos ou ações que caem fora da órbita de abrangência (da *extensão* em sentido lógico) ou âmbito de validade da norma geral. Mas, norma jurídica que abre exceção a uma norma jurídica geral, conferindo sentido deôntico oposto a esta geral (se a geral proibiu, a exceptiva permitiu), como qualquer norma de Direito positivo, é objeto de *interpretação restritiva* (ou de *interpretação extensiva),* que se não confunde com a interpretação *a contrario sensu* (ou com a interpretação analógica), pois visa tão só a repor explicitamente a correspondência exata entre o conteúdo normativo e a formulação da norma em linguagem, a *norm-formulation* (Von Wright).

O problema agora é saber se através do argumento *a contrario* se pode alcançar a proposição "O que não está proibido, está permitido", proposição que confere a possível completude ou a "plenitude lógica" do sistema do Direito positivo. De uma só proposição proibitiva, ou de algumas, não é possível, sem haver a recíproca implicação, ou sem estarem esgotados todos os possíveis antecedentes da proposição implicante. De uma proposição que veda ou proíba com absoluta excludência, infere-se que o não incluído na hipótese, excluído está: se não-*A*, então não-*C*. Mas tal proposição é *particular*, isto é, abarca apenas *uma parte das possíveis condutas*. Ora, a proposição "O que não está proibido, está permitido" é uma proposição *geral-excludente*, tomando a denominação de Bobbio. Exclui da área do proibido qualquer outra possível conduta, com o que dá conta exaustivamente de todo universo da conduta (como *rapporto intersoggettivo*). Diremos: a proposição geral excludente abrange o *conjunto complemento* que, somado ao conjunto das condutas proibidas, perfaz o universo em questão.

3. Formalização da norma geral-excludente

Observemos de passagem que essa proposição geral excludente pode ser formalizada e, então, pertencer ao nível da metalinguagem formal ou lógica. É *proposição de metalinguagem formal:* não-*V* (*p*) implica *P* (*p*), ou seja, o não proibido implica o permitido. Como também são proposições formais estas já antes mencionadas: não-*V* (*p*) implica não-*O* (não-*p*), ou seja, o que não está proibido implica que não é obrigatório omitir. Também *O* (*p*) implica *P* (*p*) ou seja, o que é obrigatório implica que está permitido.

Tal proposição formal é deôntica, porque diz respeito a termos deônticos (proibido, obrigatório, permitido), mas nada prescreve à conduta. É proposição descritiva. E por isso que é formal lógica, nada contém de conteúdo do Direito positivo. *Para pertencer à linguagem do Direito positivo necessário é substituir-se suas variáveis deônticas (e dar valores aos seus functores deônticos) por constantes empíricas referentes ao mundo empírico dos fatos naturais e das condutas.* Falta-lhe a concrescência tridimensional de fato, valor e norma (Miguel Reale, *O Direito como Experiência*, págs. 58-70).

O legislador bem pode haver incluído, como norma positiva, *no interior* do sistema do Direito positivo, a proposição de que o que não estiver prescritivamente estabelecido como proibido, deve ser tido como prescritivamente permitido (a prescritividade como o *modo deôntico geral,* especifica-se em proibido, em obrigatório e em permitido). E, nesse caso, tem-se a proposição geral-excludente no domínio da linguagem-objeto, isto é, da linguagem do Direito positivo, muito embora seu fundamento teorético resida no domínio da Lógica.

Somente convertendo estruturas lógicas, como a inferência mediata analógica e a inferência *a contrario,* em *conteúdo de normas de Direito* é que elas adquirem caráter *prescritivo* (no plano lógico têm *status* de descritividade ou teoreticidade – a Lógica não é um código de normas, ou uma canônica do pensar correto), e figuram ao lado, nas técnicas normativas que orientem o intérprete, do costume e dos princípios gerais do Direito (no momento atual, no pensamento pátrio, v. (pontos de vista diferentes) Campos Batalha, *Introdução ao Direito,* pág. 261, vol. I; R. Limongi França, *Princípios Gerais do Direito,* págs. 163-184; Orlando Gomes, *Introdução ao Estudo do Direito Civil,* págs. 57-58) para dar cobertura aos casos não regulados ou omissos e preencher as lacunas do ordenamento.

Não consta, é certo, na enumeração das normas para preenchimento das lacunas, ao lado da inferência analógica, a inferência a contrário, mas ela está implícita em cânones, como meras diretivas (normas, ainda que sem a estrutura de verdadeiras normas de Direito positivo), como a de que "a inclusão de um, importa na exclusão de outro", ou no preceito já mencionado do art. 6º da antiga Introdução ao Código Civil, segundo a qual a lei que abre exceções a regras gerais só abrange os casos que especifica. Com isso, o legislador quis incorporar o adágio *exceptiones strictissimae interpretationis sunt,* ou indicar normativamente ao intérprete que, no Direito especial, como no Direito excepcional, não se deve empregar a extensão analógica, mas a excludência do que não está implícita ou explicitamente regulado, mediante a via do argumento *a contrario sensu.* Dizendo com F. Ferrara: "pois se o legislador, por considerações especiais de utilidade, dispôs limitadamente a certos fatos ou pessoas, *nos outros casos* entendeu que o mesmo tratamento não tivesse lugar" (Francesco Ferrara, "Interpretação e aplicação das leis", pág. 66, capítulo destacado do *Tratatto di Diritto Civile Italiano* e traduzido pelo Prof. M. A. D. de Andrade).

4. Kelsen e a norma geral negativa

A proposição "o que não está proibido, está permitido" não é, em Kelsen, um simples enunciado descritivo, como o parece pela estrutura gramatical de construção. Nem uma proposição formal-lógica, necessariamente verdadeira, por estabelecer equivalência analítica entre os modos deônticos "não proibido ≡ permitido", ou, "não-$V(p) \equiv P(p)$". A equivalência é interdefinicional, isto é, um functor deôntico definido com o recurso de outro functor mais a negação. Como equivalência analítica válida é a conversão: "se não-$V(p) \equiv P(p)$, então $P(p) \equiv$ não-$V(p)$".

Na teoria pura do Direito, essa proposição é proposição normativa. Tanto é norma que proporciona fechamento ou completude ao sistema de proposições do Direito positivo. A ela recorre o órgão aplicador do Direito quando, em face de condutas em conflito, argumenta que se o caso não está proibido por regra positiva alguma, então está *juridicamente* permitido. Explicitando: o que não está *juridicamente* proibido, está *juridicamente* permitido. Nessa expressão "o que" aglutina-se função de uma variável: qualquer que seja *a conduta,* qualquer que seja o x, se x não pertence à classe V (das condutas proibidas), então pertence à classe P (das condutas permitidas), e elipticamente a *função quantificadora* na variável. Por isso, tem cabimento caracterizar a norma como norma *geral.* E *negativa,* nesse sentido: exceto nos casos previstos na proibição, nos demais casos não deve ocorrer a limitação proibitiva. A norma negativa geral exclui outras limitações à liberdade juridicamente qualificada, além das hipóteses estabelecidas.

Agora, se a norma geral excludente abrange as restantes possibilidades de conduta não limitadas pela proibição (ou pela obrigação de omitir) e confere plenitude ou completude ao sistema, manifesto é que não se obtém essa norma implícita, que não se explicita tal norma somente com apoio numa ou em algumas normas proibitivas. Para que o argumento *a contrario* seja aplicável, é mister partir do conjunto *K* (exaustivamente de *todas as* *p*-proibitivas), pois essa listagem esgotante de todas as proposições normativas que vedam conduta justifica a construção "se e somente se" da implicação intensiva ("se e somente se", ou, "exceto nos casos previstos pelas proposições proibitivas *p*', *p*", *p*''', ... *pn*, qualquer conduta é permitida").

Podemos sintetizar o que foi exposto assim: a norma geral negativa kelseniana é parte integrante do sistema *S*, como proposição normativa desse sistema (não é proposição formal de metalinguagem lógica), por isso que pertence à linguagem do sistema do Direito positivo; quer implícita, quer explicitada, *sempre* pertence ao sistema; logicamente, pela via de inferência *a contrario sensu*, obtém-se como *proposição complemento* do conjunto de *p*-proibitivas, com o que *completa* o universo de proposições.

Assim considerando, o problema seria relativamente solúvel, não fosse a advertência de Kelsen de que a norma negativa decorre da modalidade *negativa ou indireta* de o sistema jurídico regrar a conduta humana. Segundo a teoria pura do Direito, a "norma negativa" não advém de uma exceção aberta numa norma proibitiva expressa, isto é, não pressupõe prévia e explícita vedação de conduta, ante a qual a permissiva representasse exceção. Nem decorre de norma permissiva expressa, explícita, existente no sistema.

5. Permissão positiva e permissão negativa

A *permissão positiva*, pois, é norma exceptiva de outra *norma geral proibitiva*. É norma particular ou de conteúdo especificado: com seu âmbito de validade pessoal, material, temporal e espacial indicado. No *caput* de um artigo de lei proibe-se uma classe de ações a uma classe de sujeitos; num parágrafo, excetua-se expressamente e limitadamente uma subclasse de ações do âmbito da vedação genérica.

A *permissão negativa* não implica a proibição expressa. Como não implica, obtemo-la como complemento da soma das condutas (diretamente) proibidas, das obrigatórias e das permissivas positivas. Ou seja, *o que não estiver diretamente, expressamente regulado, está negativamente permitido:* na fórmula estrita, permitido fazer tudo o que não estiver (diretamente) proibido. Assim sendo, sem norma proibitiva dada, pelo argumento *a contrario* não se obteria a permissão negativa, ou a *proposição geral permissiva.* Pois faltaria a proposição implicante para se poder alcançar a *proposição* implicada (contrária da implicação dada), ou a premissa para a conclusão na inferência.

Todavia, como se compreender norma jurídica permissiva sem o pressuposto de norma ou normas que proíbam? Um sistema unimembre (unitário) de proposições, um sistema jurídico reduzido a uma só proposição, "qualquer conduta está permitida", seria inviável *factualmente* (Bobbio, *Teoria dell'Ordinamento Giuridico,* págs. 18-22), *ontologicamente* contrário ao ser da conduta intersubjetiva, e *logicamente* infringente de estruturas formais: permitir conduta equivale a proibir que, por sua vez, equivale à obrigação correlata de não impedir a ação ou omissão permitidas.

O caminho, parece-nos, é tomar o sistema *S* em sua composição interna, destacar as proposições proibitivas expressas e com elas construir a proposição implicante *composta* (se *p'* e *p''* e *p'''*, ... *pn*), que esgota a pluralidade de todas as *p*-proibitivas, e inferir que qualquer outra conduta que não seja objeto dessas cai sob o âmbito de validade da norma negativa geral (permissiva), que tem o papel sintático de proposição implicada ("então, *q*").

Com essa explicação, em parte, aplico ao tema da norma geral negativa kelseniana observação feita por Conte ("Décision, complétude, clôture", *in Études de Logique Juridique,* pág. 14, tomo I): o argumento *a contrario* (para preencher o que o autor denomina "lacunas críticas") pode validamente partir *de uma só* proposição (*conjunto-unitário*) ou de *uma totalidade* de proposições (digamos, *conjunto-multimembre*). A possibilidade de emprego desse argumento reside na estrutura prescritiva das proposições jurídicas, segundo Conte.

Cremos, porém, que a prescritividade é um *modo de referência* proposicional que dá a possibilidade de qualificar aprioristicamente fatos do mundo. Mas reside na estrutura lógica da implicação *extensiva*, isto é, na falta de recíproca implicação entre o antecedente *A* e o consequente *C* (em símbolos do cálculo de proposições, entre *p* e *q*) a impossibilidade formal de se obter, da implicação dada, a *implicação contrária* (Tarski), ou seja, de "se *A* implica *C*" não se poder inferir: ora, não-*A* / logo, não-*C*. Só a *contrarrecíproca* é válida, pois, se "*A* implica *C*, não-*C* implica não-*A*". Mas, o argumento *a contrario* não visa à obtenção da contrarrecíproca. *De posse de contrarrecíproca, o jurista ou o órgão aplicador do Direito saberia tão só qual antecedente não se verificou, por não se ter verificado um consequente. Mas a solução positiva do caso, no sentido de excluí-lo da órbita da hipótese, e, com isso, alojá-lo na área do permitido, não seria conseguido.*

6. Caráter deôntico da proposição negativa

Irrecusável que na teoria kelseniana a norma negativa não tem função exceptiva da permissibilidade positiva, que pressupõe a correspondente e especificada norma proibitiva (Kelsen, *Théorie Pure du Droit*, págs. 21-22).

Poder-se-ia pensar – como o fez antes Santi Romano ("Osservazioni sulla completezza dell'ordinamento giuridico", págs. 177-178, *in Lo Stato Moderno e la sua Crise*) – a norma negativa como determinante da exclusão do fato como fato juridicamente irrelevante, fato fora do mundo do Direito, "... che data materia resta fuori dell'ordinamento giuridico...". Com isso, a norma geral que dá conclusividade ao ordenamento não seria, em rigor, *norma negativa*, mas *negação de norma*.

Pareceria, então, que a norma negativa geral colocasse o fato ou conduta num espaço circundante ao espaço juridicamente delimitado, devolvendo a conduta negativamente permitida à situação de permissão de fato, numa área de *anomia jurídica*. Mas Kelsen adverte logo: somente "...à l'interieur d'un ordre normatif" tem sentido quer a função positiva, quer a função negativa da permissão.

Por outro lado, se da norma geral negativa se vale o juiz para decidir (julgando ou sentenciando) o caso controvertido, sua decisão tem caráter deôntico (não enunciativo ou descritivo, mas prescritivo). Logicamente, reconstituindo analiticamente a via argumental, temos: a premissa maior – a norma geral negativa (permissiva); a premissa menor, onde deonticamente se qualifica o fato ocorrente; finalmente a conclusão, em que se julga ou sentencia, atribuindo a um titular da relação jurídica a licitude da conduta permitida negativamente; correspectivamente, denegando ao outro termo da relação jurídica a existência do direito subjetivo de exigir que aquele omita ou que exercite o comportamento permitido. E sabemos, explicitamente desde Hume, que de enunciado descritivo, como premissa maior, não é possível, por inferência silogística, obter a conclusão *prescritiva*. Ou de proposições de ser não se tiram proposições de dever-ser (tomamos o postulado de que do *apofântico*, das *is-propositions*, não se alcança o *deôntico*, as *ought-propositions*).

Na teoria pura do Direito, a conclusividade do sistema de proposições do Direito positivo é dada pela norma geral negativa. Se não fosse *norma*, não pertenceria a um sistema de proposições normativas. Se fosse mera *proposição lógico-formal*, não pertenceria à *linguagem-objeto* (a linguagem do Direito positivo), mas à *metalinguagem da Lógica*. Se essa proposição formal entra no interior do sistema, reveste-se de concreção significativa, e as variáveis contidas na linguagem não simbólica da proposição "O que não está proibido, está permitido" substituem-se com os valores de *constantes normativas*, de acordo com o conteúdo específico do Direito positivo. Na norma geral negativa, com que a teoria pura do Direito dá conclusividade ao sistema, distinguimos *in abstrato* a proposição lógico-deôntica, de um lado, de outro o conteúdo normativo com que o Direito positivo qualifica todo comportamento não expressamente vedado como comportamento juridicamente lícito, e, por isso, permitido. Por isso mesmo que é norma completante do sistema pode exercer a função sintática de premissa maior de uma inferência.

7. O juízo jurídico negativo

Recapitulando, um breve tópico sobre a negação. É possível negar juízo jurídico sem o produto da operação lógica ser outro juízo jurídico. Por esse caminho, tem-se chegado à tese do espaço juridicamente neutro. Se inexiste norma geral proibitiva, ou norma obrigatória, ou norma permissiva, ainda que no ordenamento o juiz tenha de julgar qualquer caso controvertido, seu ato, na ausência dessas três classes de normas, meramente emitiria um juízo jurídico negativo, remetendo a conduta a uma área de liberdade de fato, a um espaço juridicamente indiferente. É propriedade do ordenamento jurídico determinar *até onde* alcança, ou seja, estabelecer sua própria limitação. Amplia ou restringe "...cio che è giuridicamente indifferente" (Santi Romano, *L'Ordinamento Giuridico,* págs. 209-217). Com um juízo jurídico negativo, o ato judicial (jurisdicional) declara que o dado de fato não se inclui em pressuposto de qualquer norma do ordenamento: não existe qualquer norma *N* para o caso *C*.

Logicamente, o operador de negação pode afetar: *i*) o conjunto de sujeitos da relação jurídica (ou seja: não-*S*); *ii*) o conjunto de condutas (ou seja: não-*C*); *iii*) o functor modal que estrutura a forma relacional da proposição jurídica (exemplo: não deve ser, nas espécies modais "não proibido", "não obrigatório" e "não permitido"); *iv*) a proposição jurídica internamente, não-*p*, ou, em outros símbolos, *O* (não-*p*), *V* (não-*p*), *P* (não-*p*). Neste último caso, para não se confundir com "não-*O* (*p*)", "não-*V* (*p*)" e "não-*P* (*p*)", em que o alcance (*scope*) da negação é o *functor modal externo* (sendo, por isso, um functor de functor).

O prefixo *não*, afetando a proposição normatiza em seu todo, é ambíguo: ora exprime *proposição normativa negativa*, ora exprime *negação de proposição normativa*. Neste segundo caso, equivale a declarar que inexiste a proposição normativa, que, num sistema *S*, não se encontra proposição, *que não é válida*, por carecer da relação de pertinencialidade que o sistema estabelece, muito embora ela possa pertencer a outros sistemas, ou ao conjunto de possíveis proposições, por satisfazer à "forma lógica" (Del Vecchio), ou ao domínio meramente lógico-formal das possibilidades de construção de normas (o "Direito possível", de Schreiber).

Tenhamos, de passagem, em conta que esse operador uniargumental (incidente numa só classe ou conjunto, numa só proposição, enquanto outros são multiargumentais) goza da propriedade formal da *iteratividade*. É functor de functor, sendo incidente sobre ele mesmo, anulando-se em número par: a Lógica clássica tinha por lei que negar duplamente equivale a afirmar. No campo das proposições deônticas, pode-se operar em equivalências analíticas usando functores modais diversos, mais a negação. Assim, *V* (*p*) é equivalente a *O* (não-*p*); não-*O* (*p*) é equivalente a *P* (não-*p*); não-*V* (*p*) é equivalente a *P* (*p*). A anulabilidade, em qualquer número par, restaura o functor modal em sua valência primitiva: não / não-*V*- (*p*) equivale a *V* (*p*); não / não-*O* (*p*) equivale a *O* (*p*), não / não-*P* (*p*) equivale a *P* (*p*). A dúplice negação pode recair simultaneamente no functor modal e no argumento proposicional encerrado nos parênteses: não-*V* (não-*p*), não-*O* (não--*p*), não-*P* (não-*p*).

Todas essas estruturas, inseridas em possibilidades combinatórias, dão lugar a equivalências e a contraposições analíticas (contrariedade e contraditoriedade) unicamente com base em leis lógicas.

8. A licitude na norma geral negativa

Não se pode fazer um inventário de todas as possíveis condutas humanas, quer em sua concreção individual, quer mesmo delimitando-as em tipos genéricos (Von Wright, *Norm and Action,* pág. 86).

O Direito é uma técnica de esquematizar classes de condutas para poder dominar racionalmente a realidade social. Generaliza em esquemas abstratos a vida em sua concreção existencial, para ofertar a possibilidade de previsão de condutas típicas, indispensável à coexistência social. O processo de esquematização do fato, a técnica de tipificação da vida em comum, dá-se nas modalidades do proibir, do obrigar e do permitir. O sistema de proposições oferta os índices para que individualmente se possa "saber a que se ater na circunstância concreta".

Em princípio, é possível dominar a multiplicidade extensiva e intensiva do real social com as normas proibitivas, as normas obrigatórias e as normas permissivas positivas. O que restar de possível conduta não tipicamente prevista, ou o que sobrevier de conduta nova, excedente dos quadros normativos existentes, fica ou num setor juridicamente neutro, como permissão de fato, ou fica juridicamente qualificado como negativamente permitido. A permissão negativa kelseniana (corresponde à *weak permission* de Von Wright) vem justamente abranger as possíveis condutas não diretamente reguladas como proibições, obrigações e permissões positivas, trazendo-as para o universo do Direito. Então, toda conduta, como relação humana intersubjetiva, é conduta juridicamente qualificada.

Na teoria de Cossio não há, de um lado, o sistema de normas, de outro, o sistema de condutas factualmente em interferência intersubjetiva: a conduta, por sua essência material (fenomenologicamente), integra-se com a norma. Assim, conduta meramente fato natural, conduta sem norma, ou arrojada para um espaço vazio de normatividade jurídica, é ontologicamente impossível. Toda conduta, por conseguinte, está juridicamente qualificada. Um sistema carece de lacunas porque, ao postulado lógico – segundo o qual o que não está proibido está permitido – corresponde a necessidade ontológica da norma como constituinte da conduta (Cossio, *La Plenitud del Ordenamiento Jurídico*, págs. 176-190; *Teoría de la Verdad Jurídica*, págs. 130-139).

Ocorre, porém, que a permissão negativa não concede mais que a conduta (ação/omissão) lícita. Ora, a licitude não é pressuposto de sanção. Também, como a licitude ocorre juridicamente, vale intersubjetivamente: ninguém pode impedir ou juridicamente exigir a ação ou a omissão negativamente permitidas. Dizendo com E. G. Maynez: *Cualquier conduta no vedada por el orden jurídico é licita, aún cuando ninguna norma aluda expresamente a la facultad de realizarla* (E. G. Maynez, *Introducción a la Lógica Jurídica*, pág. 200).

Mas dessa licitude de conduta não pode o titular favorecido munir-se de autorização para exigir o cumprimento de obrigações, nem está habilitado para constituir, modificar ou extinguir relações jurídicas. Em outros termos: a permissão negativa não confere competência, ou habilitação, ou um poder, no sentido do Direito subjetivo, com conteúdo determinado, mas o facultamento genérico de fazer ou omitir o que não está positivamente, expressamente, diretamente vedado. Delimita, assim, a área da liberdade em sentido jurídico, a liberdade *no interior* de um ordenamento positivo.

9. Alguns aspectos do modo permissivo

É preciso ter em conta as variações conceptuais no uso do modal que é a permissão. Ora, *permitido* contrapõe-se contraditoriamente ao *proibido*, repartindo suficientemente o âmbito total do juridicamente qualificado ou regulado. Essa partição suficiente do âmbito jurídico firma-se no fato de que o modo obrigatório *implica* o permitido (unilateral); o que é obrigatório fazer, implica na respectiva permissão (sabemos: *O* (*p*) *implica P* (*p*)). Seria antinômico obrigar e não permitir. O modo obrigatório, em *equivalência interdefinicional*, equivale ao *não permitir a omissão O* (*p*) é equivalente a não-*P* (não-*p*). A proposição "o que não está proibido está permitido", completando, dá: "o que não está proibido, nem é obrigatório, está permitido". Permitido, aqui, é a possibilidade jurídica de ação ou omissão (o permissivo *bilateral* de Kalinowski), sem fundar-se (E. Garcia Maynez) numa obrigação ou numa proibição do titular.

Temos, então, o permissivo cuja qualidade (fazer/não fazer) decorre *implicacionalmente* de normas obrigatórias e proibitivas dadas.

Na abordagem kelseniana, temos a *permissão positiva,* aquela que decorre de exceção expressa a uma *norma geral proibitiva,* e a *permissão negativa,* a que não requer norma expressamente definindo-a. Diríamos, na terminologia dos conjuntos: é o conjunto complemento, no universo da conduta, do conjunto contendo todas as condutas proibidas (e obrigatórias).

Teríamos, ainda, a permissão como possibilidade normativa de fazer ou omitir, fundada em *direito subjetivo de exercício potestativo* (E. Garcia Maynez, *Introducción a la Lógica Jurídica,* págs. 207-208): o credor tem a permissão, fundada em relação jurídica obrigacional, de exercer ou não exercer seu direito de crédito sobre o devedor.

Contamos, ainda, a permissão no sentido de poder jurídico (autorização ou habilitação) para ingressar em relações jurídicas, constituindo-as ou desconstituindo-as, e participar na produção de normas gerais ou de normas individuais.

Por fim, fala-se numa permissão como conduta *não juridicamente qualificada,* como permissão *de facto,* área juridicamente neutra, que não está dentro do conjunto universo deonticamente qualificado, mas circundando-o como âmbito factual, onde se aloja o que se tem por juridicamente irrelevante (por se desjuridicizar, ou por não se ter juridicizado ainda). A essa *permissão factual* contrapõe-se a impedibilidade também factual. Quem está permitido a fazer ou omitir meramente de fato, também de fato pode ser impedido. Nem uma nem outra conduta são lícitas ou ilícitas. Tão somente alícitas.

Por isso, escapariam à qualificação de pressupostos de sanções juridicamente prefixadas. Nem em norma primária, nem em norma secundária ingressariam as condutas factualmente permitidas ou factualmente impeditivas. O possível conflito seria relação social apenas, não relação jurídica fundante de uma lide, em sentido processual. Processualmente dela se tomaria conhecimento, sendo o ato judicial *ato de negação de norma*, ato enunciativo de inexistência de norma para o caso. De norma geral, ou de norma individual. O juiz deixaria de pronunciar o ato que é a decisão como norma para o caso. Emitiria juízo declarativo (descritivo) de inexistência de norma. *Colocar-se-ia o juiz em nível de metalinguagem, tendo a linguagem do Direito positivo como linguagem objeto.*

10. Conflitos insolúveis

O ordenamento jurídico regula a conduta humana *negativamente*, na medida em que permite determinada conduta pelo fato de a não proibir. Recusando a demanda, ou absolvendo o acusado, o órgão judicante *aplica* o ordenamento, que se integra com o preceito geral de que o que não está proibido, está permitido. É a tese kelseniana.

Pode ocorrer que *A* tenha conduta *C* permitida pela norma geral negativa, e *B* tenha a conduta não-*C*, oposta àquela. Ambas são permitidas, com base em que não se deu proibição positiva de uma, ou de outra, ou de ambas. Ambas são lícitas, não servem de pressuposto a qualquer sanção. Então, dá-se o conflito entre duas condutas lícitas, ambas juridicamente permitidas, e o órgão judicante não terá, quer em *norma geral positiva*, quer na *norma geral negativa*, o critério objetivo de decisão. Kelsen confessa, ante esse impasse, que nenhuma ordem jurídica pode prevenir todos os possíveis conflitos de interesses: todos os conflitos nas *relações intersubjetivas* de conduta. Com o que algumas relações intersubjetivas conflitantes ficam sem solução normativa. Sem a norma geral negativa que permite o que não está positivamente proibido, e sem a norma individual da sentença (no sentido genérico de decisão) judicial. Com base na norma geral negativa, a decisão pode absolver ambas as partes – pois ambas se movem dentro do círculo do permissivo lícito – mas com isso o conflito de interesses, o conflito de condutas, não ficou resolvido.

É certo, o órgão julgador pode receber do ordenamento regra de competência que o habilite a num caso de conflito insolúvel pelas normas gerais preexistentes, criar *norma geral* – ato material de legislação – e, em aplicação, norma individual para o caso. Ou pode apenas receber competência para criar *norma individual* para o caso, norma cujo conteúdo não está previsto no quadro de norma geral positiva.

Aqui, distingue-se a aplicação da norma geral de competência e a criação da norma individual, aplicação daquela. O ordenamento *pode ou não* habilitar o juiz ou Tribunal a criar norma geral, ou norma individual cujo conteúdo *praeter legem* não se explique como *aplicação* de norma geral previamente existente. Se habilita, o ordenamento autointegra-se, ele mesmo supre espaços vazios.

Como vemos, espaços vazios existem: o ordenamento consta de normas gerais, produzidas por vários órgãos (politicamente, o preeminente é o legislativo) e de normas individuais. A decisão judicial continua o processo de criação de normas: dinamicamente considerado, o sistema jurídico é completável. Mas há limitação, como vimos, à decidibilidade normativa dos órgãos de aplicação do direito. Agora, integrando-se com o ato jurisdicional o sistema autointegra-se. Não é completo, mas completável.

11. Função mínima da norma completante

Fundado em norma geral (negativa) de permissão não é possível habilitar o sujeito a participar na criação de normas ou situações jurídicas específicas. Do fato de não estar proibido no ordenamento o sujeito *A* exigir do sujeito *B* a devolução de coisa móvel, não se segue que ele tem a permissão jurídica de fazê-lo. Do fato de o ordenamento jurídico não proibir, nem expressamente permitir a declaração unilateral de vontade, não se segue que eu possa, que me seja permitido converter minha vontade em fonte de relações obrigacionais, ou que o sujeito que haja satisfeito as condições estatuídas pelo promitente se apresente como sujeito portador de direito subjetivo de exigir o adimplemento da promessa unilateral e, recorrendo ao juiz, este lhe reconheça, além da capacidade processual de instaurar o processo, o direito material alegado na demanda. O mero permitir "em sua função negativa" não é habilitante, não confere poderes de produzir norma individual aos indivíduos-membros da comunidade jurídica. As normas individuais que os indivíduos-órgãos (os juízes, autoridades administrativas) e os indivíduos-membros da comunidade jurídica criam (nos negócios jurídicos) inserem-se nos quadros dos tipos normativos que as normas gerais estabelecem, ou se movimentam na ampla margem do licitamente admitido pelo ordenamento jurídico (assim, o que eu faço com a minha liberdade juridicamente protegida: compor uma sonata, passear no jardim público, pronunciar uma conferência e, no uso do direito de ir e vir, ir à igreja, à universidade, ao mercado, ao clube).

Por isso, quando fato novo, decorrente de situações novas, surge, proveniente de invento tecnológico ou do processo de mudança social, em vão se procurará, no ordenamento, a solução normativa, apelando para o princípio de que, se não está proibido, está permitido. Se a tecnologia e o desenvolvimento social e econômico requerem a cobertura dos riscos do trabalho e dos meios de transporte, não se poderá construir para um caso individual concreto o contrato de seguro tão somente verificando que não está vedado.

A construção jurisprudencial de certos tipos normativos para satisfazer a situações sobrevenientes é processo de criação de *novas* normas, é materialmente ato de criação legislativa (ainda que realizado por órgãos cuja função constitucional precípua é julgar), aplicando normas de habilitação, existentes no ordenamento total, para produzir normas gerais novas, que funcionarão como fundamento (premissa maior) das normas individuais em que se concretiza a sentença nos casos não previstos no sistema.

Uma coisa é a solução da relação processual contenciosa, e outra é a criação de norma que fixa tipos de situações jurídicas através das denominadas *sentenças de efeitos normativos.* A sentença com efeitos normativos, observa Seabra Fagundes, no campo do Direito do trabalho, só formalmente é ato jurisdicional. Materialmente, é criação de regras gerais, é ato legislativo (Seabra Fagundes, *O Controle dos Atos Administrativos pelo Poder Judiciário,* págs. 98-99). Por outro lado Victor Nunes Leal examina "as funções normativas, legislativas do ponto de vista material", que o Direito brasileiro confia a órgãos judiciários: na Justiça do trabalho, na Justiça eleitoral e até na Justiça comum (Victor Nunes Leal, *Problemas de Direito Público,* págs. 179-222).

Posta a norma geral e abstrata, através do ato jurisdicional, da "sentença com efeitos normativos" (ato materialmente legislativo praticado por órgão que não o Legislativo em sentido estrito), o ato propriamente jurisdicional funciona seguindo suas etapas: a norma geral, criada antes da sentença, a constatação da situação contenciosa e a decisão. Manifesto que a decisão jurisdicional é singular, como observa Seabra Fagundes, recaindo no caso concreto litigioso; o que se estende a outros casos, formando uma classe ou gênero, não é a sentença como tal: é a norma geral, com eficácia *erga omnes,* saída de ato materialmente não judicante, mas substancialmente legislativo, ainda que função e órgão não se correspondam, como no modelo da divisão de poderes.

Com isso, o órgão jurisdicional vai completando o sistema do Direito positivo, não apenas preenchendo com maior ou menor margem de discricionariedade os quadros genéricos postos pelas normas substantivas e adjetivas, como Kelsen considera, mas fora ou além dos esquemas das normas gerais, intercalando no sistema outras normas gerais, que servirão, como qualquer outra norma geral, de fundamento ou premissa maior para a decisão dos casos concretos.

12. Obrigatoriedade, facultatividade e norma geral negativa

Por outro lado, o modo deôntico da permissão abrange a permissão unilateral e a permissão bilateral (Kalinowski, *Études de Logique Déontique*, págs. 24-34, 200-203). Nesta compreende-se o poder de fazer e o poder de omitir. Em face do modo deôntico da proibição, inexiste problema, pela mútua excludência desses modos. Mas não em face do modal de obrigação. Sabemos que o obrigatório implica a permissão de fazer, ou seja, "$O\ (p) \rightarrow P\ (p)$". Mas tal permissão é unilateral. Na bilateral temos: $F\ (p) \rightarrow P\ (p)$ e P (não-P), isto é, o ato facultado (permitido bilateralmente) implica a permissão de fazer e a permissão de não fazer. Ora, a permissão de não fazer está em conflito com a obrigação de fazer, ou seja, "$O\ (p)$" é incompatível com "P (não-p)". A permissão de não fazer ou de omitir é compatível com a obrigação de omitir: O (não-p) implica P (não-p).

Agora, quando existe o modo deôntico como o da permissão, na norma geral negativa (o que não está proibido está permitido), não tem o aplicador do preceito orientação *unívoca* sobre qual das direções deônticas tomar: *a*) se está permitido por ser obrigatório, *b*) se está permitido fazer, porque está facultado (o facultado por ser bimembre, fazer e omitir, implica-os). Em suma, *a permissão negativa não indica se a conduta está permitida por ser obrigatória, ou se está permitida por ser facultada*. Ou, ainda, se se trata da *permissão unilateral* de conduta, *por estar implicada na obrigação* (que, em termos de Lógica, dá o axioma "tudo o que está juridicamente ordenado, está juridicamente permitido"; Maynez, *Introducción a la Lógica Jurídica*, pág. 238), ou se se trata da permissão composta de fazer ou omitir, por ser decorrente do modal facultativo, isto é, da *permissão bilateral*.

Se reduzirmos, por equivalência, a não proibição de fazer à não obrigação de omitir, e esta à permissão de fazer (não-*V* (*p*) ≡ não-*O* (não-*p*) ≡ *P* (*p*)), não determinaremos, na norma geral negativa de permissão, se é permissão unilateral ou se é permissão bilateral; se é permitido por ser decorrente de obrigação de fazer, ou se é permitido por ser facultado fazer ou não fazer. *A permissão negativa não indica, assim, o modal unívoco para orientar a conduta e encaminhar a solução jurisdicional da conduta no plano da contenciosidade.* Enfim, se a permissão decorre da obrigatoriedade, temos, introduzindo negações, a relação formal: *O* (*p*) ≡ não-*P* (não-*p*), ou seja, o que é obrigatório fazer não é permitido não fazer (omitir). O que não é obrigatório equivale à permissão de omitir: não-*O* (*p*) ≡ *P* (não-*p*).

Assim, do modal deôntico da permissão negativa não é possível sacar a indicação positiva de se a conduta é permitida porque é obrigatória, ou de se é permitida porque é facultativa. Excluem-se reciprocamente o modo da proibição e a permissão. Mas há implicação entre obrigação e permissão unilateral, entre facultamento e permissão de fazer e permissão de não fazer.

No final, restam *meras relações formais que, sendo formais, carecem de conteúdo e requerem o complemento de normas jurídicas positivas, justamente as que faltam no ordenamento para a solução dos casos concretos.*

13. Inexistência de norma proibitiva

Sabemos, que a norma geral negativa de Kelsen não é uma *metaproposição* que declare: no sistema *S* inexiste a norma *N*. Pois, dessa metaproposição descritiva não se infere proposição normativa (a norma permissiva "está permitido"). Se o fosse, a norma geral negativa seria híbrida, composta de uma *p-descritiva* e de uma *p-prescritiva*. Se a segunda parte for também descritiva ("está permitido"), então teríamos uma *implicação entre duas p-descritivas,* e norma nenhuma. O enunciado global pertenceria à metalinguagem da Ciência do Direito, ou à metalinguagem lógica. Não seria norma de Direito positivo. Nesse caso, não proporcionaria completude ao sistema. O fechamento do sistema normativo advém de norma, dada diretamente, ou por consequência lógica, tirando norma de norma, através da inferência. Mas não é uma proposição lógica, como mero enunciado formal, que completa um sistema de Direito positivo. A *proposição formal* "se não-$V(p)$, então $P(p)$" é logicamente válida, mas sem conteúdo normativo específico. Com ela apenas, não sei se dado sistema positivo tem tais ou quais normas que vedam a conduta, ou permitem-na, pois com ela não decido questões factuais.

Implicação entre proposição proibitiva e proposição permissiva há: não-$V(p)$ implica $P(p)$. Mas, não há implicação entre *inexistência* de proposição proibitiva e proposição permissiva. O enunciado que constata a inexistência de uma dada norma proibitiva é *descritivo:* "no sistema S não existe a proposição $V(p)$". Vê-se, tal enunciado descritivo, verdadeiro ou falso, conforme for ou não verificado empiricamente, não se confunde com "não-$V(p)$", que é proposição normativa negativa, equivalente à norma permissiva, "$P(p)$". *O juízo de inexistência de norma proibitiva não é deôntico:* é, descritivamente, negação de que $V(p)$ pertença a um sistema. É um *juízo de negação de existência de norma proibitiva.* Por isso, a norma permissiva, contida na norma geral negativa de Kelsen, nem pelo nexo de implicação, nem pela inferência fundada na implicação se pode obter.

Se não há implicação entre negação de existência de norma proibitiva e norma permissiva, teremos de tomar ambas as proposições como proposições deônticas, como normas. Mas, ocorre, como normas dizem a mesma coisa, são equivalentes interdefinicionalmente: não-$V(p) \equiv P(p)$, ou seja, não proibido equivale a permitido (não permitido equivale a proibido, não-$P(p) \equiv V(p)$). São proposições analiticamente verdadeiras. Ainda que falem *sobre* normas de direito, são proposições formais lógicas. Com elas não obtenho a completude do sistema, como Kelsen sustenta.

14. Multivocidade do dever-ser em Kelsen

A falta de univocidade no modal da permissão é um aspecto particular da multivocidade do "dever-ser". Ora, dever-ser é o modal genérico, cujas espécies são: o proibido, o obrigatório e o permitido (positivo e negativo). Sob esse ângulo, dever-ser ≡ norma jurídica, na qual a conduta deonticamente se qualifica. Fato da natureza não pode, sob esse aspecto, ser deonticamente qualificado. Só a conduta humana.

Sintaticamente, o modal "dever-ser" genérico, digamos *D*, é functor que converte um enunciado em proposição normativa: *D* (*p*), cujas espécies são: *V* (*p*), *O* (*p*), *P* (*p*) e *F* (*p*) (conduta facultada que inclui a permissão de fazer e a permissão de omitir, isto é, *P* (*p*) e *P* (não-*p*)).

Outro sentido do dever-ser é o de forma de síntese dos dados da experiência. É no sentido categorial de forma de síntese ou método de ordenação da experiência, como diria Stammler, que Kelsen toma o dever-ser como *imputação*. Sob esse ângulo, o dever-ser é a contrapartida, no universo social, da causalidade no mundo natural. Na fórmula, "se *A*, então deve ser *B*", o dever-ser exerce *função epistemológica* de relação, não *a função deôntica* de determinar a conduta nas espécies modais aludidas. Descrevendo cientificamente o Direito positivo verifica-se que tanto à conduta, quanto a fato da natureza, vinculam-se a consequência, pela imputabilidade. Ora, o vínculo fato natural com uma consequência com a qual, causalmente, não estava vinculada, através do dever-ser, é uma forma de relação que não tem sentido modal deôntico específico. Sintaticamente, é functor ou o sincategorema da proposição.

Poderíamos distinguir o *uso descritivo* e o *uso prescritivo* do dever-ser. Na proposição jurídica (*Rechtssatz*), o dever-ser é usado para descrever; na norma jurídica (*Rechtsnorm*), para prescrever. A proposição jurídica, com que a ciência dogmática descreve o Direito positivo, situa-se em nível de *metalinguagem material*, relativamente à *linguagem objeto* do Direito positivo. A Ciência do Direito não prescreve, isto é, não proíbe, obriga ou permite condutas: isso cabe ao Direito positivo.

Distinguimos especialmente esses conceitos de dever-ser em Kelsen. Karl Leiminger (*Die Problematik der Reinen Rechtslehre*, págs. 63-66) destaca outras variantes de sentido.

Leiminger observa ainda que no dever-ser incluem-se o meramente ser permitido (Erlaubtsein) e o ser habilitado de poder ou ser autorizado (*Ermaechtigsein*). Ambas incluem-se na espécie modal: a conduta permitida (*das erlaubte Verhalten*).

Vê-se, a permissão contida na norma geral negativa meramente permite o não *positivamente* proibido, sem habilitar ou dar poder de constituir ou desconstituir relações jurídicas, tão só porque não estão vedadas. Aqui, o dever-ser manifesta-se no modal mais débil (*weak permission*, oposto à *strong permission*, de Von Wright), tão apenas circunscrevendo a órbita da conduta lícita, juridicamente tutelada, mas cujo conteúdo é indeterminado, pois o que se pode fazer com a liberdade jurídica só encontra limitação no que está positivamente proibido, ou no que é expressamente obrigatório (fazer ou omitir).

Assim *considerando somente neste aspecto, qualquer que seja a conduta está juridicamente qualificada, o que não importa na completude ou na ausência de lacunas* (técnicas, intrassistemáticas), *no ordenamento positivo.*

A permissão, que a norma geral negativa dá, é a liberdade jurídica. É norma de direito positivo. Não lei meramente lógico-formal. Pertence ao sistema. Quer explícita, quer implicitamente. A implicitude é modo de existência (a norma *N* é implícita se decorre implicacionalmente de uma outra norma, ou de um subconjunto *A* de normas). Mas com a liberdade jurídica não está o sujeito autorizado a constituir "efeitos jurídicos", ou dar *consequências jurídicas* a novos atos, como se instituísse novos *pressupostos* ou *hipóteses normativas*, correspondentes aos atos que no exercício de sua liberdade jurídica vai praticando. Se prometer contrair casamento e norma nenhuma positiva configurar a promessa como hipótese ou pressuposto, consequência normativa alguma virá. A promessa é juridicamente permitida como conteúdo possível da liberdade juridicamente conferida. Com a liberdade jurídica, portanto, não se está habilitado pelo ordenamento a instituir *consequências* para condutas que não encontrem no ordenamento *hipóteses* ou *pressupostos* normativos dentro dos quais se alojarem. A criação de novos pressupostos e novas consequências verifica-se no âmbito de normas de habilitação ou autorização – assim no poder criador de normas por parte de órgão jurisdicional. Não, porém, com a mera liberdade jurídica, distribuída pelo ordenamento aos indivíduos-membros da comunidade politicamente organizada.

Capítulo XIV

SUMÁRIO: 1. Formalização do sistema – 2. Sistema simples e sistema composto – 3. Critério de pertinência – 4. Diferença sintática dos dois critérios – 5. Impossibilidade do sistema normativo simples – 6. Consistência no interior do sistema – 7. Formalização da consistência – 8. Ângulo sintático da consistência – 9. Postulado de unidade e consistência no direito, na ciência do direito e na lógica – 10. Sistema de proposições normativas e sistema social – 11. Lógica e sistema empírico.

1. Formalização do sistema

O que ficou estabelecido de uma maneira intuitiva, pode ser dito em grau mais abstrato, com alguns aditamentos. Assim, temos por verdade que o ordenamento jurídico positivo, como linguagem, é um sistema de símbolos do discurso comum e técnico (linguagem de objetos). Se de fato não alcança a forma limite de sistema, o ordenamento é, tendencialmente, quanto maior for o *quantum de racionalização*, sistema. Sendo sistema, é *conjunto de entidades*. As entidades constituintes do conjunto são proposições. Não fatos ou condutas, que estão em outro conjunto, entitativamente diverso: os fatos ou condutas não são linguagem, isto é, símbolos gráficos que se estruturam segundo leis sintáticas. Os fatos e as condutas não se articulam com partículas, umas em função de constantes, outras em função de variáveis, nem se transformam consoante leis combinatórias formais. Nem mantêm a relação semântica de significado com algum universo. Os fatos, selecionados do mundo pelas hipóteses das normas, e as condutas, ora no tópico de hipóteses, ora no lugar de teses ou consequências, são objetos de referência deôntica, que é tipo de referência (estruturas objetivantes, com seus suportes: os atos objetivantes, em sentido husserliano) irredutível ao tipo *descritivo* e só pertinente a uma linguagem.

Como sistema de símbolos, o Direito positivo é conjunto, cujos elementos são do domínio da linguagem. Conjunto que tem sua contraparte lá onde estão os fatos e as condutas, digamos, o que representa o contradomínio desse sistema. É possível, bem sabemos, converter esse sistema referencial deôntico do Direito em sistema objeto de outro sistema de linguagem, até terminar numa linguagem formal insuscetível de se tornar linguagem objeto de outra linguagem de ordem mais elevada (podemos convencionar terminologicamente e denominar sistema ao conjunto composto de enunciados descritivos; ordenamento, ao conjunto composto de normas. Assim o faz Nicolò Amato, Logica Simbolica e Diritto, pág. 406). Todavia, sistema é também o de normas de Direito positivo, como proposições inter-relacionadas e com um ponto final de referência – o fundamento de validade.

2. Sistema simples e sistema composto

Sem desconhecer que sistema requer elementos e relações constituintes de sua estrutura, pensemos num sistema de Direito positivo reduzido a uma só proposição normativa. Seria sistema unitário, quer dizer, de um único elemento. Mas, ainda reduzido hipoteticamente a um e somente um elemento, teríamos, formalmente, sistema. Estamos sempre inclinados a pensar o sistema de tipo multielemental, isto é, o sistema como coleção, reunião de partes, agregado de membros. A ideia usual de sistema ou conjunto repele essa composição de um só indivíduo ou objeto. Se o objeto é único, parece descabimento dizer-se dele que basta para perfazer um conjunto. Todavia, conjunto pode ser unimembre ou multimembre. Com um único elemento, uma relação R de igualdade daria estrutura – todo elemento é igual a si mesmo: assim "a R a", ou "a" é igual a "a".

Também a ideia usual e intuitiva repele mais energicamente a concepção de conjunto sem elementos. Todavia, há. Se carece de *extensão* (de membros ou elementos), forma-se tal conjunto por *conotação*. Assim, o conjunto dos números pares não divisíveis por dois, o conjunto das ações que são simultaneamente proibidas e não proibidas. Generalizando: o conjunto dos x tais que são P e não são P. Num caso, é suficiente predicar uma *contradição analítica;* noutro, *impossibilidade* factual de se comprovar o enunciado sobre o membro único do conjunto (sobre o conceito de sistema, v. L. S. Stebbing, *A Modern Introduction to Logic*, págs. 196-201; S. K. Langer, *An Introduction to Symbolic Logic*, págs. 74-80; Leônidas Hegenberg, *Lógica Simbólica*, págs. 281-336; especialmente Bobbio, *Teoria dell'Ordinamento Giuridico*, págs. 18-22).

3. Critério de pertinência

De um só membro ou elemento, ou de vários membros ou elementos, um conjunto não se constitui sem critério de pertinência. O membro ou os membros têm de satisfazer esse critério, explícito ou implícito. Quando enumerativamente se faz conjunto, recolhendo a esmo objetos (o conjunto dos astros e dos homens e dos negócios jurídicos e dos números elevados à potência *n);* implicitamente está o critério de pertinencialidade mínimo (pertinencialidade ou pertencialidade): os x tais que são algo. Em termos fenomenológicos: o conceito de objeto em geral, pouco importando o tipo ou região a que pertença o objeto. Conotativamente, o critério é dado por um predicado P: os x tais que têm a *propriedade* indicada no *predicado P* (convencionando, os objetos têm propriedades que, *em nível sintático,* são representadas pelos predicados).

Sendo o Direito positivo conjunto de normas cujas expressões simbólicas e formalizadas são proposições, há critério que autorize a incluir tal ou qual proposição como elemento do conjunto. Pelo conteúdo de tais normas, é impossível factualmente. Factualmente possível é uma *listagem enumerativa* de todas as proposições pertencentes a determinado sistema de Direito positivo. Certo que o cômputo eletrônico reduz ou elimina a factual dificuldade (Igor Tenório, *Law and Cybernetics*, ed. brasileira, *Direito e Cibernética*, págs. 105 e segs.). O conjunto Direito positivo é conjunto com elementos em número finito, mas a dificuldade na enumeração exaustiva desses elementos nos inclina para a definição do conjunto em termos conotativos, apontando o critério segundo o qual uma proposição jurídica pertence ou não pertence ao sistema.

Se dissermos que pertencem ao conjunto as proposições provindas do Estado (através de órgãos seus) estaremos encerrados num círculo vicioso: o Estado não é puro fato, o fato origem que serve de ponto de origem normativa. Ele mesmo pressupõe normas, proposições normativas que delimitem os feixes de competência dos órgãos que o integram (cada órgão é "*un fascio di competenza*", que tem por "*pressupposto assoluto*" o ordenamento jurídico do Estado, segundo Emilio Crosa, *Corso di Diritto Costituzionale*, vol. 1, pág. 159); há, necessariamente, *pelo menos um* órgão e pelo menos uma norma de organização para uma organização política ser Estado.

Nem critério sacado do mundo factual sociológico, nem fundado em um universo de valores, nem no conteúdo normativo, que é copiosamente diversificado, servem para critério de pertinência de uma norma a um conjunto. Cada sistema de Direito positivo é um *conjunto S*, cujos *elementos* são proposições *p', p", p'"*, ... *pn*.

Possível é tomar dois pontos de vista: um, tendo a Constituição positiva por ponto de referência; outro, é regredir à norma fundamental do sistema. Nem tudo o que está *dentro* da Constituição positiva (restringindo à denominada Constituição formal) serve de critério de pertinência das proposições jurídicas de um dado sistema. Sim as proposições que estatuem sobre a forma e o conteúdo que as proposições normativas devem apresentar, e indicam que órgão está habilitado competencialmente para criar normas (incluir as proposições constitucionais de revisão ou reforma constitucional). São proposições normativas sobre proposições normativas, proposições deonticamente qualificadas sobre outras proposições normativas. Grande parte do sobredireito. As normas que, por implicação, derivam de outras normas, que por inferência derivam de outras, implicitamente estão abrangidas no que afirmamos.

4. Diferença sintática dos dois critérios

Se tomarmos as proposições normativas de ordem constitucional, que determinam o modo de construção de outras proposições normativas (a forma procedimental, o órgão e, às vezes, o conteúdo – geralmente vedam certo conteúdo: criar normas discriminatórias, ferir direitos subjetivos básicos etc.), o critério para saber se uma proposição pertence ao sistema *S* é, ele mesmo, proposição normativa *no interior do sistema*. É proposição – digamos no singular – *intrassistemática*, por isso mesmo, uma proposição de Direito positivo, proveniente de um fato: o fato de uma determinada vontade constituinte.

O jurista dogmático, que trabalha *no interior do sistema*, que interpreta e o aplica, diante de uma lei, decreto ou sentença, regredirá ao modo de construção de normas para saber se pertencem ou não ao sistema. O modo de criação posto é, ao mesmo tempo, o *fundamento de validade*. Sintaticamente, é regra de regra, uma regra sintática colocada dentro do universo de proposições normativas, *suscetíveis de ser, através de proposições normativas, alterada*. As regras do processo legislativo, que estão na Constituição, podem ser revisadas por outras regras constitucionais. Discute-se se as regras de revisão constitucional podem, elas mesmas, serem revisadas: será a possibilidade de reforma das regras de reforma constitucional. Nelson Sampaio (*O Poder de Reforma Constitucional,* págs. 102-107) considera uma das limitações ao poder de reforma se a Constituição é rígida. Mesmo na flexível, a reforma, se compromete o núcleo jurídico e político da Constituição, substituindo-a, não será mais poder de reforma, mas poder constituinte originário.

Mas quando Kelsen dá mais um passo na regressão em busca do critério de pertinencialidade, detendo-se na norma fundamental, como último grau, parece-nos, a proposição fundamental kelseniana coloca-se fora da órbita do sistema: é uma *proposição extrassistemática*. Sintaticamente, é uma regra *fora* do sistema: é uma proposição de metalinguagem, relativamente à linguagem do Direito positivo. Por isso, é insuscetível de ser revisado pelo processo legislativo ordinário, ou pelo processo de revisão constitucional. Insistindo Kelsen em que se trata de proposição hipotética, isto é, de hipótese gnosiológica, está colocando a norma fundamental no nível da linguagem da Ciência do Direito. Como hipótese gnosiológica, porém, não está no mesmo nível da ciência empírica que é a ciência jurídica, pois constitui o pressuposto, ou a condição transcendental (em sentido kantiano) da experiência científica dogmática do Direito.

A norma fundamental, como proposição, é, assim, proposição de metalinguagem em nível *da Filosofia da ciência do Direito*, tomando o termo filosofia como metateoria: é teoria da teoria que é a ciência. Em termos de níveis: está na *metalinguagem formal* como sintaxe, e na *metalinguagem material* relativamente à linguagem do Direito positivo. Como proposição de metalinguagem material a norma fundamental *tem conteúdo, refere-se a uma situação fáctica*, é individualizada, relativamente a essa situação. O que não impede uma *teoria geral* da norma fundamental (sobre a distinção entre norma fundamental abstrata e norma fundamental concreta, v. José Vilanova, "Vigencia y validez en el Derecho", págs. 147-148, *in El Hecho del Derecho*). O que suprime a norma fundamental não é ato legislativo de qualquer espécie: é a mudança numa situação factual de poder, a inefetividade, sociologicamente sobrevinda, que desfaz a validade global do sistema. Sem a eficacidade, a hipótese categorial carece de fundamento nas coisas para ser aplicada (R. J. Vernengo em *La Naturaleza del Conocimiento Jurídico*, págs. 127-139, mostra as variações kelsenianas no conceito de norma fundamental).

5. Impossibilidade do sistema normativo simples

Sistema unielementar é aquele que consta de um só membro. É conjunto chamado unitário. No caso do sistema do Direito positivo, seria conjunto de uma só proposição deôntica. Tendo em vista que o modal deôntico é tríplice, o conjunto seria: de uma só proposição proibitiva, ou de uma única proposição obrigatória, ou de uma única proposição permissiva (incluindo na permissão a *permissão unilateral* e a *permissão bilateral*, seguindo terminologia de Kalinowski). É possível? A possibilidade toma duas direções: a lógica e a ontológica. Cuidamos da primeira, conforme a índole deste trabalho.

Se o sistema do Direito positivo fosse conjunto de uma só proposição proibitiva, diria: dado qualquer fato, qualquer conduta é proibida. Sinteticamente: tudo (qualquer que seja a conduta) é proibido. Então, o sistema S teria unicamente a proposição "$V\ (p)$". Se a única proposição fosse a determinante de conduta obrigatória, seria $S \equiv$ "$O\ (p)$". Se tudo fosse permitido: $S \equiv P\ (p)$.

É certo que a conversão interdefinicional relativiza o problema. Quer dizer, estatuir que tudo é proibido equivale a determinar que é obrigatório omitir a conduta C e é equivalente a estabelecer que não é permitido realizar tal conduta. Em símbolos, e tomando as proposições deônticas exteriormente (sem desmembramento de sua estrutura interna): $V\ (p) \equiv O$ (não-p) $\equiv$ não-$P\ (p)$.

Tanto faz o sistema estabelecer que é vedada qualquer conduta, como dizer que é obrigatório não cumprir qualquer conduta, como afirmar que não é permitido qualquer conduta. São, como se vê, equivalências analíticas. *São válidas independentemente da verificação empírica, por serem verdades formais.* Independem dos sistemas de Direito positivo e não podem ser infringidas pela vontade arbitrária da fonte formal (da fonte criadora de normas) do sistema. O legislador pode selecionar os conteúdos das normas, entre os possíveis conteúdos factuais-naturais e sociais – do contexto real em que se acha engajado. Não pode, todavia, impedir aquelas equivalências analíticas.

Mas, como, aparte, as equivalências analíticas são coimplicações, temos agora outra versão formal de impedimentos a construir sistema de uma só proposição deôntica. Mediante equivalências, poderíamos constituir sistema unitário de uma só proposição deôntica, escolhendo qualquer dos três modos deônticos de proposições. Mas ocorre precisamente isto: se nos decidimos por um modo deôntico, ele necessariamente implica outros. Questão terminológica: equivalência ora significa mera *relação* entre proposições, ora tipo de *operação*, como *implicação recíproca*. Diferença que há em linguagem matemática entre símbolos de operação, como "+", "√", e símbolos de relação ">", "<", "=".

Assim, se se estabelece que tudo (toda conduta) está proibido, esta proposição (abreviada) *implica* esta outra: é permitido omitir a conduta proibida *C*. Em *equivalências:* $V(p) \equiv P(\text{não-}p)$. Em linguagem de implicação: $V(p) \rightarrow P(\text{não-}p)$. Ou, em termos intuitivos: o que está proibido implica está permitido omitir. Do mesmo modo, se a única proposição deôntica fosse $O(p)$, seria ela implicativa de $P(p)$ e implicativa de não-$P(\text{não-}p)$, ou seja, o que é obrigatório fazer, é permitido fazer, e não é permitido omitir. Mas o que não é proibido, não-$V(p)$, equivale a permitido, $P(p)$. Assim, os modos da proibição e o da obrigação implicam sempre a permissão: permissão de não fazer e permissão de fazer, respectivamente, o que é proibido e o que é obrigatório. Permissão unilateral, é certo. Não a permissão bilateral de fazer ou omitir, justamente o que caracteriza a conduta facultativa, ou seja: $P(p)$ e $P(\text{não-}p)$. O obrigado tem o direito de fazer o que se lhe impõe (E. Garcia

Maynez, *Introducción a la Lógica Jurídica*, pág. 195) pois "se uma conduta se encontra juridicamente ordenada está juridicamente permitida" (o que E. Garcia Maynez denomina *princípio ontológico de inclusão;* v. *Ensayos Filosófico-Jurídicos*, pág. 293). Quer dizer, há necessariamente o direito de omitir o que se proíbe e o direito de fazer o que se obriga: é direito no sentido de permissão unilateral de omitir ou fazer, *fundado em um dever jurídico do titular,* direito de exercício obrigatório, não de exercício potestativo ou facultativo (o direito ou a permissão jurídica de fazer e não fazer que se formula: $F\ (p) \equiv P\ (p) \wedge P\ (\text{não-}p)$).

Essa implicação interproposicional de um modo deôntico a outro modo deôntico constata-se, como já vimos, no interior da proposição jurídica. Estabelecer-se proibição, obrigação ou permissão é necessariamente a um sujeito face a outro sujeito. A proposição jurídica é relacional em sua estrutura; assim, os *termos* da relação – os sujeitos de direito – colocam-se em posição assimétrica: se um é sujeito ativo, o outro é sujeito passivo, se um tem obrigação de fazer ou omitir, o outro, *correlativamente,* tem o direito ou a permissão jurídica (de exercício obrigatório ou facultativo) de exigir o cumprimento da obrigação comissiva ou omissiva. Parece, pois, pela via da "Lógica dos termos" ou *teoria das funções lógicas,* impossível estatuir-se proibição universal, ou permissão universal (de qualquer classe de sujeitos de direito, ou qualquer classe de ação ou conduta), dada a estrutura relacional da proposição jurídica, *onde os modos deônticos se implicam.*

Quando Kelsen observa que é possível sociedade sem direitos subjetivos, onde só haja deveres, esquece que o *correlatum* do dever é uma pretensão que se faz valer, como *possibilidade jurídica* de impedir o descumprimento do dever. O modo deôntico da obrigação implica o modo deôntico do direito a opor-se ao inadimplemento do dever imposto, isto é, a permissão, juridicamente tutelada, de impedir a omissão do dever jurídico. Se inexistir este, estamos diante de *deveres morais,* não de *deveres jurídicos*, ou seja, estamos dentro de *outro* sistema de proposições deônticas.

Qualquer modo deôntico, portanto, é relacional. Implica seu *converso*. Toda relação deôntica *R*, tem sua conversa numa *Rc*, que é a recíproca da primeira. Assim sendo, a hipótese limite de um Estado autocrático que proibisse qualquer conduta, como vimos, não impediria o direito a omitir a conduta vedada, nem impossibilitaria a permissão, juridicamente fundada na norma de competência do sistema, em o autocrata emitir norma universal de proibição. Os súditos teriam o direito, com força *erga omnes*, de cumprir o devido, e, pois, a permissão unilateral de omitir, permissivo que se faria valer face aos sujeitos de direito, fossem eles os súditos, fosse ele o autocrata. Sendo hipótese-limite a de que qualquer conduta fosse permitida, haveria a proibição de impedir, *erga omnes* dirigida, a conduta licitamente permitida. Sem essa proibição correlata, teríamos permissão de fato, sem proteção jurídica alguma, com o que estaríamos fora do sistema de proposições jurídicas de um direito positivo. Não teríamos um Estado jurídico, sim um estado de natureza.

6. Consistência no interior da sistema

Se excluirmos a hipótese de sistema jurídico positivo unitário, constituído de uma única proposição deôntica (ainda no caso limite de um Estado despótico, em que uma só norma dá competência ao órgão supremo de emitir somente proibições, ou somente obrigações, ou somente permissões), temos que os sistemas são conjuntos multimembres. Ora, conjuntos de elementos que são proposições, ora conjuntos que têm como partes outros subconjuntos de proposições.

Formalmente se pode pensar o conjunto que Kelsen denominou Constituição total, num Estado federal, como sobreconjunto cujos membros são os subconjuntos de normas federais e de normas estaduais, ou o sobreconjunto Direito das gentes, cujas partes são os sistemas jurídicos estatais.

Os elementos ou partes, que não podem ser senão elementos – as proposições deônticas singulares – aglutinam-se formando um todo, em virtude de satisfazerem dado critério de pertinência: as proposições *p* tais que provêm do órgão superior ou por ele delegado a órgãos subordinados; as proposições *p* tais que têm por último fundamento de validade a norma fundamental *N'* que institui o fato do costume, ou órgão especializado para criar normas válidas dentro do sistema.

Também os subconjuntos ou conjuntos-partes de um superconjunto agregam-se, formando o conjunto superior, em virtude do critério de pertinência. Na teoria kelseniana, sob o primado do direito das gentes, a norma fundamental de cada sistema jurídico estatal, que serve de critério de pertinência (fundamento de validade) às proposições jurídicas singulares, não serve, é claro, como critério de pertinência para o Direito internacional público. Cada conjunto normativo estatal pertence ao conjunto total – Direito das gentes – em virtude de norma de delegação e em virtude da norma de efetividade: o Direito internacional reparte as competências, sem interromper a conexão de delegação, desde que haja suporte fáctico de efetividade numa estrutura de poder historicamente existente. No ápice do sistema do Direito das gentes está a *última* norma fundamental absoluta.

O critério de pertinência – para seguir a teoria kelseniana – não oferta critério *material* algum. Uma norma não deriva necessariamente de outra pelo conteúdo de significação. Ainda se derivar o conteúdo de outra – lei ordinária que complementa norma constitucional, decreto que complementa a lei ordinária – ainda assim, o que faz a norma derivada valer é ter sido construída de acordo com o método ou o processo estatuído. A porção material obtida por inferência vale porque a norma foi criada em conformidade com o procedimento fixado pelo sistema e o sistema, em seu todo, de acordo com a norma fundamental respectiva. Relativamente ao conteúdo de significação da norma subordinada, a norma procedimental, digamos, é formal: prescreve apenas a forma (não necessariamente o conteúdo mínimo, que deve apresentar, atendendo a certos valores consagrados no sistema).

Mas, ainda que não se obtenha norma de outra norma pelo conteúdo (o Direito é sistema dinâmico, não sistema estático), a coordenação dentro de um conjunto requer compatibilidade: compatibilidade lógica, pois o conjunto é sistema de proposições, onde os elementos se interligam por nexos formais. As proposições, por serem proposições, não se reúnem segundo relações causais, ou relações normativo gramaticais – sintaxe empírica de cada linguagem – mas consoante relações lógico formais. A forma de sistema coerente (sem contradições) é, todavia, forma lógica limite, não um fato empírico.

7. Formalização da consistência

É patente que o ser sistema é a linha tendencial do ordenamento jurídico positivo, em seu processo de racionalização. O sistema é o caso limite, o tipo ideal ou modelo de que o tipo empiricamente obtido se aproxima. A axiomatização do sistema jurídico positivo requer uma tipificação que a realidade não confirma. Os sistemas jurídicos abrigam normas incompatíveis, formalmente contraditórias, normas contrariando normas, isto é, antinomias.

E, todavia, os juristas continuam a ter os ordenamentos em que trabalham por sistemas. A Sociologia do pensamento sistemático no Direito tem sido posta à luz do dia (Legaz y Lacambra, *Filosofia del Derecho*, págs. 76-165). Com certa irritação, correlaciona-se o processo de racionalização com o processo de estatização hipertrófica (Gurvitch, *Sociology of Law*, págs. 149-152). Todavia, o estatismo dá-se bem em companhia do irracionalismo, do decisionismo assistemático, da jurisdição caso por caso, sem subordinação a normas gerais e sem a construção global do sistema.

A gênese sociológica dos sistemas jurídicos não perturba, porém, sua função ulterior de conferir certeza nas relações inter-humanas e de implantar, num âmbito de validade espacial e pessoal, a *autonomia*, isto é, um *nomos* independente (soberania) de outros sistemas de normas jurídicas, internos ou externos.

Há contradições normativas sempre que a um modo deôntico se oponha o mesmo modo afetado de negação. Assim, tomando as proposições, sem desmembramento de sua composição interior, contradizem-se V (p) e não-V (p); O (p) e não-O (p); P (p) e não-P (p), ou seja, as normas que proíbem e não proíbem; que obrigam e não obrigam; que permitem e não permitem. Formalmente, há contradições entre V (p) e P (p), pois não-V (p) é equivalente a P (p). Há antinomias se se desloca a constante lógica *não* do functor deôntico, para afetar a proposição encerrada nos parênteses: V (p) e V (não-p); O (p) e O (não-p); P (p) e P (não-p). Neste último caso, só há conflito normativo se a permissão é unilateral (a permissão fundada num dever do titular, segundo a terminologia de E. Garcia Maynez), pois a conjunção ou a enunciação simultânea de P (p) e P (não-p) é a *definição* mesma do ato *facultativo* (o que não se funda num dever do titular e, por isso, é de exercício potestativo), ou seja, F (p) é, por definição, P (p) e P (não-p). Tendo-se em conta o functor F, teríamos mais uma possibilidade contraditória, ou seja, F (p) e não-F (p).

O functor F não introduz, contudo, um quarto modo deôntico, pois é a conjunção lógica de P (p) com P (não-p). Em substância, é a modalidade deôntica da permissão (R. J. Vernengo, *Curso de Teoría General del Derecho*, págs. 76-101), que Kalinowski distingue em permissão unilateral (de fazer ou omitir – *ou* excludente) e permissão bilateral (de fazer e omitir: – o *e* conjuntivo compõe a definição do ato facultativo; Georges Kalinowski, *Études de Logique Déontique*, págs. 24, 200-203).

8. Ângulo sintático da consistência

De modo geral, pode dizer-se que se dá inconsistência sempre que se negam as equivalências seguintes O (p) $\equiv$ V (não-p) $\equiv$ não-P (não-P); não-O (p) $\equiv$ não-V (não-p) $\equiv$ P (não-p); O (não-p) $\equiv$ V (p) $\equiv$ não-P (p).

As leis formais do cálculo de proposições descritivas, aplicadas às interdefinições das constantes lógicas (operadores) têm emprego no domínio das proposições deônticas, *cujos valores se interpretam como validade e não validade,* em lugar de verdade e falsidade, mas cujo comportamento formal é idêntico. Também há interdefinições nos functores deônticos *V* (vedado ou proibido), *O* (obrigatório) e *P* (permitido) sempre que se use o modificador *não,* ora prefixo ao functor deôntico (não-*V*, não-*O*, não-*P*), ora infixo nos parênteses que cercam a proposição *p*, descritiva de uma situação objetiva. Tenhamos em conta que as fórmulas *V* (*p*), *O* (*p*) e *P* (*p*) são abreviadas, para mostrar o caráter ou modo deôntico que afeta parcialmente a proposição normativa. A proposição normativa no Direito é relacional: o functor está interfixo na estrutura, posto entre termos (os sujeitos de direito), correlativamente vinculando-os. Correlação sim, pois a relação não é unidirecional: se *A* tem direito ou permissão jurídica de fazer ou omitir, tem-no face a *B* que, assimetricamente, está obrigado a não impedir a permissão juridicamente concedida a *A*.

Os functores modais estabelecem deonticamente relações que têm sua estrutura formal inviolável. Se se infringem, resvala-se para o *sem sentido* ou para o *contrassentido*, conforme Husserl o verificou com as proposições descritivas na *gramática lógica pura.* Não se pode excluir uma gramática pura no domínio das proposições normativas (absorvida pela abordagem maior que é a *sintaxe lógica*). Assim, a consistência de um sistema *S* de *p*-deônticas é problema de ordem sintática: há leis formais que se têm de seguir para construir proposições normativas consistentes. A inconsistência pode dar-se quer dentro de uma só proposição, quer entre proposições deônticas.

Quando Von Wright (*Norm and Action,* págs. 196-199) pondera que há conflitos contraditórios se uma mesma vontade emitente de normas dá para os mesmos sujeitos, na mesma ocasião, permissões e proibições de atos, o termo vontade é extraformal. Certo, empiricamente existe uma vontade efetiva que racionalmente procura emitir normas não conflitantes para serem cumpridas. Mas, formalmente, o que existe é uma última proposição normativa positiva (ou pressuposta, como pensa Kelsen), *em relação à qual* as demais proposições adquirem validade. Sintaticamente, a validade é a relação que a norma *N'* mantém com a norma *N"*. Regredindo-se de norma em norma, vai-se terminar, para obter a finitude do sistema, na norma fundamental, que é o fundamento de validade, absoluto para o sistema.

A norma fundamental não tem, *per se,* validade absoluta. E como falta-lhe conteúdo empírico, contradição com ela não podem ter as normas criadas com fundamento nessa norma fundamental. Ela imediatamente instaura o órgão constituinte, e mediatamente a Constituição positiva e as demais normas do sistema, ou instaura o mero *factum* do costume ou da revolução como fonte criadora de regras do direito. Opera a primeira delegação num "agente", cujo ato tem por sentido objetivo a constituição política do corpo social. Dá origem ao sistema articulado em graus de validade (v. a formalização da estrutura do sistema deôntico em Von Wright, *Norm and Action,* págs. 189-207).

Tanto no interior de um sistema jurídico estatal, quanto nas relações entre sistemas parciais (estatais) e sistema global (o do Direito das gentes) encontramos o tema da compatibilidade formal lógica. Há *leis de composição interna* quanto *leis de composição externa* articulando os sistemas-partes de um sistema total. A regra, fundada em *lei lógica,* é evitar a contradição. Contradições existem, tanto no interior do sistema estatal, quanto no interior do sistema do Direito internacional público. Já aludimos ao primeiro grupo. Encontramos, ainda, contradições entre Direito internacional geral e leis constitucionais, entre tratados e leis ordinárias, entre sentenças de órgãos internacionais e sentenças de órgãos jurisdicionais estatais.

Ante o fato objetivo e irrecusável de que *existem contradições de normas jurídicas* nos dois planos, e ante o fato de que a *Lógica não é suficiente para eliminar contradições entre normas* (as *leis* lógicas não são *normas* de Direito positivo),

Kelsen segue o caminho voluntarista: os sistemas parciais e o sistema total *querem* ambos os membros da contradição normativa. É ato de vontade que mantém o conflito contraditório, cabendo ao sistema – pelo seu órgão competente – aplicar uma ou outra norma conflitante (não ambas, com o mesmo âmbito de validade temporal, espacial, pessoal e material). Modos deônticos reciprocamente excludentes *O* (*p*) e não-*O* (*p*), *V* (*p*) e não-*V* (*p*), *P* (*p*) e não-*P* (*p*), coexistem validamente, com validade técnico-jurídica (são vinculantes, impositivas), ainda que logicamente com valores simetricamente opostos.

Se norma de Direito estatal, contradizendo norma de Direito internacional público, desse lugar a recíproco anulamento (na hipótese de serem os sistemas tão somente coordenados), teríamos o Direito positivo não se conduzindo de acordo com a lei de terceiro excluído e, em consequência, lacuna nos sistemas em conflito. Quem admite lacuna no Direito estatal, congruentemente, admite lacuna no Direito internacional público. Charles de Visscher, por exemplo, considera a "plenitude formal" no Direito internacional um ideal motivado por certa "obsessão de unificação" (Charles de Visscher, *Théories et Réalités en Droit International Public*, págs. 174-177).

9. Postulado de unidade e consistência no direito, na ciência do direito e na lógica

O sistema do Direito positivo parcial e o total podem conter proposições normativas contraditórias, simultaneamente válidas, ainda que não simultaneamente *aplicáveis* (à mesma classe de sujeitos, de condutas, e nas mesmas "condições de aplicação", como denomina Von Wright). A contradição em nível da *linguagem-objeto,* pensamos, não transita para a *metalinguagem* da Ciência do Direito. Todavia, Kelsen vê na inexistência de contradição no Direito positivo (nacional e internacional) a *unidade* sem a qual é impossível um sistema coerente de proposições jurídicas descritivas desse direito. O sistema da Ciência do Direito tem de se constituir de proposições jurídicas consistentes. A não contraditoriedade desse sistema depende da não contraditoriedade do Direito positivo, objeto de conhecimento.

Bem certo é que a Ciência do Direito apreende os dados empíricos sob a categoria de norma jurídica válida, pertencente a um conjunto (sistema) definido. O desnexo entre normas impossibilita a composição harmônica no objeto do conhecimento jurídico.

A unidade do Direito, objeto de conhecimento dogmático, não fica, todavia, comprometida pela existência de contradições normativas. Normas opostas contraditoriamente podem ser ambas válidas no sistema. A consistência do sistema do Direito positivo não é condição da possibilidade do sistema da Ciência do Direito. O sistema da Ciência do Direito, como sistema cognoscente, inserido numa "situação comunicativa", com "função pragmática", é certo (Tercio Sampaio Ferraz Jr., *Direito, Retórica e Comunicação,* págs. 166-189), mas com função descritiva de situações objetivas, é um sistema consistente (com a pretensão inerente de consistência) para obter o valor de verdade. O Direito positivo tem a pretensão de modificar o mundo; a ciência jurídica tem a pretensão de conhecer os módulos normativos de modificar o mundo.

Formalizando-se a linguagem do Direito positivo teremos, em contrapartida, um sistema de enunciados não necessariamente consistentes. Formalizando-se a linguagem da Ciência do Direito, por isso que essa linguagem com pretensão científica evita contradições, obtém-se sistema formalizado consistente. Se, no plano da linguagem-objeto do Direito positivo, podem pertencer a *S*, as proposições *p* e não-*p*, simultaneamente válidas, nos sistemas *S"* e *S'"* (da Ciência do Direito e da Lógica da Ciência do Direito) proposições mutuamente excludentes, por oposição contraditória, não podem levar o mesmo sinal da *verdade* (nem o mesmo sinal de *falsidade,* em virtude da lei de terceiro-excluído).

A teoria pura do Direito quer que a relação entre Ciência do Direito e Direito positivo, entre *S"* e *S'*, seja análoga à que existe entre a formalização no sistema *S'''* face ao sistema *S''*. Isso seria logicismo. Mas o logicismo detém-se ante o voluntarismo: o sistema do Direito positivo, como reiteradamente Kelsen afirma, *quer* alternativamente normas em conflito, cabendo ao poder de decisão, no aplicar as normas conflitantes, optar por uma ou outra, permanecendo válida a contraposta. *A inaplicabilidade simultânea deixa intata a simultânea validade.* O órgão aplicador que deixou de aplicar não-*N*, por contradizer *N*, *incidível* no caso *sub judice*, posteriormente pode aplicar não-*N*, que continuou como norma válida em relação de pertinencialidade com o sistema.

Pondera Kelsen que não podemos descrever uma ordem normativa afirmando: *A* deve ser e *A* não deve ser como normas simultaneamente válidas. Veem-se, então, dois sistemas, o sistema *S'*, do Direito positivo, e o sistema *S''*, da Ciência do Direito. Suponhamos que *S'*, contenha as *normas N* e não-*N* (contraditórias). Colocados no nível *S''*, podemos tomar o dado de fato, constitutivamente contraditório, e descrevê-lo em *proposições jurídicas,* que não se contradizem por descrever a existência de normas contraditórias do sistema objeto. *S''*, em relação a *S'* sistema-objeto, é um sobressistema, o *metassistema material de linguagem* que tem por tema de conhecimento a linguagem em que se expressa o Direito positivo.

Assim, é inexato Kelsen dizer que a lei de não contradição (e de terceiro excluído) é aplicável *diretamente* às proposições jurídicas, e *indiretamente às* normas jurídicas. Há plena consistência em enunciar: *de acordo com o sistema S',* as normas jurídicas *N* e não-*N* existem, são válidas, entram em vigor no tempo *T*, aplicam-se à classe de sujeitos e à classe de ações tal ou qual, preceituam sobre determinada matéria, incluem-se nas subespécies Direito público ou Direito privado, revogam ou são revogadas por outras normas vigentes, retrotraem ou protraem a eficácia etc. As cláusulas prefixas "é de direito" (Rupert Schreiber), "em conformidade com o Direito positivo" e outras equivalentes, são *cláusulas de metalinguagem,* relativamente à linguagem do Direito positivo.

Assim, contradição há entre "*A* deve ser *B*" e "*A* não deve ser *B*". Não, porém, no enunciado de enunciados: "de acordo com o sistema *S*, *A* deve ser *B* e *A* não deve ser *B*".

Sem compartilhar a tese de Fritz Sander, pode dizer-se que "Der Grund aller Irrtuemer der Rechtslehre Kelsens liegt in seiner Ansicht vom Verhaeltniss der Rechtswissenchaft zum Recht" (Sander, *Rechtsdogmatik oder Theorie der Rechtserfahrung,* pág. 85). A extrapolação de Sander está em eliminar os dois níveis de linguagem (para formularmos o problema em termos atuais), de tal sorte que não restaria objeto para a ciência jurídica, como advertira Kelsen, mas tão só o Direito, que seria, ele mesmo, ciência, por constituir-se de juízos sintéticos inseparáveis da experiência (Kelsen, *Rechtswissenschaft und Recht,* pág. 101). Simplificando: as proposições jurídicas (*Rechtssaetze*) encontrar-se-iam no plano do Direito positivo, com o que a distinção *Urteil der Rechts e Urteil der Rechtswissenchaft,* que tanto ocupou a polêmica de Sander, desfazer-se-ia como falso problema (Fritz Sander, *Kelsens Rechtslehre,* págs. 68-76).

As proposições do Direito positivo representam, ante a ciência jurídica dogmática, "das Faktum des Rechtes", como o conhecimento dogmático, ante a investigação lógico-formal representa "das Faktum der Rechtswissenschaft". Se traduzirmos essa estratificação em níveis da linguagem, teremos a *linguagem objeto do Direito positivo* (que pode ou não acolher contradições), a *metalinguagem material* da Ciência do Direito (que evita contradições para ser sistema consistente) e a *metalinguagem formal* da Lógica deôntica (por definição, articulada consistentemente).

10. Sistema de proposições normativas e sistema social

Sistema social compondo-se de uma só regra jurídica de proibição, exaustivamente vedando qualquer conduta, impossibilitaria a dinâmica mesma da vida social. Existiria somente a obrigação de omitir, sem o correlato direito de exigir a omissão da conduta vedada.

Por outro lado, sistema social de uma só norma proibitiva impediria a organização do poder. Haveria *pelo menos* uma norma de habilitação em branco, conferindo ao autocrata o poder de emitir normas proibitivas de conteúdos quaisquer. Essa norma de habilitação ou de competência não teria a forma de norma de proibição de conduta, mas a de norma permissiva positiva, concedente de autorização ou de poder de criar normas.

Deixando de parte o sistema social constituído de uma só norma obrigatória – a proibição é reduzível à obrigação de omitir, ou "$V(p) \equiv O$ (não-p)" – para se pensar na hipótese de norma só permissiva, sistema social, dizemos, constituído somente de normas permissivas, decomporia as inter-relações humanas que entretêm o tecido social em puras relações de fato (sem juridicidade, ainda que revestidas de outras espécies de normatividade).

A norma "qualquer conduta está permitida", como única norma do sistema jurídico para regrar o sistema social, suprimiria a antijuridicidade, ou o pressuposto ilícito que condiciona a sanção. Com isso, a norma perderia o caráter de norma jurídica, como proposição composta de norma primária e de norma secundária, ou da parte *endonormativa* e da parte *perinormativa* (Cossio, restaurando o valor ontológico da endonorma ou norma secundária, na terminologia kelseniana). Se tudo fosse permitido, inexistiria o ilícito jurídico. Então a impedibilidade da conduta permitida também estaria permitida: o que suprimiria o constitutivo da conduta, como licitude e ilicitude.

A permissão positiva de qualquer conduta, sociologicamente destruiria a sociedade como forma de organização jurídica. Implantaria o estado de natureza.

Assim, logicamente, ontologicamente e sociologicamente, é inviável sistema unitário (unimembre) de proposição normativa para articular o sistema social global, cuja forma mais evoluída politicamente é o Estado.

11. Lógica e sistema empírico

Num *sistema formal,* duas proposições contraditórias não podem ser ambas *falsas*. Resta uma *verdadeira* e, por isso, o sistema é completo. Num *sistema empírico* de *p*-normativas, como o do direito positivo, é possível *p*-normativas contraditórias, ambas *válidas* – o que, como vimos, escapa à lei de não contradição —, ou ambas não válidas – o que escapa à lei lógica de exclusão de terceiro. Agora, nenhuma dessas duas leis lógicas pode asseverar que num dado sistema positivo existam ou não duas normas, *N* e não-*N*. A *existência* de normas contraditórias é problema empírico – não lógico —, historicamente contingente, dependente da fonte técnica de criação normativa do sistema.

Tanto pode ocorrer que existam *N* e não-*N*, ambas válidas, como pode ocorrer que num sistema *S* outra *norma positiva determine* a anulação (ab-rogação) de ambas. Neste último caso, *não resta norma válida, completante do sistema,* que a lei lógica de terceiro excluso conservaria. É problema empírico e decisório do sistema, que a lógica jurídica não pode impedir. O sistema *quer*, como o anotou Kelsen, ou não manter normas conflitantes. A *vontade racional* de Von Wright é um ideal.

Se o sistema determina que normas contraditórias se anulem, uma certa conduta *C*, por ambas qualificada contraditoriamente, inserida em modais mutuamente excludentes, nem por isso é necessariamente atirada para o vazio, para a área do juridicamente neutro. Reingressa essa conduta dentro do âmbito de licitude da liberdade juridicamente estabelecida. Perde o caráter modal de permissão direta, contraposta à proibição, e insere-se na órbita da permissão bilateral de fazer e omitir, não dependente (implicada) de qualquer das normas conflitantes, que tiveram sua validade cortada por aquela sobrenorma eliminatória de antinomias normativas. Em rigor, é norma positiva que resolve o conflito de normas, ainda que seja em ato judicial, como preliminar, para resolver o conflito de interesses que compõem o caso (Giacomo Gavazzi, *Delle Antinomie,* págs. 148-152).

Assim sendo, nem a lei de não contradição garante a *consistência* dos sistemas jurídicos positivos, nem a lei de terceiro excluso garante a *completude* destes. É que *os sistemas jurídicos são sistemas empíricos de normas de conduta, não sistemas de proposições cognoscentes da realidade.* Resta tão só a *unidade,* que é conferida pelo comum *fundamento de validade* de todas as normas. Normas contraditórias ambas válidas encontram seu fundamento de existência na última fonte normativa a *Constituição positiva*, ou a *Constituição em sentido lógico-jurídico, i.é.*, a norma básica do sistema (a norma fundamental pressuposta). Com a norma fundamental, ou com a Constituição positiva, tem-se o critério de pertinencialidade: é possível decidir-se se uma dada norma pertence ao sistema.

Capítulo XV

SUMÁRIO: 1. O formal e o extraformal dos níveis normativos – 2. Gradação das fontes – 3. O extralógico no raciocínio jurídico – 4. Relação hipótese/consequência – 5. Positivismo e raciocínio jurídico – 6. A conclusão além das premissas. – 7. O extralógico da decisão – 8. Ingresso na ontologia – 9. Formas lógicas e experiência.

1. O Formal e o extraformal dos níveis normativos

O sistema de proposições normativas tem uma estrutura interior estratificada. No ápice, o fechamento ou a finitude do sistema é dado, *gnosiologicamente,* pela norma fundamental; *empiricamente,* pela norma constitucional *material* (no caso de comunidade jurídica dotada de órgãos do poder): há um *minimum* de Constituição sem o qual nenhum indivíduo se acha investido na qualidade de órgão. Deixemos de lado a fase pré-política (ou pré-estatal) do Direito.

Não é tão só por via lógica que se põe a norma fundamental (pressuposta) ou a norma constitucional material (positiva) como nível mais alto. É também por exigência ontológica. O ser do Direito mostra uma estruturação em planos normativos. A norma de investidura, aquela que confere autoridade ou titularidade de órgão a um indivíduo para editar normas, antepõe-se às demais normas. É norma de norma, norma que dispõe sobre o processo de construção e de transformação (em termos sintáticos; dogmaticamente, fala-se em produção ou criação de normas). Sem a norma, cujo pressuposto descreva o primeiro fato, como fato jurígeno, como fato fundamental (Grundfaktum ou suporte fáctico inicial), nenhum sistema jurídico-estatal se constitui, para tomarmos a teoria kelseniana.

O *status* gnosiológico dessa norma é o de condicionamento necessário das demais normas: a precedência lógica é a versão formal dessa antecedência gnosiológica. Logicamente, a norma fundamental e a constituição material não se confundem: uma é pressuposto; a segunda, norma de Direito positivo, costumeira ou legislada. Coloca-se aquela em nível supraordenado às demais normas.

Igualmente, *não é por critérios meramente lógicos* que se dispõem em escala decrescente as leis ordinárias ou os decretos-leis, os tratados, os regulamentos, as normas individuais provenientes de atos administrativos, de negócios jurídicos privados e de sentenças judiciais. Entram em conta *critérios axiológicos*. É possível, *em princípio*, sistema jurídico composto de normas constitucionais e de normas individuais, sem a intercalação de leis formais. É *pensável* sistema político com uma norma constitucional habilitante de um só ou mais indivíduos como órgão emitente de todas as demais normas e atos, sem a interpolação de leis ordinárias, ou de normas gerais, emitidas a título de regulamentos (William Ebenstein, *The Pure Theory of Law*, págs. 141 e 145), concretizando-se em atos de execução, sem ulterior produção normativa. Outro aspecto da questão é o da *completabilidade* das normas constitucionais quando não são *self executory provisions*. Então, permanecem como normas constitucionais de *eficácia contida*, na terminologia de José Afonso da Silva, em sua preciosa monografia *Aplicabilidade das Normas Constitucionais*, págs. 55-79. Não se trata de norma cuja aplicabilidade ficou protraída, por cláusula temporal que estabelece incidência para tempo posterior. A norma mesmo é incompleta. Requer norma completante. Na sistemática atual, ou lei complementar, ou lei ordinária, ou decreto-lei.

O governo despótico, sem leis, para ser governo, repousa num mínimo de norma de organização, que é, materialmente, constitucional. É forma típica ideal, isto é, não dada na realidade empírica. É construção conceptual-limite, um tipo weberiano. As concreções históricas do Estado absoluto aproximam-se, ora mais, ora menos, do esquema típico, que funciona como *conceptual frame of reference.* Mesmo nesse caso limite, *não coincidem, como pensa Kelsen,* norma fundamental e constituição material (a norma constitucional reduzida a uma só norma instituidora do único órgão atuando em decisões individuais, sem qualquer norma geral prévia): aquela é a Constituição em sentido *lógico-jurídico;* esta, a Constituição *jurídico-positiva* (Kelsen, *Teoría General del Estado,* pág. 304). Uma é pressuposto gnosiológico, *por isso mesmo sem impositividade de norma jurídica positiva.* Ainda: a norma fundamental, como proposição, reside na *metalinguagem*; a Constituição material na *linguagem objeto* do Direito positivo.

Que as leis em sentido formal ou orgânico (segundo o órgão de que provêm) venham imediatamente após as leis constitucionais, é fato decorrente de um processo político: da liberal democracia, com a divisão de poderes e a ideologia da lei como vontade geral, exercida por órgão colegiado, imediatamente representando o povo órgão.

Também, que a norma proveniente do costume se coloque no mesmo nível da norma estatuída (lei ordinária), ou em nível subordinado, que prevaleça ou não no sistema jurídico o costume *contra legem,* não decorre de um *critério lógico* de estratificação das proposições normativas. *A lógica não é suficientemente potente para decidibilidade sobre qual é o tópico que, no sistema, uma classe de proposições normativas deve ocupar.*

O mesmo ocorre com a posição das normas provenientes dos tratados internacionais. Não é a Ciência do Direito, onde várias controvérsias existem, nem tampouco a Lógica Jurídica que decidem: *i)* se a Constituição é igual ou superior ao Direito internacional geral; *ii)* se o tratado está no mesmo nível ou em nível inferior às leis ordinárias. Dentro da Ciência do Direito encontramos duas posições contrapostas: o monismo (com as duas variantes, primado do Direito estatal e primado do Direito das gentes) e o dualismo. De acordo com a posição científica adotada, diversa será a solução dada ao problema.

Quanto ao Direito positivo, várias são as soluções. No Direito público norte-americano, um tratado não pode estar em conflito com a Constituição. Muito embora se tenham a Constituição, os tratados e as leis ditadas em sua consequência como lei superior do país não se equivalem: o primeiro nível normativo reside na Constituição. No Direito inglês, sobrepor o tratado às leis ordinárias do Parlamento é subordinar o Parlamento, que detém poder constituído e poder constituinte, a um ato de Direito externo. Ainda que careça de Constituição formal, observa-se o prevalecimento da Constituição material: a existência e os poderes do Parlamento advêm de normas constitucionais *ratione materiae*. O Direito público externo não pode derrogar o Direito público interno, ou, com mais restrição, o Direito constitucional. A Constituição francesa de 1946 (art. 26) dispunha que os tratados tinham vigência, ainda que contrários às leis ordinárias. Já a Constituição de 1958 deixa margem à possibilidade de reforma constitucional se o tratado vier a contradizer norma da Constituição (Bidart Campos, *Derecho Constitucional*, págs. 67-71, 276-296, vol. I).

Quanto à posição de prevalecimento do Direito das gentes sobre o Direito estatal – do Direito internacional geral – Pontes de Miranda (*Comentários à Constituição de 1946*, págs. 142-150, vol. I) toma posição decididamente favorável àquele.

O fato objetivo é o prevalecimento do Direito público constitucional. Ainda que o Direito das gentes ingresse no interior do sistema jurídico estatal, *ingressa através da Constituição. Não é a Lógica que decide que a Constituição positiva está no nível mais alto. É o ser do Direito. É a ontologia do*

Direito. É a Constituição que, por ato decisório (político, como acentuara Karl Schmitt), inicia o sistema normativo. O *poder* para positivar as normas de mais alto grau é o *factum*, cuja expressão jurídica é a soberania estatal (Heller, *La Soberanía*, págs. 127-142; sobre o poder de decidir a positividade jurídica, v. Miguel Reale, *Teoria do Direito e do Estado*, págs. 304-317).

É a Constituição que estatui as fontes ou métodos de produção de normas, como estabelece a ordem de validade das fontes e, consequentemente, a hierarquia das normas provenientes dessas fontes. Os tratados – Direito internacional particular – não podem sobrepor-se à fonte constituinte, pois *pressupõem a existência dos Estados*. Mesmo na hipótese de o tratado colocar-se no mesmo nível de *leis constitucionais* (Schmitt), não se coloca no mesmo nível da Constituição, em seu núcleo decisório fundamental, ou naquilo de que depende a existência mesma dos órgãos do poder, isto é, do próprio Estado.

Em toda parte, houve mudança no processo legislativo e ampliação do poder executivo, em detrimento da concentração funcional orgânica clássica. Manoel Ferreira Filho nos dá a análise dessa mutação (Manoel Ferreira Filho, *Do Processo Legislativo*, págs. 109-160; sobre a distinção entre funções legislativa e executiva e sua distribuição no sistema francês da Constituição de 1958, v. Jean Chatelain, *La Nouvelle Constitution et le Régime Politique de la France*, págs. 107-114). Francisco Campos pondera que, mesmo dentro da Constituição formal e rígida, toda norma, qualquer que seja seu conteúdo material, e seu *grau de generalidade*, acrescentemos, é constitucional, não havendo fundamento para distinguir lei constitucional formal e lei constitucional material (Francisco Campos, *Direito Constitucional*, pág. 392, tomo 1). Do mesmo parecer é L. Laferrière, (*Manuel de Droit Constitutionnel*, págs. 268-286).

2. Gradação das fontes

Não é o Direito internacional, geral ou particular, nem a Ciência do Direito, nem a Lógica, que estatuem a gradação normativa, ou, em termos de fontes do Direito, *quais as fontes e qual a ordem de gradação que elas têm no interior do ordenamento positivo.* Depende da morfologia do poder (um poder de funções concentradas não estatui a gradação normativa que ostenta um Estado de Direito), dos substratos sociais que mantêm o poder e das ideologias e valorações que justificam a estrutura de poder.

Que o regulamento tenha sua órbita *intra legem,* ou vá mesmo *praeter legem,* e até *contra legem,* depende do sistema constitucional adotado, da rigidez ou da flexibilidade do sistema de poderes repartidos entre os órgãos do Estado. No final, o regulamento pode ser considerado lei material, diferindo da lei formal pelo seu grau na escala normativa, e esta distinção tem um fundo *político,* que a dogmática não pode desconhecer. A sua importância teórica e prática Jellinek pôs em evidência (Georg Jellinek, *Gesetz und Verordung,* págs. 254 e segs). Ernest Forsthoff (*Tratado de Derecho Administrativo,* pág. 194) observa como o conceito de norma jurídica geral, proveniente do legislador, em sentido formal (orgânico), tem "sua inserção em uma determinada situação histórica e social". Kelsen (*Teoría General del Estado,* págs. 307-309) insere o regulamento no processo de progressiva concreção de normas, a partir da Constituição positiva.

Que haja matérias reservadas à lei formal e matérias reservadas ao regulamento, é um problema de decisão política. A Constituição francesa de 1958 *deslegalizou* matérias, ampliando o poder regulamentar, muito embora formalmente limitado pelas leis (as leis-quadros).

Não é em virtude de lógica, ou em função da generalidade, que a Constituição sobrepõe-se à lei e esta sobrepõe-se ao regulamento. Um regulamento pode ser geral e uma lei (formal) pode ser específica. Nem a Lógica pode, mediante critério formal, distribuir em níveis superpostos de *generalidade decrescente* as proposições normativas de uma lei ou de um regulamento.

Observa Osvaldo Bandeira de Melo que "Os regulamentos independentes ou autônomos, na verdade são verdadeiras leis, e assim chamados tão somente porque emanados pelo

Poder Executivo, pois não constituem desenvolvimento de qualquer lei ordinária..." (v. o excelente tratado que é *Princípios de Direito Administrativo,* pág. 303, vol. I).

Agora, uma vez o Direito positivo, através de ato de decisão política, inserido na Constituição, reserve certas matérias à lei formal, certas outras a regulamento, e limite os regulamentos (de execução) a desenvolver o conteúdo da lei, uma vez que o Direito positivo estabeleça a gradação, começa a estratificação sob ângulo lógico. Se a lei é superior ao regulamento, o regulamento contraditório com a lei carece de validade. Dar-se-á, todavia, *critério extralógico* para decidir qual das duas proposições contraditórias prevalecerá.

A Lógica, por si só, apenas declara que duas proposições normativas contraditórias não podem ser ambas formalmente válidas. Mas não prescreve que o Direito positivo, contendo contradições, as solucione de tal ou qual maneira. É o próprio Direito positivo que estatui o modo de solucionar as antinomias internas. A Lógica, por si só, não tem critério para decidir, ante duas proposições descritivas contraditórias, qual a verdadeira e qual a falsa. Nem, tampouco, qual a válida e qual a não válida entre duas proposições normativas. *A* é tão contraditório de não-*A*, quanto não-*A* de *A*. Apenas a Lógica é potente para dizer que nem ambas as proposições podem ser válidas, nem ambas não válidas. Se uma é válida, a outra é não válida. E reciprocamente. Isso e somente isso é que a Lógica pode informar.

Há relações axiológica e lógica no interligamento das proposições normativas, as que Machado Neto denomina "fundamentação" e "derivação", muito embora essa derivação não siga sempre o modelo inferencial-dedutivo (Machado Neto, *Teoria Geral do Direito,* págs. 76-82; *Teoria da Ciência Jurídica,* págs. 129-134).

3. O extralógico no raciocínio jurídico

Consideremos (sumariamente) tão só o raciocínio *no interior* do ordenamento jurídico positivo; não o que se verifica no âmbito da Ciência do Direito. Primeiro, assentado fica que toda norma jurídica requer interpretação, que não há proposição normativa bastante clara que dispense a exegese, que recai na linguagem procurando o *conteúdo de significação normativa* e sua típica modalidade (semântica) de referência à realidade (sobre as variações axiológicas e semânticas da linguagem do Direito positivo, v. o estudo de Luís Alberto Warat, *Semiótica y Derecho*, págs. 134-150 e as agudas análises de G. R. Carrió em *Derecho y Lenguaje*, págs. 24-37). Proposições gerais e proposições individuais requerem-na. *No processo de aplicação vê-se que o genérico da norma é destinado à concretização no fáctico da conduta* e do que é circunstancial à conduta: o segmento do mundo juridicamente relevante.

Obtém-se, do marco abstrato, o concreto da norma individual da sentença (decisão). A sentença mesma, como norma individual, não dispensa a hermenêutica, que incide sobre *o sentido objetivo do ato decisório*. Mas, o que importa, nos limites estritos da análise do formal lógico, é o seguinte: o processo hermenêutico, que culmina na decisão, pode ser montado como uma estrutura argumental: a premissa maior é a norma geral; a premissa menor, que constata a existência do fato e sua qualificação jurídica (a conformidade ao fato típico descrito na hipótese, *die Tatbestandmaessigkeit*) e a proposição conclusiva concreta, como subsunção do indivíduo à classe ou tipo (conjunto) que o abrange.

O aspecto lógico reside na forma de argumento, não no conteúdo normativo do raciocínio. E a forma está na estrutura, cujas partes são proposições, e cuja articulação em um sistema de proposições representa o aspecto sintático da linguagem. E assim como nem sempre há uma conexão unívoca entre os *valores veritativos* das premissas e a *verdade* da conclusão, assim também inexiste conexão unívoca entre a validade das premissas (validade em sentido deôntico) e a validade da sentença conclusiva. A Lógica unicamente garante o seguinte: *se* as premissas são *verdadeiras* (no que toca aos enunciados *descritivos*) ou *válidas* (no que toca às proposições *prescritivas*) e o processo inferencial dedutivo está sintaticamente correto (congruência na relação consequencial, em sentido husserliano), então, a conclusão ou a sentença (a proposição prescritiva em que se verte a decisão judicial) é *verdadeira* ou *válida*, respectivamente.

Mas *a Lógica mesma é impotente para escolher a premissa maior, isto é, a proposição normativa geral.* Não é potente para essa seleção, justamente porque *não tem meios para decidir sobre o conteúdo normativo da proposição jurídica.* Digamos que a proposição (protocolar) que determina individualmente o fato e o qualifica como juridicamente relevante – como correspondente ao *fattispecie* legal – encontre, no sistema de proposições, várias proposições que *tenham o mesmo suporte fáctico, como ponto de incidência da mesma hipótese,* e que difiram quanto às consequências normativas ligadas a essa mesma hipótese: *qual* destas proposições normativas será a premissa maior; onde se subsumir o dado de fato? Essa seleção guia-se por *critérios não formais lógicos;* sim por pontos de vista *axiológicos.*

A "hipótese de incidência" como ente lógico jurídico tem seu "núcleo" delineado, como observa Geraldo Ataliba (*Hipótese de Incidência Tributária,* págs. 63-64), mas cabe ao aplicador do Direito, dado o fato, verificar sob quais hipóteses de incidência ele se inclui. Tanto há a "descrição legal hipotética dos fatos" como a "concretização efetiva dos fatos descritos" (ob. cit., pág. 66). Dá-se um ir e vir dialético entre hipóteses e fatos, para que lógica e axiologicamente se encontre qual a hipótese de incidência que inclui o fato com mais *correção lógica* e mais *acerto de justiça.* O mesmo fato (imponível, no Direito tributário) pode subsumir-se conjuntivamente como disjuntivamente nas hipóteses *H', H", H'". Num e noutro caso, ato de valoração das hipóteses de incidência há.*

4. Relação hipótese/consequência

A dificuldade de selecionar (o critério de seleção, como *critério extralógico*) faz-se sentir, considerando não só que *a*

Lógica não é suficientemente potente para abranger o conteúdo referencial significativo das proposições jurídicas, mas que nem sempre a conexão entre pressuposto (hipótese ou *prótase*) e consequência (tese ou *apódese*) nem é unívoca, nem muito menos biunívoca. Basta, sem exemplificar, porque é algo dentro das possibilidades lógicas combinatórias, que um mesmo antecedente (logicamente, a prótase tem o papel sintático de antecedente de uma *relação implicacional*) tenha vários consequentes. Em outros termos, que o mesmo *pressuposto fáctico A* seja deônticamente unido a várias *consequências normativas, C', C'', C'''*. Consequências estas distribuídas alternativamente entre várias proposições normativas. Como, inversamente, uma mesma consequência *C* tenha como pressupostos normativos vários pressupostos fácticos, *A', A'', A'''*, distribuídos não cumulativamente entre várias proposições normativas. Dado, então, o fato *F*, qualificado como subsumível no tipo normativo do pressuposto, demonstrada a existência do fato pelos *meios de prova,* que são também normativos, qual das proposições normativas aplicar? Do ponto de vista *formal lógico,* suponhamos que todas são bem construídas (*well formed formula*). Do ponto de vista *formal jurídico,* que todas tenham validade, isto é, *relação de pertinência com o sistema. A pertinencialidade* é um conjunto de condições de forma e de conteúdo, ou de forma somente, para uma proposição jurídica existir, isto é, ser válida – pertencer a um sistema jurídico *S*. O preferir do ato judicial implica uma tomada de posição, uma valoração dos interesses, na teoria de Heck, um juízo de valor prévio: de justiça, de ordem, de preferência aos fins que as diferentes proposições contêm etc. (P. Heck, *Interpretação da Lei e Jurisprudência de Interesses,* págs. 232-242).

Se, nas proposições jurídicas a aplicar aos casos concretos, pressupostos e consequências estivessem unidos univocamente (dado o fato *F*, incluído em *A*, somente a consequência *C*), ou biunivocamente (se e somente se *A*, então *C*: *A*, implica *C* e *C* implica *A* – *implicação recíproca*), provada a existência do fato conforme ao tipo (*Tatbestandmaessigkeit*), a aplicação da proposição jurídica seria única. Mas, ainda assim, os meios de prova são disciplinados por normas, o que requer juízos de valor, e *interpretação* que não é somente lógica, mas de conteúdos normativos. Também a *qualificação jurídica* do fato é ato em parte extralógico. O dado de fato é suscetível de várias qualificações, ou seja, de subsunções dentro de diversos tipos. Para tanto, requer a *seleção de notas* do dado de fato, e tal seleção não se faz com juízos de percepção ou simples juízos descritivos. A descritividade do juridicamente relevante no fato é feita através de juízos de valor. *A Lógica, que é sintaxe das proposições, não alcança nem conteúdos fácticos, nem conteúdos axiológicos, que estão além do formal.*

Observa Kelsen que uma coisa é o fato em si; outra, o fato processualmente comprovado e juridicamente qualificado como realizador da hipótese abstrata. O fato, que se dá na relação contenciosa, só entra para o universo do Direito através dos meios de verificação pelo ordenamento estabelecido. O fato que se verificou na realidade pode ou não ingressar nesse universo, e ingressa com o plexo de características que são juridicamente relevantes (Kelsen, *Théorie Pure du Droit,* pág. 323). Kelsen é incisivo quando diz que "No pensamento jurídico, o fato processualmente verificado vem ocupar o lugar do fato em si...".

Se assim é, então a *premissa menor,* que comprova a existência ou ocorrência do fato, ainda que, gramaticalmente, tenha a forma *descritiva* (inclusão de um elemento no *conjunto M,* que serve de termo médio do silogismo), é proposição *prescritiva.* O silogismo não é misto, mas *deonticamente* puro. Em vez de *M* deve ser *P*/ ora, *S* (o fato) *é M*/ logo, *S deve ser P*/, temos: *M deve ser P*/ ora, *S deve ser M*/ logo, *S deve ser P*/.

Kelsen é claríssimo e exato. Um fato pode ter ocorrido e (com os meios de prova) processualmente ter-se como não ocorrido; pode não se verificar na realidade, mas processualmente dar-se como verificado. A comprovação do fato é normativa. Uma coisa é o fato em si, outra o fato juridicamente considerado. Por isso, parece-nos com razão E. Garcia Maynez, quando considera normativa a premissa menor de silogismo judicial. Bem pode a comprovação judicial do fato ser *epistemologicamente* falsa, e não afetar a "verdade" para o Direito. *S epistemologicamente* pode ou não se incluir em *M*. *Juridicamente deve* (ou não deve) ser incluído.

5. Positivismo e raciocínio jurídico

O positivismo legal, que não se confunde com o positivismo sociológico, não foi uma experiência do Direito descontextuada. Copiosamente já sabido que exprimia: *i*) racionalismo filosófico transposto para a ordem da razão prática jurídica; *ii*) sistematização e unificação do Direito, como convinha ao processo político do Estado de Direito (Legaz y Lacambra, *Derecho y Libertad*, págs. 61-84; *iii*) redução do pluralismo das fontes materiais ou não formais à fonte formal como centro único de irradiação normativa (Del Vecchio, "La conception étatique du Droit", págs. 282-312, *in Justice, Droit, État*) que, em último termo, é a fonte estatal de produção de normas ou por ela convalidada; *iv*) primado da lei como expressão da vontade geral (politicamente, primado do legislativo); *v*) a função judicial concebida como mera aplicação da regra geral ao caso concreto, aplicação esta que se traduz logicamente no silogismo normativo; *vi*) consequentemente, a interpretação concebida somente como compreensão do sentido que o legislador histórico (teoria subjetiva) efetivamente depositou nos textos escritos, ou do sentido objetivo, efetivamente inserido na linguagem (teoria objetiva) do sistema jurídico, que é um sistema de normas para a circunstância histórica atual e não a pretérita, que perimiu. Tudo isso eram pressupostos do Estado moderno, que se iniciou com o Estado absoluto e teve no Estado de Direito sua expressão maior, como Estado de poderes divididos, constitucionalmente repartidos, dotado de previsão normativa dos atos dos órgãos do poder, em função da certeza das relações e da segurança individual.

Inserto nesse contexto, teve-se a aplicação judicial da lei (lei constitucional, lei ordinária e atos normativos a estas subordinados) como uma operação silogística. A proposição em que se concentra a decisão nada contém que não esteja nas premissas (negação do papel criador da função judicial). Teve-se por tal, *quer na prática forense, quer na Ciência do Direito.* Depois se viu, face a novas circunstâncias históricas, que a isso não se reduzia o processo judicial de aplicação da lei. Que isso era logicismo, abuso de lógica, racionalismo. A jurisprudência de conceitos, o pandectismo, o afã de sistema a ele inerente, é o produto refinado de todo um processo histórico (M. Garcia Pelayo, *Derecho Constitucional Comparado,* págs. 51-72).

Uma *concepção funcional do ordenamento* tende a substituir o racionalismo: o ordenamento regra *situações sociais concretas,* ainda que os esquemas tipificados da norma sejam abstratos; as notas selecionadas no esquema típico são tiradas do concreto existencial, como mostram a experiência sociológica e a experiência histórica.

Face ao conceito de sistema, entendido em função de um contexto social-histórico, Nelson Saldanha (*Velha e Nova Ciência do Direito,* págs. 157-158) toma o conceito de *ordenamento* como conceito mais abstrato, "uma unidade formal normativa", enquanto *sistema* é vinculado a uma situação histórica concreta. Podemos afirmar que o ser *sistema* é conceito limite e a linha tendencial evolutiva dos ordenamentos positivos. Dizemos, a mutação da circunstância histórica determina mutação de sentidos objetivos nas normas de ordenamento. Quer o queira ou não o legislador, fará, inevitavelmente, o poder judicial. A estática dos textos não condiciona a estática dos conceitos normativos. A letra da Constituição norte-americana é a mesma: sua atualidade só por via do *law-making-power* dos juízes se explica. Novos sentidos normativos são inseridos nos textos e no contexto do ordenamento global.

Agora, pedia-se à Lógica, ou se justificava com a Lógica o que a Lógica não podia dar.

6. A conclusão além das premissas

Vários juristas tecem considerações para mostrar que o silogismo normativo, em que se expressa uma decisão judicial, apresenta a sentença-conclusiva como uma proposição que vai além das premissas e, *eo ipso*, infringe a sintaxe lógica do argumento silogístico. Esta posição vem sendo debatida, entre outros, por Recaséns Siches (desde sua *Nueva Filosofia de la Interpretación del Derecho*, até a mais recente *Experiência Jurídica, Naturaleza de la Cosa y Lógica del "Razonable"*). Recaséns Siches, em sua obra, tem insistido nisto: *i*) a premissa maior é genérica, abstrata, isto é, diz algo sobre locador, funcionário público, credor hipotecário; algo *in genere* sobre a prestação, obrigação de dar algo, de fazer, de omitir; faz menção ao sujeito ativo e passivo da relação jurídica, mas genericamente; sobre a sanção, civil, penal, administrativa, mas sem individualizar; *ii*) na conclusão do pretendido silogismo, há *determinação*, quer dizer, conceitos repletos de conteúdo, indicação individualizada dos sujeitos intervenientes na relação jurídica concreta, indicação específica sobre o objeto da prestação, sobre o prazo, modalidade em que devem ser satisfeitas as recíprocas obrigações ou os direitos subjetivos exercitados. Enfim, tudo individuado nos âmbitos pessoal, material, temporal e espacial de incidência da norma jurídica que figura na conclusão. Nada dessa concreção estava na premissa maior que, por ser abstrata, deixa de lado o individual único da experiência jurídica. Com o silogismo não se esgota a experiência do Direito, que não consiste apenas de normas gerais, mas também de normas individuais (*das konkrete Sollen* de K. Engisch). Exato.

O argumento em questão vem justamente demonstrar que *a Lógica não é suficientemente potente para ir à concreção material da experiência jurídica.* Da experiência integral, isola, *como temático*, o formal, o sintático das estruturas proposicionais das normas. Tão só.

Ocorre o seguinte. Quando, na proposição geral, se fala em credor, em devedor, em prestação, em sanção consequente ao inadimplemento do estatuído, logicamente temos construído *classes* (ou *conjuntos*) de sujeitos e de ações.

Ora, uma classe ou conjunto não se constrói senão enumerando os indivíduos que a compõem, ou indicando a nota ou notas que um indivíduo precisa ter para pertencer à classe ou conjunto. Os lógicos matemáticos denominam, respectivamente, *forma tabular* e *forma de construção* de conjuntos. A modalidade em que se manifesta a proposição jurídica portadora de norma geral não é a forma tabular, mas a forma de construção. Estatui-se a nota ou notas (conotação) que os indivíduos ou ações devem ter para pertencerem ao conjunto. A relação de pertinencialidade (a *Zugehoerigkeitsbeziehung*) é determinada conotacionalmente. O método de construção de normas gerais mais frequente no Direito positivo é este. Seria infindável construir conjuntos pela enumeração dos indivíduos ou ações. Como anotara Kant, e o podemos dizer da experiência jurídica, a experiência é infinita, inesgotável. Com essa forma conotacional se faz a *tipificação da realidade* (Ascarelli), ou a *esquematização do fáctico* (Pontes de Miranda).

7. O extralógico da decisão

Compreende-se, então, que a proposição conclusiva, no silogismo judicial, apresente dois aspectos: primeiro, a norma concreta, a norma individual que é um juízo (processual), repita aquele *núcleo conotativo mínimo* que decide da pertinencialidade do caso *sub judice* ao tipo (logicamente, à classe ou conjunto); segundo, que contenha mais, algo além da conotação que perfila o gênero ou a espécie, precisamente o concreto do caso, o individual da experiência judicial na relação controvertida (*concrescência* a partir do abstrato). A contenciosidade é um concreto, é um feixe de circunstâncias pessoais, de tempo, de lugar e de modo (é o *concrescere*, o crescer junto dado na experiência). Por isso mesmo, a norma geral não é *diretamente aplicável*, não tem imediata eficacidade, sem o concreto do cumprimento espontâneo da conduta, ou a litigiosidade que o juiz corta, com definitividade de certeza jurídica. A verdade legal, no último termo da cadeia de atos processuais é insuscetível de correção pela *scientific empirical proof*, ou insuscetível de desfazimento, pois vale como *res judicata*. A concreção, sobre a qual tem insistido Karl Engisch (*Logische Studien zur*

Gesetzanwendung, págs. 15-39) abrange *cumprimento* e *aplicação*, todos eles atos de individuação da norma geral.

Exista ou não exista a contenciosidade processual, é certo, como anota Siches, que a norma geral é incompleta e se realiza concrescentemente. Todavia, nada de excepcional que o existencial ostente notas não contempladas no esquema tipificado da regra geral. Há repetência do geral no individual. O esquema lógico do conjunto: "todos os *x*, tais que têm a propriedade *P*", compreende os indivíduos (em notação logística, *x'*, *x"*, *x'''*, *x''''*, ... *xn*). Quando o nosso Código Civil de 1916 (art. 547[6]) dizia: "Aquele que semeia, planta ou edifica em terreno alheio, perde, em proveito do proprietário, as sementes, plantas e construções, mas tem direito à indenização", empregou uma variável (pronominal) "aquele que"; uma variável de sujeito ainda que *especificada* (proprietário e não locatário, ou mutuário, ou comodatário). Usou *general concrete expressions* para denotar atos – semear, plantar, edificar. Se se verificou, na experiência jurídica, um caso concreto em que determinada pessoa praticou um daqueles atos na propriedade tal, de um titular individual do direito real, tudo individuado, existencialmente dado como um aqui e agora, e houve controvérsia entre as partes da relação jurídica, a decisão (depois de constatar processualmente a existência do fato, quer dizer, dentro do universo de normas) dá a solução normativa incidente na concreteza do fato. A proposição normativa decisória é *inter partes* não emissão de norma *erga omnes*. Regra geral não é decisão, ou solução do contencioso (a eficácia *erga omnes* da decisão ou a jurisprudência como norma geral de decisão para os casos futuros iguais, constrói classe nova, conjunto novo. É outro aspecto da questão).

Por isso, quando os juristas da escola dogmática da exegese pensavam que somente com a Lógica o juiz podia decidir os casos controvertidos da vida cotidiana, não procediam como Mr. Jourdan, que fazia prosa sem o saber: acreditavam fazer

6. Corresponde ao art. 1.255 do Código Civil de 2002.

Lógica, mas faziam outra coisa sem o saber. Faziam interpretação e aplicação do Direito positivo, que se não consomem no formal do silogismo, sem valorações e sem referências à realidade social subjacente.

8. Ingresso na ontologia

O ser e o dever-ser são logicamente reparáveis, porque irredutíveis. Efetividade e validade (validade lógico-formal e validade jurídica) estão colocadas em dois planos. Mas o ponto de encontro é o homem mesmo e sua projeção comunitária, a sua existência como intersubjetividade. Levanta-se o problema de como ser e dever-ser, efetividade (eficacidade) e validade, fato e norma, idealidade e realidade, sendo diferentes, relacionam-se. Kelsen manteve-se estaticamente na dualidade lógica ou categorial: a natureza ordenada causalmente e a sociedade ordenada normativamente. E disse que os fenômenos causalmente relacionados da conduta real correm *paralelos* às normas, ou se *correspondem* com as normas, mas que a validade requer a contrapartida da eficacidade, para subsistir como qualidade do Direito positivo.

A experiência nos dá o Direito como objeto contendo essa dualidade. É um dado da experiência, que se tem de aceitar. Toda teoria redutora (psicologismo, sociologismo, axiologismo, normativismo) tem forçoso ponto de partida nesse dado da experiência. Há de se começar fenomenologicamente com a descrição dos componentes do objeto dado. A *redução* (não em sentido fenomenológico, claro) de fato de conduta à norma ou valor, ou de norma à ocorrência factual, ou de validade à consciência subjetiva do valor, representam *teorizações em nível de metaexperiência*. Mas, sem sair dos limites da experiência, temos espécies de objetos, porém inter-relacionados. Assim, ato subjetivo de pensar, expressão verbal (som, sinal gráfico, como coisas do mundo físico) e proposição, são três estratos ou dimensões ou classes de objetos diferentes e, todavia, constituindo um só feixe unitário que se dá no fato radical "tenho consciência de algo", ou na espécie "penso em algo". Posso converter qualquer lado componente desse plexo uno em objeto, termo de referência de novos atos: em correlato intencional de novo ato, seja o pensar, seja a expressão verbal, seja o pensamento pensado (proposição). Seja, ainda, o objeto para o qual tende a consciência, com seu vetor próprio, que é a consciência de objeto. Não se confundem ato subjetivo de pensar, expressão gramatical, proposição, objeto correlato do ato objetivante (Husserl) e, não obstante, aí estão, patentemente, numa interconexão irrecusável, os pensamentos pensados, dessubjetivados nas significações de que são portadores os veículos verbais da linguagem, entregues ao universo intersubjetivo da comunidade, servindo de comunicação entre os sujeitos e informando sobre os fatos do mundo.

O homem mesmo é um ponto de encontro de várias capas de objetividade. É coisa entre as coisas físicas, e abriga em si mesmo o ser vegetal e o ser animal, o ser animal sem vida psíquica e o ser animal com vida na modalidade de vida psíquica. Mais: – e nisso está o diferencial ontológico de sua existência – alcança o ser pessoa. A personalidade não é apenas maior complicação diferencial do psíquico, um momento intensivo no processo evolutivo. A personalidade assenta, sem dúvida, num grau mais elevado da escala evolutiva da vida psicológica. Mas requer o contacto com valores, com normas: requer uma dessubjetivação, de certo modo, do sujeito. Quer dizer: requer que a consciência subjetiva, empírica, verta-se sobre o mundo, conhecendo-o objetivamente, na modalidade de consciência pragmática ou científica do mundo. O animal, mesmo o mais desenvolvido na escala biológica, não capta objetos, como "coisas em si". Percebe-os como projeções de si mesmo, como resistências luminosas ou acústicas, ou como formas em movimento, ou índices biologicamente úteis ou prejudiciais à vida. Em rigor, não se projeta, não se dá conta da contraposição sujeito-objeto e seu mundo circundante é uma seleção de estímulos ante os quais reage por reflexos ou por mecanismos (instintos, tendências) mais complicados.

Só o homem, como personalidade, capta o mundo circundante como objetivação. O biólogo e pensador Jakob Von Uexkuell, cujas teses de cientista especializado podem estar revisadas, mas cujos pensamentos ainda são atuais, observa finamente (*Ideas para una Concepción Biológica del Mundo,* págs. 39-47) que cada animal, de acordo com seu sistema sensorial e, em último termo, de acordo com sua estrutura total, só percebe do mundo uma parte, que os receptores sensoriais são seletores de notícias do mundo circundante em função do organismo. Demais, faltando-lhes a palavra, que recolhe as variações sensoriais dos estímulos num "esquema de tempo", como variações de um mesmo núcleo, ou de uma classe de estímulos externos, não alcança a contrapor tais estímulos como objetos.

Depois de tudo isso, seria o caso de se perguntar como estratos do ser tão diversos coexistem no ser do homem. Como o homem não se aloja exaustivamente numa só região ontológica, na região do ser físico, ou na região do ser vital – com suas subrregiões, ser vegetal, ser animal sem vida psíquica, ser animal com vida psíquica – ou na região dos puros fatos sociais. As regiões do ser, ou as regiões ontológicas (tomando a ontologia com aquela cautela que Husserl observou em *Ideas: General Introduction to Pure Phenomenology,* págs. 68, 34-45) dividem categorialmente os possíveis entes – ontologias materiais no sentido fenomenológico – mas não impedem a combinação entre si. O homem é esse ponto de entrecruzamento de regiões. O diferencial ontológico é a personalidade, que não é *um facto,* mas um *faciendo:* uma incessante objetivação, uma captação dos valores da verdade sobre os objetos, dos valores que tomem coisas ou atos como seus portadores, para serem fatos do mundo. Do mundo não somente físico, mas do mundo histórico. Cabe, pois, uma ontologia diferencial do ser do homem e do ser do histórico, recolhendo a integridade constitutiva de ambos.

Ora, é impossível uma teoria do Direito sem uma teoria do homem (v. Legaz y Lacambra, em seu ainda atualíssimo livro, *Kelsen, Estudio Crítico de la Teoría Pura del Derecho e del Estado de la Escuela de Viena,* págs. 307-355, publicado no ano de 1933). No final, a conduta juridicamente regrada é um corte abstrato de uma projeção objetiva que submerge suas raízes na estrutura total do homem. Não existe, de um lado, o homem; de outro, o saber científico, a moral, o Direito, a arte, a religião, na relação de matéria e forma. Como sempre, matéria e forma são conceptualmente separáveis, mas dialeticamente inter-relacionadas na composição do ser integral do homem. Sem esse *quantum* de ontologia, a teoria do Direito fica no ar, sem apoio na realidade. É preciso tirar o máximo de rendimento, *potenciar além de Kelsen todas as consequências da afirmação que Kelsen fez:* o Direito é tanto *norma* de conduta, como *conduta* normativamente regrada. A norma é um dos processos de objetivação, uma via de dessubjetivação que conduz à cultura objetiva, que é tanto *objetivação do sujeito* quanto *subjetivação do objeto* (Simmel).

9. Formas lógicas e experiência

Ante a concreção existencial do Direito dado na experiência profissional e na experiência científico-dogmática (para não aludir às ciências jurídicas não dogmáticas, como a sociologia do Direito), a análise formal lógica do Direito nos dá muito pouco. Dá-nos as estruturas formalizadas que não retratam especificadamente este ou aquele Direito positivo, mas, por isso mesmo, retém o universal da forma lógica, que se encontra em qualquer Direito positivo. Não nos dá o universal concreto, seja axiológico, seja factual histórico, porque estes se revelam no processo mesmo da cultura, que é a forma concreta global em que se desenvolve o Direito, como os demais subsistemas normativos reguladores da conduta humana.

Por isso, não esperemos da Lógica jurídica uma teoria integral da Ciência do Direito, ou uma teoria integral do Direito positivo. Não esgota a filosofia da Ciência do Direito, nem toma o lugar de uma teoria do ser do Direito. O *logos,* como forma, é um componente do conhecimento jurídico-dogmático, como é integrante da ontologia do Direito. Cabe, por outra parte, uma análise regressiva sobre a Lógica, que é – como Husserl anotara – análise regressiva sobre as formas de significação. Essa análise regressiva à Lógica mesma chama-se Filosofia da Lógica (epistemologia e ontologia das formas lógicas).

É possível regredir de nível de linguagem a nível de linguagem, em níveis superpostos, ou seja, da Lógica para a metalógica, desta, como lógica objeto, para outra metalógica. Mas, no final, não se pode regredir numa marcha intérmina. Encontrar-se-á o limite no intuitivo, no dado não formal, na *matéria* não mais suscetível de tomar o posto de *forma* (a *Ur-stoff* diante de uma *Ur-form*, como Husserl, no final de sua *Lógica Formal e Lógica Transcendental*, pensa); e então, encontramo-nos outra vez com a experiência, ponto de partida e ponto final de retorno de todos os conceitos, quer os obtidos por *generalização*, quer os obtidos por *formalização*.

A Lógica jurídica, como a Lógica em geral, representa um corte temático sobre um todo, a separação abstrata de alguns componentes, pondo os demais entre parênteses, na atitude antinatural de suspender o interesse pelo mundo em torno de mim, que é um fluxo indistinto e inseparável de fatos, de homens, de valores, em substância, tudo resultante da inevitável ocupação do sujeito com o seu mundo circundante.

Mas essa pobreza de resultados – tão pouco para tanto afã de análise – alegremente compensa. Providos de formas lógicas, temos parte do instrumental para percorrer agilmente todos os setores do conhecimento. Com finura e perícia, podemos elaborar os conceitos e suas articulações, as estruturas que não dependem desta ou daquela área do saber e, por isso mesmo, são instrumentos fecundos e indispensáveis para qualquer campo de cultivo que nos seja reservado por irresistível vocação, ou acidental destinação exterior.

BIBLIOGRAFIA

AFONSO DA SILVA, José. *Aplicabilidade das normas constitucionais*, 1968.

ALVIM, Arruda. *Direito processual civil*, 2 v., 1972.

AMATO, Nicolò. *Lógica simbólica e diritto*, 1969.

AMSELEK, Paul. *Méthode phenomenologique et theorie du droit.*

ATALIBA, Geraldo. *Hipótese de incidência tributária*, 1973.

BANDEIRA DE MELLO, Celso Antônio. *Natureza e regime jurídico das autarquias*, 1968.

BANDEIRA DE MELLO, O. A. *Princípios gerais de direito administrativo*, 2 v., 1974.

BASSON and D. J. O'CONNOR. *Introduction to Symbolic Logic*, 1965.

BETTI, E. *Teoría general del negocio jurídico.*

BEVILÁQUA, Clóvis. *Código Civil comentado*, 6 v.

BOBBIO, Norberto. *Teoria dell'ordinamento giuridico*, 1960.

————. *Teoria della norma giaridica*, 1958.

BRENTON FITCH, F. *Symbolic logic*, 1952.

BARROS CARVALHO, P. *Teoria da norma tributária*, 1974.

CAMPOS, Bidart. *Derecho constitucional*, 2 v., 1966.

CAMPOS, Francisco. *Direito constitucional*, 2 v., 1956.

CAMPOS BATALHA, W. S. *Introdução ao direito*, 2 v., 1968.

CANNABRAVA, Euryalo. *Introdução à Filosofia científica*, 1956.

CAPELLA, J. R. *El derecho como lenguaje*, 1968.

CARNAP, R. *The logical syntax of language*, 1949.

CARRIÓ, G. R. *Derecho y lenguaje*, 1973.

CARVALHO DE MENDONÇA, M. I. *Doutrina e prática das obrigações*, 2 vs. 1956.

CAVALCANTI, Teóphilo. *O problema da segurança no direito*, 1964.

CHATELAIN, Jean. *La nouvelle constitution et le régime politique en France*, 1959.

COPI, I. M. *Introduction to logic*, 1953.

————. *Symbolic logic*, 1956.

COSSIO, Carlos. *La plenitud del ordenamiento jurídico*, 1947.

————. *La teoría egologica del derecho y el concepto jurídico de libertad*, 1964.

———. *Teoría de la verdad jurídica*, 1954.

CROSA, Emilio. *Corso di diritto costituzionale*, 1944.

CUETO RUA, J. *El "common law" – su estratura normativa*, 1957.

DEL VECCHIO, G. "La conception étatique du droit", *in*, *Justice, droit, État*, 1938.

EATON, Ralph M. *General logic*, 1959.

EBENSTEIN W. *The pure theory of law*, 1945.

EHRLICH, E. *Principles of the sociology of law*.

ENGISCH, K. *Einfuehrung in das juristiche Denken*, 1956.

———. *Logische studien zur gesetzanwendung*, 1963.

FERRAJOLI, L. *Teoria assomatizzata del diritto*, 1970

FERRARA, F. *Interpretação e aplicação das leis*.

FORIERS, Paul. *Les lacunes du droit* (vol. II, *Études de logique juridique*), 1967.

FORSTHOFF, Ernst. *Tratado de derecho administrativo*, 1958.

FRANÇA, R. Limongi. *Princípios gerais de direito*, 1971.

FREDERICO MARQUES, J. *Instituições de direito processual civil*, 5 v.

FREGE, G. *Escritos lógico-semânticos*, 1974.

GARCIA MAYNEZ, E. *Ensayos filosofico-jurídicos*, 1959.

———. *Introducción a la lógica jurídica*, 1951.

———. *Lógica del concepto jurídico*, 1959.

———. *Lógica del juicio jurídico*, 1954.

———. *Lógica del raciocinio jurídico*, 1964.

GARCIA PELAYO, N. *Derecho constitucional comparado*, 1951.

GAVAZZI, G. *Delle antinomie*, 1959.

GOMES, Orlando. *Introdução ao estudo do direito civil*, 1965.
– *Marx e Kelsen*, 1959.

GONÇALVES FERREIRA, M. *Do processo legislativo*, 1968.

GRAU, K. J. *Lógica*, 1933.

GURVITCH, Georges. *Sociology of law*, 1942.

HAURIOU, M. *Précis de droit constitutionnel*, 1929.

HECK, Philip. *Interpretação da lei e jurisprudência dos interesses*, 1948.

HEGENBERG, Leônidas. *Lógica – O cálculo de predicados*, 1973.

———. *Lógica simbólica*, 1966.

HELLER, Hermann. *La soberanía*, 1965.

———. *Staatslehre*, 1934.

HELLER, Theodor. *Logik und Axiologie der analogen Rechtsanwendung*, 1961.

HENRIK VON WRIGHT, G. *An essay in modal logic*, 1951.

———. *Logical studies*, 1957.

———. *Norm and action. A logical enquiry*, 1963.

HERNANDEZ GIL, A. *Metodología de la ciencia del derecho*, 3 v., 1971.

HUSSERL, E. *Ideas: general introduction to pure phenomenology.*

———. *Logique formelle et logique transcendentale*, 1957.

———. *Recherches logiques*, 4 v., 1972.

JELLINEK, G. *Gesetz und Verordnung*, 1964.

KALINOWSKI, Georges. *Études de logique déontique*, 1972.

———. *lntroduction a la logique juridique*, 1965.

KAUFMANN, F. *Logik und Rechtswissenschaft*, 1966.

KELSEN, H. *Das problem der Souveraenitaet und die Theorie des Voelkerrechts*, 1960.

———. *General theory of law and state*, 1945.

———. *Hauptprobleme der Staatsrechtslehre*, 1960.

———. *Principles of international law*, 1956.

———. *Rechtswissenschaft und Recht*, 1922.

———. *Teoría general del estado*, 1934.

———. *Théorie pure du droit*, 1962.

KLUG, Ulrich. *Juristische logik*, 1966.

KOSCHAKER, P. *Europa y el derecho romano*, 1955.

LAFAYETTE. *Direito das cousas*, 1940.

LAFERRIÈRE, J. *Manuel de droit constitutionnel*, 1947.

LANGER, S. K. *An introduction to symbolic logic*, 1953.

LARENZ, K. *Methodenlehre der Rechtswissenschaft*, 1960.

LEGAZ Y LACAMBRA, Luis. *Derecho y libertad*, 1952.

———. *Filosofía del derecho*, 1972.

———. *Kelsen. Estudio critico de la teoría pura*, 1933.

LEIMINGER, Karl. *Die problematik der reinen rechtslehre*, 1967.

LEVI, A. *Teoria generale del diritto*, 1955.

LEWIS AND LANGFORD. *Symbolic logic*.

MACHADO NETO, A. L. *Teoria da ciência jurídica*, 1975.

———. *Teoria geral do direito*, 1966.

MARTIN, Roger. *Logique contemporaine et formalisation*, 1964.

MALBERG, R. Carre. *Teoría general del estado*, 1948.

MENEZES, Djacir. *Filosofia do direito*, 1975.

NEVILLE KEYNES, J. *Studies in formul logic*, 1894.

NUNES LEAL, Victor. *Problemas de direito público*, 1960.

PAULO CAVALCANTI, José. *O Contrato consigo mesmo*, 1956.

PARSONS, Talcott. *The structure of social action*, 1966.

PATON, H. J. *Kant's metaphysic of experience*, 1936.

PERELMAN, OLBRECHTS-TYTECA. *Traité de l'argumentation*, 1970.

PFAENDER, A. *Logica*, 1933.

PIAGET, J. *Traité de logique – Essai de logistique operatoire*, 1949.

PINTO FERREIRA, L. *Da constituição*, 1946.

———. *Teoria geral do estado*, 2 v., 1975.

PONTES DE MIRANDA – *Comentários à constituição de 1946*, 6 v., 1953.

———. *Tratado das ações*, 5 v., 1974.

———. *Tratado de Direito privado*, vols. I e II, 1954.

QUINE, Willard. *Methods of logic*, 1952.

REALE, Miguel. *Filosofia do direito*, 1953.

———. *O direito como experiência*, 1968.

———. *Teoria do direito e do estado*, 3ª ed., 1970.

RECASÉNS SICHES, L. *Experiencia jurídica, naturaleza de la cosa y lógica del "razanable"*, 1971.

———. *Nueva filosofía de la interpretación del derecho.*

REDENTI, E. *Derecho procesal civil*, 3 v., 1957.

REICHENBACH, Hans. *Elements of symbolic logic*, 1948.

ROCCO, U. *Tratado de derecho procesal civil*, 2 v., 1970.

ROSS, Alf. *Lógica de las normas*, 1971.

———. *On law and justice*, 1958.

———. *Theorie der Rechtsquellen*, 1929.

ROSS, W. D. *Aristotle's prior and posterior analytic*, 1949.

SALDANHA, Nelson. *Velha e nova ciência do direito.*

SAMPAIO FERRAZ Jr., T. *Direito, retórica e comunicação*, 1973.

SAMPAIO, Nelson. *O poder de reforma constitucional*, 1954.

SANDER, Fritz. *Kelsens Rechtslehre*, 1923.

———. *Rechtsdogmatik oder Theorie der Rechtserfahrung?* (Kritische Studie zur Rechtslehre), 1921.

SANTI ROMANO. *L'ordinamento giuridico*, 1962.

———. "Osservazioni sulla completezza del'Pordinamento statale", *in: Lo stato moderno e la sua crise*, 1969.

SCHOLZ, Heinrich. *Esquisse d'une histoire de la logique*, 1968.

SCHREIBER, Rupert. *Logik des Rechts*, 1962.

SEABRA FAGUNDES, M. *O controle dos atos administrativos pelo Poder judiciário*, 1957.

SILVEIRA, Alípio. *Hermenêutica no direito brasileiro*, 2 v., 1968.

SOMLÔ, Felix. *Juristische grundlehre*, 1927.

STAMMLER, R. *Theorie der Rechtswissenschaft*, 1970.

STEBBING, L. S. *A modern introduction to logic*, 1953.

TARSKI, Alfred. *Introduction to logic*, 1949.

TELLES JÚNIOR, G. *A criação do direito*, 2 v., 1953.

TRABUCCHI, Alberto. *Istituzioni di diritto civile*, 1966.

VERDROSS, A. *Derecho internacional publico*, 1955.

VERNENGO, R. J. *Curso de teoría general del derecho*, 1972.

————. *La naturaleza del conocimiento jurídico*, 1973.

VILANOVA, J. *Vigencia y validez en el derecho* (El hecho del Derecho), 1956.

VILANOVA, L. *Lógica jurídica*, 1976.

VISSCHER, Charles. *Théories et realités en droit international public*, 1955.

VON UEXKUELL, J. *Ideas para una concepción bialógica del mundo*, 1934.

WARAT, Luis Alberto. *Semiótica y Derecho*, 1972.

WOLF, A. *Textbook of logic*, 1948.

WROBLEWSKI, J. "Normativity of Legal Science", *in Études de Logique Juridique*, 1966.

(*) Extensa bibliografia de Lógica Jurídica, consultar o anexo de A. G. Conte a "Derecho y Logica" de N. Bobbio, 1965.

(**) Desconhecíamos, já entregue à Editora este trabalho, o notável livro de C. E. Alchourrón e E. Bulygin, *"Introducción a la metodologia de las ciencias juridicas y sociales"*, 1974.